風華絕代 寧稼雨細說

魏晉風度

寧稼雨 著

孔融、謝安、阮籍……在傳統禮教之外，
他們走出一條屬於自己的人生哲學之路

| 名士風骨映千秋，竹林雅韻傳萬代 |

灑脫與自由的典範，超越時代的審美追求與文化自信
不羈人生的魅力，文人精神的理想歸屬

目 錄

前言 005

第一講　魏晉門閥世族的貢獻與傲慢　009

第二講　南北世族之爭　041

第三講　細說品藻　067

第四講　士人團體　089

第五講　魏晉玄學　123

第六講　魏晉名士的審美　147

第七講　魏晉名士的情懷　173

第八講　魏晉名士的飲酒　193

第九講　魏晉名士的服藥　221

目錄

■ 第十講　魏晉名士的服飾　　239

■ 第十一講　魏晉名士的休閒　　261

■ 第十二講　魏晉名士的文學藝術　　281

■ 後記　　305

前言

在一個多元化的現實世界裡，單一的生活內容和重複的行為方式足以讓人們產生生理和審美上的疲勞和厭倦。這一點似乎已經無可爭議了，然而用什麼東西去撫慰疲勞、沖淡厭倦卻是見仁見智、答案百出的問題。

魏晉名士風度也許正是從這個意義上可以進入我們的人生態度和生活方式的選擇或借鑑參考之列。

誠然，人生的理想、遠大抱負固然可以而且應該成為我們人生過程的主要色塊，然而對於很多青年朋友來說，缺少的並不是這樣正面積極的人生引導和理想抱負教育。他們缺少的倒是遇到坎坷和挫折之後的那份承受能力，那份自我心態平衡的能力，那份遇到重大變故乃至災難的應對能力，尤其是面對人生福禍榮辱的那份平常之心和超然之心。這一切，不能不說青年朋友的自我意志和精神建構還存在一定的缺陷。

魏晉時期特殊的社會歷史環境，造就了魏晉名士的獨特人格精神。其主流價值取向的特徵就是以超然的精神追求取代現實的物質欲求；以個體的自由灑脫取代社會意志的規矩樊籠；以士人的道統良知取代皇權的勢統控馭；以審美的人生態度取代現實功利的人生態度。這些特徵固然不應該是任何一個時代的人們需要全盤吸收和繼承的，但它作為古代文化史上的一個亮點，古代士人曾經有過的驕傲，其參照和借鑑價值自然是不言而喻的。

何晏、王弼之談，出神入化；王謝大族堂前，簪纓不絕……

前言

　　劉伶裸狂、阮籍醉酒，竹林名士放誕不羈；顧愷之傳神寫照、謝道蘊巧對詩句，東晉名士大展才藝……

　　這些膾炙人口的魏晉風度故事，以其生活背景的相似，引起歷代人們青睞，千百年來廣為傳誦，本不足為奇。在二十一世紀的今天，我們的生活環境與魏晉時期發生了翻天覆地的變化，然而人們對魏晉風流嚮往和豔羨的風潮和力度卻有增無減。這樣也就使人不得不反思其中的奧祕所在，去尋找我們在心靈深處與魏晉風流的共鳴之點……

　　渴望自由是人類的天性，然而任何人類社會對自由的許可容納都必然會有不同程度的必要限制。如果說封建社會對人的自由限制多半基於專制階級制度的需求的話，那麼現代社會則是出於人們社會環境的安全穩定的考慮，對人的自由做出相應的限制規定。於是，受到限制和壓抑的自由便成為跨越古今乃至中外人們的共同所有了。人們在現實中無法實現的願望往往要透過精神的管道去宣洩和寄託，那麼對前人曾經有過的能夠表達自己內心自由傾向和願望的言談舉止充滿豔羨之情，也就成了水到渠成、順理成章的事情了。從這個意義上看，今天的人們青睞於魏晉名士的灑脫不羈，不是沒有充足理由的。

　　「太有才了！」──這句地球人都知道的話其實也是一種時代的心聲：現代社會的進步發展，對個人的才華和能力都提出了更高的要求。渴望才能、欣賞才能、實現才能是每個時代的跟風者心底的願望。以古人的才華行為故事作為偶像和榜樣，分享其成功的快感，體會其過程的艱辛或趣味，或許都是今天渴望成功人士的下意識舉動了。何況，王羲之、顧愷之、謝道蘊這樣宗師級別的重量級人物比起當今的某些明星，顯然更具有對於粉絲的殺傷力。

然而在今天，金錢和權力幾乎成為很多人無往不勝的通行證。沒有做官發財的渴望做官發財，已經做官發財的由於缺乏經驗，很希望了解一下貴族該怎麼當，貴族該有怎樣的氣質和舉止。然而這方面還缺乏現成的教材，於是，被魯迅譽為「名士的教科書」的那本《世說新語》裡面的貴族故事，便理所當然地成為當下有志於朝貴族方向發展的菁英們不可或缺的形象教材了。

　　也許還能找出許多這樣的理由，但好像已經夠用了。魏晉名士的風流倜儻，足以成為傲視今人，令今人俯首稱臣的充足本錢和理由了。

　　然而我要說的是，這些仍然不過是魏晉風流的皮毛。它的內在魅力，也許透過苦思冥想和身體力行可以企及。也許，它永遠只是一個人生的夢⋯⋯

　　無論皮毛也好，內在也好，都要翻開本書，走進魏晉名士的生活之中。在讀過本書之後，再來讓我們反省一下自己──你得到的是魏晉風流的皮毛，還是內在的魅力？

　　魏晉風度的永久魅力，也許就在於它將傳統文化中「道優於器」和「得意忘言」的高深哲學理念演繹成為一種具體的人生實踐過程。

　　於是，那種放誕不羈、瀟灑飄逸、曠達超遠、嘯傲人生的氣質不僅成為一種歷史過程，更重要的是它具有書法〈蘭亭集序〉和繪畫〈蒙娜麗莎〉那樣的審美價值。當人們為現實的利益得失而煩惱，當人們為理想的暫時失落而沮喪，當人們得意或許有些忘形的時候，魏晉風度永遠像一面鏡子，能照出我們心靈深處的所有塵埃，使我們的心靈和精神受到盪滌，得到淨化。我們不僅得到美的享受，更能得到人生的營養。這也許就是歷代文人不絕如縷地傾倒於魏晉風度的真實理由吧！

前言

第一講

魏晉門閥世族的貢獻與傲慢

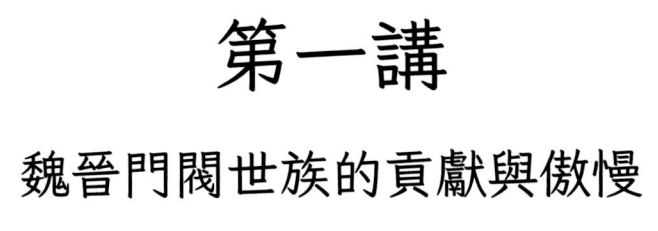

第一講　魏晉門閥世族的貢獻與傲慢

所謂「盛唐之音」和「文學的自覺」是古代文化史、文學史上令人注目的大事。一般來說，人們是把這兩件事情分開來說、分開來看的。但如果從整體的歷史發展軌跡上看，這兩者之間實際上是一個因果關係。換言之，如果沒有魏晉南北朝時期以士族文人的社會地位獨立為基礎的文學自覺，盛唐時期以文人為核心的文化繁榮是根本無從談起的。文學自覺的前提是文人的人格獨立，其主要內涵就是魏晉時期門閥士族在經濟政治力量發達基礎上文人的人格地位的充分提高。士族文人經濟實力的膨脹，導致了以所謂「門閥政治」為特徵的政治地位的確立。正是由於經濟政治方面的實力強大，才造成了魏晉時期士族文人的人格的獨立；正是這種人格的獨立意識，才是文學走向獨立的基礎和前提；正是文人的人格獨立和文學自身的獨立，才是「盛唐之音」的源頭之水。

所謂「魏晉風度」，首先就表現在門閥世家大族那種老大自居，目空一切，捨我其誰的貴族派頭。這也就是需要細說的魏晉風度第一道風景。

■門閥世族階層的爆發崛起和奢華腐朽

大約西元一八〇〇年前的某一天，東吳的末代皇帝孫皓問自己身邊的丞相陸凱：「卿一宗在朝者有幾人？」陸凱答道：「二相、五侯、將軍十餘人。」孫皓感嘆道：「盛哉！」陸凱，字敬風，是東吳前代丞相陸遜的族子。史載陸凱「忠鯁有大節，篤志好學。初為建忠校尉，雖有軍事，手不釋卷。累遷左丞相。時後主暴虐，凱正直強諫，以其宗族強盛，故不敢加誅也」。從陸凱沾沾自喜的話中可以看出，陸氏一門之中，一時之間，在朝中竟有二相、五侯、將軍十餘人，其宗族不可謂不「盛」。另一方面，當陸凱得罪朝廷時朝廷對其無奈，不是懼怕其人，而是懼怕其宗族，又不可謂不「強」。

陸氏家族在三國吳郡是著名的四大姓氏之一。這四大姓氏分別為「顧」、「陸」、「朱」、「張」。當時吳郡有「張文，朱武，陸忠，顧厚」之說，四姓盛極於吳郡。西晉大詩人陸機樂府〈吳趨行〉曾這樣炫耀自己的家族及四姓：

> 大皇自富春，矯手頓世羅。邦彥應運興，粲若春林葩。屬城咸有士，吳邑最為多。八族未足侈，四姓實名家。文德熙淳懿，武功侔山河。禮讓何濟濟，流化自滂沱。淑美難窮紀，商權為此歌。（《漢魏六朝百三名家集・陸平原集》）

陸機的話並非完全自吹自擂。據《三國志・吳志・朱治傳》，當時的吳郡四姓已經與「公族子弟」並舉，其所出仕郡者，郡吏常以千數。朱治率數年一遣詣王府，所遣數百人，其盛狀可知。

更有甚者，吳郡四姓大族即便觸犯了法律，也可以憑藉自己家族的地位而得到豁免。會稽山陰（今浙江紹興）人賀邵上任吳郡太守時，因為不了解情況，先是足不出戶，竟然受到吳中大族的蔑視。他們在府衙門

上題字曰:「會稽雞,不能啼」。賀邵見到後很生氣,就打算藉助自己的權力進行反擊。他先在府衙門上題字後添上「不可啼,殺吳兒」六個字,然後就帶領人馬,來到顧、陸二姓的屯邸,搜捕二姓私自設定的家族衛隊,以及收養的沒有戶籍的流民,並向朝廷列舉了二姓的種種罪狀,二姓就要大難臨頭了。可是當江陵都督、四姓之一的陸抗來到建業,向孫皓進行一番遊說斡旋之後,二姓被抓的人全部釋放。賀邵及其後臺——皇帝本人都向大族低頭讓步了。四姓勢力之強,於此可見。

有的歷史學家認為,當年東吳政權之所以遷都秣陵,就是因為受不了吳郡大族的壓力。而其中又是以吳中四姓為主的。一直到西晉,人們還念念不忘這些吳中舊姓的盛狀。當有人問蔡洪對吳中舊姓的印象時,蔡洪如數家珍,能一口氣說出吳郡大姓的精妙之處:

> 吳府君,聖王之老成,明時之俊乂;朱永長,理物之至德,清選之高望;嚴仲弼,九皋之鳴鶴,空谷之白駒;顧彥先,八音之琴瑟,五色之龍章;張威伯,歲寒之茂松,幽夜之逸光;陸士衡、士龍,鴻鵠之裴回,懸鼓之待槌。凡此諸君,以洪筆為鋤耒,以紙札為良田,以玄默為稼穡,以義理為豐年,以談論為英華,以忠恕為珍寶,著文章為錦繡,蘊五經為繒帛,坐謙虛為席薦,張義讓為帷幕,行仁義為室宇,修道德為廣宅。(《世說新語·賞譽》)

可見西晉人對往日的吳中大姓尊貴地位和家族繁盛的無比垂羨之情。除了南方的吳郡大姓,北方諸大族門第受到人們敬仰垂青的情況也每每可見。如南陽宗承家族,從父親宗資時起就享有盛譽。宗承自小就以修德而聞於世,卓然不群,並辭去朝廷的徵聘,於是慕名而來拜訪的人絡繹不絕。在眾多崇拜者當中,包括後來的一代權臣曹操。曹操小時候也很崇拜宗承,曾幾次前去拜見,都因門庭若市而未能如願。有一次好容易等到宗承起身送客,曹操趕忙迎上去,握住宗承的手,表示希望

交往。可是曹操從小名聲不好，宗承鄙薄曹操的為人，拒絕了他的請求。後來，曹操在漢朝大權獨攬，威震天下，他滿以為這下子可以接近宗承了，於是又找到宗承說：「可以交未？」沒想到宗承還是冷若冰霜地說：「松柏之志猶存！」弄得曹操很是下不了臺，可他因為在意宗承及其家族的巨大聲望，便只好仍以禮相待，並敕告曹丕兄弟，讓他們對宗承執弟子之禮。於是曹丕兄弟每次去看宗承，都要在宗承座前跪下。從曹操到魏文帝、明帝，都想請宗承出來做官，但均遭拒絕。像曹操這樣殺人如麻，「寧我負人，勿人負我」的亂世奸雄，對宗承恨之入骨卻又束手無策，其中重要的關節也就在於其宗氏家族及其名聲的作用。

門閥世族的地位崛起，首先表現為經濟實力的增強和物質生活的極大富有。西晉時期，金城麴氏和游氏同為豪門貴族，當時西州人有這樣的說法：「麴與游，牛羊不數頭。南開朱門，北望青樓」。（見《晉書·麴允傳》）那位竹林七賢之一的王戎，也是出身富比天下的大族。他廣收八方田園，其宅院、僕役、田地、水渠的數量，在首都洛陽無人可比。其積財聚錢，不計其數。這些門閥貴族一旦經濟上有了實力，就如同暴發戶一般，在行動上大肆賣弄，炫耀財富，彰顯資產。歷史上人們熟知的王愷和石崇爭富的故事就很有代表性。

一個故事說的是：王愷用飴糖和著乾飯來擦鍋子，石崇則用蠟燭當柴火燒飯。王愷用紫色絲布做步障，還配上綠綾裡子，長四十里；石崇則用錦緞做成五十里長的步障來和王愷匹敵。後來石崇用花椒來和泥抹牆，以求滿室芳香；王愷則用赤石脂來塗牆，以顯富貴。

還有一個故事說：石崇和王愷為了爭強鬥富，都用盡華美豔麗的材料來裝點車馬服飾。晉武帝司馬炎是王愷的外甥，常常幫助王愷，曾經把一枝二尺來高的珊瑚賜給王愷。這個珊瑚枝條繁茂，世間罕見。

第一講　魏晉門閥世族的貢獻與傲慢

　　有一天王愷拿出來向石崇炫耀，沒想到石崇看過後順手就用鐵如意把珊瑚樹打碎了。王愷又急又氣，以為石崇是妒忌自己的寶物，聲色俱厲地責問石崇。石崇說：「沒什麼好留戀的，我還給你就是了」。於是就叫人把自己收藏的珊瑚全都拿來，其中三四尺高，枝條繁茂絕倫而又光彩溢目的就有六七枝，像王愷那樣的就更多了。王愷看後，悵然若失。

〔明〕仇英〈千秋絕豔圖〉（局部）

　　王愷在當朝皇帝的資助下，仍然是石崇手下敗將，說明石崇之富，已逾皇家。可是如此奢華的王、石二人，卻又要在另一位王姓大族王濟面前甘拜下風。晉武帝司馬炎為了依靠大族，就把自己的女兒常山公主嫁給了王濟。有一次，司馬炎到女婿家裡做客，只見王濟席上所用器皿都是當時極為珍貴的玻璃製成。婢女僕人總共有一百多人，身上全都穿著綾羅綢緞。席上不用桌子，每個盤子酒杯下面都有一位婢女用手擎舉著。更為特別的是，席上所食用的蒸豬肉味道特別肥美，與一般的豬肉迥然不同。吃過龍肝鳳髓的晉武帝也如同鄉巴佬進城一樣很驚奇，問過王濟，方知這些豬肉的不同凡響之處——原來牠們都是用人奶餵大的。司馬炎極為不平，拂袖而去。這種吃法不僅晉武帝聞所未聞，連當時富比天下的王愷和石崇也沒聽說過。

說到晉武帝司馬炎，很多人都會知道這也不是什麼廉潔節儉的帝王，而是青史留名的淫逸奢華天子。他在滅吳之後，後宮姬妾近萬人，得寵者甚多，以至於他不知寵幸誰為好。為了減少矛盾，以示公允，他經常乘上羊車，任其所行。羊車停在哪個宮人寢室，武帝就在那裡過夜。宮人們為了得到寵幸，便在武帝經過的路上插上竹葉，並灑上鹽水，以吸引羊車。這樣奢華的帝王都無法接受王濟以人乳餵豬的奢靡，可見其過分至極。即便在他遭到貶斥，移第北邙後，仍以富炫人。史載當時人多地貴，王濟喜歡騎馬射獵，「買地作埒，編錢匝地竟埒。時人號曰『金溝』」（見《世說新語・汰侈》）。

另一位世家大族羊琇的釀酒之法，也足能顯現出這類貴族的處心積慮、驕豪淫奢之處。據《語林》記載，羊琇大反一般人高溫季節釀酒的習俗，而是冬天釀酒。為了保持釀酒所需溫度，他就讓人抱著酒罈子，用體溫暖酒，一會兒就換一個人。這樣釀出來的酒不但速度快，而且味道佳美。同書中又記載當時洛陽林木缺乏，木炭只如小米狀。羊琇為了顯示驕豪，把小木炭搗成細屑，和以黏物，塑成野獸之狀。當諸位大族聚會時候便用它來溫酒。一時間，烈焰騰騰的野獸張口向人，十分恐怖。眾大族都覺得這種玩法十分刺激，便爭相仿效。當時人們認為如此奢侈所造成的財富浪費，「甚於天災」（見《晉書・傅玄傳子咸附傳》）。

作為世家大族奢侈腐化生活的一個投影，很多貴族家庭的奴僕婢女的生活為此付出了慘重的代價。如王戎有數百家童，石崇的僕人達八百餘人。這些奴婢的地位命運慘痛，往往是大族淫逸生活的犧牲品和裝飾物。如石崇每次宴請賓客，常令美人行酒。如果客人飲酒不盡，便斬美人。王導和王敦曾共同赴宴，王導雖然酒量有限，但為了美人的性命，也就只好勉為其難，喝得大醉。而王敦雖有海量，卻常常故意不飲，以

觀其變。轉眼之間，三位美人被殺，王敦仍不肯飲。王導責備他冷酷無情，他卻說：「人家自己殺自己的家人，關你何事？」（見《世說新語・汰侈》）還有一種說法是，王愷聽說王導喜歡音樂，便請他和王敦前來做客，聽其樂伎演奏。中間吹笛人偶有小忘，便立即被王愷當場派人打死。雖然兩說不同，但卻說明當時此類事情比比皆是。

貴族們的奢華幾乎無所不在，就連廁所也成了他們展示富貴，窮奢極欲的場所。其中石崇的廁所最為鋪張。他的廁所裡常有十幾個婢女，站立在旁準備伺候客人。廁所裝飾華麗，而且還準備了各種香水香料和嶄新內衣。這樣的廁所使得大多數客人都不好意思去，可也有人不在乎這些。有一次，王敦來石崇這裡做客，只見這位老兄當著眾多婢女的面，脫去舊內衣，穿上新內衣，神色傲然。他走之後，婢女們面面相覷地說：「這位客人將來必定要做賊！」

不過王敦在如此華麗的廁所中也不是總這麼得意，有時也要被華麗的廁所迷惑，弄出笑話。一次王敦去晉武帝家裡拜見舞陽公主（或作襄城公主），當他去廁所時，見到一個漆光閃亮的箱子裡盛滿了乾棗。這是主人怕廁所的臭味燻人而用來堵塞鼻孔用的，可王敦還以為是廁所裡預備的乾果，又拿出那種豪邁樣子，將盤中乾果一掃而空。剛解手出來，王敦又見到婢女擎著金澡盤盛水，琉璃碗盛澡豆（古代用豌豆等物合成的用來洗手洗臉之物），準備讓他洗澡。可是王敦見到澡豆就胃口大開，就把澡豆倒入水中，一飲而盡。還有一個名叫劉寔的貴族，來到石崇家的廁所，見到又是絳紗帳大床，又是華麗的被褥，還有兩位婢女侍立在旁，慌忙扭頭就跑，來到石崇那裡說：「非常抱歉，剛才不小心跑到您的臥室去了！」石崇笑著說：「哪裡是臥室，那是廁所啊！」

■門閥世族的政治貢獻與人格魅力

多少年以來，門閥世族一直受到人們的各種指責。從他們的窮奢極欲，到他們把持和左右政局，壓制寒族才士，都是人們極力抨擊的口實。可實際上門閥世族之所以能夠活躍並在相當時間內左右社會歷史舞臺，光靠揮霍腐化和橫行霸道是沒人買帳的。沒有他們對社會的貢獻，也就沒有社會對他們的尊重和承認。

如果說西晉時期的門閥世族像是一群暴發戶，到處展示自己的財富和虛榮的話，那麼到了永嘉喪亂之際，門閥世族卻在民族危亡的時刻挺身而出，帶領民眾抵禦了外侮，安定了東晉局面。其中的傑出代表就是號稱「王謝」大族的王導和謝安。

── 王導用心良苦

晉室剛到江左，形勢十分嚴峻。司馬氏政權不僅要時刻提防北方異族的南下，而且當時被迫南遷的中原僑姓和江南本地吳姓之間的關係，也正處於緊張而微妙的關鍵時期。處得不好，江左變成江北也不無可能。據《晉書‧王導傳》的記載，新登基的晉元帝，原琅琊王司馬睿剛來到建康（南京），當地吳人並不買帳。過了一個多月，社會上下沒有來請安的。王導深以為患，正碰上王敦來朝，王導就對他說：「琅琊王仁德雖厚，但名聲威望還淺。現在晉室已立，我們要好好幫助輔佐他」。正好趕上三月上巳節，晉元帝打算前去觀禊。於是便坐在轎子裡，帶上威武的儀仗隊。王導、王敦及朝中名賢都騎馬隨從。當地吳人的名門望族紀瞻、顧榮等在一旁偷偷觀望。他們見到如此威武的場面，都十分驚懼，於是就跪拜道旁。王導趁機獻計說：「古代的帝王，莫不禮賓關愛古老，尋問風俗，謙虛斂心，以招俊傑。況且今天天下喪亂，九州分裂，東晉

第一講　魏晉門閥世族的貢獻與傲慢

　　基業草創，正是需求人才之際。顧榮和賀循，都是本地的望族，不如委以重任，以結人心。他們二人來了，其他人就沒有不來的」。於是晉元帝就派王導，前去拜見賀循、顧榮二人。兩人受寵若驚，應命而至。從此吳會風靡而至，百姓歸心。君臣的禮節這才明確下來。

　　除了對江南大族的禮貌和尊重外，王導更為注意的是以政策的寬鬆和政務的簡要，去贏得江南人士的好感，以利於東晉政權。比如晉成帝時，王導和庾亮輔政，一個炎熱的夏天，王導到石頭城去看庾亮。庾亮正在官邸忙於公務，王導就勸他說：「大熱的天，何不把政務簡化一些？」庾亮不以為然，就反唇相譏道：「你的看法天下人未必覺得妥當」。可見不是所有的人都能理解和體諒他這一番苦心。王導在晚年的時候經常一副無所事事的樣子，除了在一些公文上畫畫圈，便很少過問政事。自己常感概道：「別人都說我昏聵糊塗。這種昏聵糊塗大概只有後人會懂！」（見《世說新語‧政事》）他的一番苦心，就是盡量避免和淡化與江東吳人的矛盾，以利於東晉政權在江南的穩固。陳寅恪先生曾在〈述東晉王導之功業〉一文中說：「東晉初年既欲籠絡吳之士族，故必仍循寬縱大族之舊政策」。說的就是王導這番苦心的用意所在。

　　除了在這些大政方針上注意籠絡吳人之外，王導還身體力行地在許多生活細節方面團結吳人，與之打好關係。剛到江左，為了結緣吳人，王導曾主動想和吳人大族陸玩聯姻。可是陸玩卻傲慢地說：「小土丘上長不出松柏，香草和臭草也不能放在同一個瓶子裡。我雖然沒什麼才能，卻不能帶頭做這種亂倫的事情！」（見《世說新語‧方正》）王導雖然受到了羞辱，但他依然如故，堅持他團結籠絡江南大族的策略。

　　王導的政治苦心沒有白費，東晉王朝終於在江南站穩了腳跟。大大增強了琅琊臨沂王氏的社會地位，使晉帝及全社會對王氏家族另眼相看。比如一次晉元帝司馬睿正月初一舉行集會，誰也沒有想到的是，司

馬睿竟然拉著王導一起登上皇帝的御座。王導堅持推辭，而元帝則苦苦地拉住他不放。在皇權至高無上的古代封建社會，受過如此禮遇的臣僚恐怕絕無僅有，以至於歷史上有過「王與馬，共天下」的說法。正因如此，王導的話在東晉皇帝的心目中具有神聖的作用，朝中一些重大決策，王導的意見往往舉足輕重。

司馬睿剛剛即位不久，因為寵愛鄭后，就想廢司馬紹而立司馬昱為太子。當時議論這件事的人都認為捨棄長子而改立幼子，不僅在常理上不順，而且司馬紹聰穎通達、英明果斷，更適合立為太子。周顗、王導等大臣都極力爭辯，言辭懇切，只有刁玄亮獨自想擁戴司馬昱來迎合元帝的心意。元帝就想實施自己的想法，又擔心各位大臣不接受詔令，於是先宣召武城侯周顗、丞相王匯入朝，然後就想把詔令交付給刁玄亮。周顗、王導入朝後，剛登上臺階，元帝已預先派傳詔官攔住他們，讓他們到東廂房去。周顗尚未醒悟過來，就退下了臺階；王導卻推開傳詔官，直接走到晉元帝御座前，說道：「不知道陛下為什麼召見臣等？」元帝默默無言，於是從懷裡掏出廢立儲君的黃紙詔書來撕碎扔掉。從此太子才算確定下來。周顗這才感慨而又慚愧地嘆息說：「我常常自以為超過茂弘（王導字），現在才知道不如他啊！」（見《世說新語‧方正》）又比如司馬睿過江之前性格灑脫磊落，常常飲酒無度。過江稱帝後，王導覺得這種習慣有損於帝王形象，於是便經常痛哭流涕地勸說晉元帝戒酒。晉元帝為王導的誠意所感動，和王導痛飲一番後堅決戒掉了酒癮。清代王鳴盛曾在《十七史商榷‧王導傳多溢美》中指責《晉書‧王導傳》對王導過分溢美，認為王導除了徒有門第顯榮之外，沒有任何可以稱頌的貢獻。對此陳寅恪在〈述東晉王導之功業〉一文中據理力爭，說：「王導之籠絡江東士族，統一內部，結合南人北人兩種實力，以抵禦外侮，民族因得以獨立，文化因得以延續，不謂之民族之功臣，似非平情之論也」。此語方為切中肯綮之言。

第一講　魏晉門閥世族的貢獻與傲慢

── 謝安的魅力

當然，門閥世族在社會上具有那麼大的影響力，除了這種政治貢獻之外，還有他們中很多人自身的人格魅力。謝安就是其中的典型代表。

以謝安為代表的謝氏家族，在對民族和國家作出具體貢獻的同時，更加注意追求一種人格形象的美好，以美與善的結合，來創造自己和家族的形象和威望。在淝水之戰這場關係到東晉王朝生死存亡的重大戰役中，由於謝安所派謝玄部隊以氣勢壓人，所以八公山上的草木，已使前秦部隊聞風喪膽。而當捷報傳到建康，謝安面對如此令人振奮的特大喜訊竟然泰然自若，不動聲色。當時他正在與別人弈棋，接到謝玄的捷報，看過後竟然默默無言，仍然把目光移向棋枰。別人知道這是淮上來的戰報，便問戰果如何。只見謝安輕描淡寫地說：「小兒輩大破賊」。說完意色舉止，毫無異常。從道理上講，謝安比任何人都關心這次戰役的勝敗。因為東晉王朝的存亡和謝氏家族在社會上的地位，都牽繫於此。魏晉名士雖然都崇尚一種喜怒不形於色的雅量，但真正能夠做到的人卻寥寥無幾。謝安正是洞悉名士們的喜好，所

〔明〕尤求〈圍棋報捷圖軸〉

以他才強忍激動，故做深沉雅量貌，以大家的氣度去爭取別人的尊敬，並樹立謝氏家族的地位。他在公共場合的表現，始終沒有忽略這種氣質的魅力對自己及家族的地位所產生的影響。他在東山逗留時，有一次與孫綽、王羲之等人泛海為戲。不想風起浪湧，只見孫、王等人臉都嚇白了，紛紛提出趕快返航。可是謝安卻神情正旺，只顧吟嘯，沒有作聲。船工見謝安態度安閒，興味十足，便繼續划船不止。過了一會兒，風浪更大了。大家都沉不住氣，船上躁動起來，人們嚷著要回岸上。這時謝安才意猶未盡地說：「既然這樣，是不是該回去了？」聽了謝安這句話，大家趕忙紛紛應聲而回。「於是審其量，足以鎮安朝野」。（見《世說新語・雅量》）又如當晉簡文帝駕崩後，桓溫為了掃除異己，專擅朝政，便安排下鴻門宴打算除掉謝安和王坦之。二人明知桓溫不懷好意，卻又不能不去。只見王坦之面呈懼色，膽顫心驚地問謝安怎麼辦。謝安則神情自若，說：「晉祚存亡，在此一行」。兩人一同前往，王坦之越走腿越軟，而謝安卻依舊談笑風生，寬鬆坦然。到桓溫這裡，入席就座後，謝安竟然放聲朗誦起他的拿手好戲──「洛生詠」。原來，謝安的朗誦在洛陽無人匹敵，人們爭相仿效。可謝安年輕時就有鼻炎的毛病，說起話來甕聲甕氣的。人們在模仿謝安的時候，為了學得像，就連他的鼻音效果也要模仿。可是正常人很難發出那種鼻音來，於是人們就只好捏起鼻子來，讓自己的鼻音盡量接近謝安的聲音。桓溫的鴻門宴上謝安的「洛生詠」一閃亮登場，立即使在座的人們傾倒不已。連桓溫也被這種聲音所陶醉，同時也為謝安的曠遠無畏所折服，趕忙吩咐刀斧手撤下。王坦之、謝安二人過去齊名，從這件事也就分出了優劣。

第一講　魏晉門閥世族的貢獻與傲慢

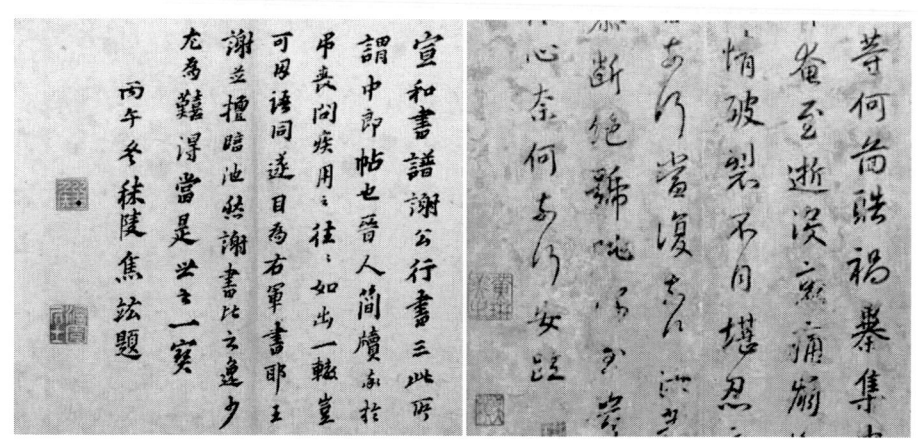

〔晉〕謝安〈中郎帖〉

　　謝安的大家風範贏得了世人的風靡和傾倒，他在當時人們心目中的地位不亞於當今任何一位當紅明星。有一次，他的一位同鄉在中宿縣做官，因過失被免職回鄉。臨行前去向謝安告別，謝安關心地問起對方回家的盤纏是否夠用。鄉人說沒有什麼盤纏，只有五萬把蒲葵扇，因過了用扇季節，積壓滯銷。謝安說那就好辦，於是就拿了一把蒲葵扇，一邊扇，一邊到京城的繁華地區走了一圈。謝安用蒲葵扇的消息不脛而走，整個京城不分官員百姓，第二天立即掀起了搶購蒲葵扇的風潮，扇子價格翻倍上漲。同鄉的五萬把蒲葵扇，不到一天便一搶而空。以至於半個月內，京城的蒲葵扇都處於缺貨狀態（見《世說新語‧輕詆》劉孝標注引《續晉陽秋》）。謝安的人格魅力，在這場搶扇風潮中得到了充分的證明。

■ 自我優越的畸形門第觀念

　　魏晉門閥世族受到後人指責的一個重要理由，就是門第觀念對於社會發展所產生的掣肘滯後作用。門第形成的時期，大族們的主要精力集中在擴大家族的勢力及其影響上。而門第一旦形成，一種優越感所驅使

的門第觀念便成為把大族與庶族區分開來的強勁異己力量。這種觀念所帶來的影響，不僅為門第的創立者所始料不及，而且對整個封建社會的社會心理和價值取向都產生過十分重大的影響。

── 你不如我，捨我其誰

門第觀念首先表現為自矜門第。大族的地位確立後，不僅對庶族不屑一顧，即便對其他大族，也大有你不如我，捨我其誰的氣勢。有一次，王爽與司馬道子一起飲酒。司馬道子喝醉了，信口喊王爽為「小子」。王爽不緊不慢地說：「我過世的祖父王濛官任左長史，而且是簡文帝的布衣之交；我已過世的姑姑王穆之為哀帝皇后，姐姐王法惠又是孝武帝皇后。這樣的家族怎麼能有『小子』的稱呼？」（見《世說新語・方正》及劉孝標注引《中興書》）王爽亮出的幾張王牌，足以令當時天下人仰視。又比如王述上任揚州刺史的時候，出於對新任官員的尊重，府衙主簿向他請教族諱，以免冒犯。可王述卻對這種問法極為反感，於是便沒好氣地說：「亡祖先父海內知名，無人不曉。除了不該出門的婦人內諱外，餘無所諱」。（見《世說新語・賞譽》）原來，作為世家大族，王述認為主簿這種問法意味著王氏家族的名氣還不夠大，以致還需要有人來打聽其家諱，這不啻是對王氏家族的蔑視。他這種賭氣的方式，實際上還是要張揚其家族名望。清代學者李慈銘認為王述此舉乃「六朝人矜其門第之常語耳。所謂專以塚中枯骨傲人者也」（《越縵堂讀書記》）。有了門第的優越感，膏粱子弟與庶族寒門之間，猶如存在一道天然溝塹，不可踰越。王胡之在東山時，曾一度手頭緊張。當地縣令陶範聽說後，就主動送去一船米，想巴結一下這位大族人物。不想卻遭到王胡之的拒絕：「王修齡（胡之字修齡）若飢，自當就謝仁祖索食，不須陶胡奴米！」（見

第一講　魏晉門閥世族的貢獻與傲慢

《世說新語·方正》）原來，雖然陶範在陶侃十子中最為知名，本人也有一定官位，但由於陶氏本出寒門，士行雖立大功，而王、謝等大族仍以老兵視之，故而王胡之羞與陶範為伍。又有一次，清談大師劉惔與王濛外出，天色晚了還沒有吃飯。這時有一位他們熟悉的寒族主動準備了豐盛的宴席，打算款待二人。可劉惔卻毫不猶豫地拒絕了。王濛說：「哪怕臨時填飽肚子也好，為什麼要拒絕呢？」劉惔振振有詞地說：「孔子不是說過嗎？『唯女子與小人為難養，近之則不遜，遠之則怨。』跟這些小人，還是不打交道為好！」（見《世說新語·方正》）可見這些門閥世族是多麼盛氣凌人，不可一世。今人余嘉錫說：「於此固見晉人流品之嚴，而寒士欲立門戶為士大夫，亦至不易矣」。

不僅門閥世族對寒族是如此居高臨下，就是在大族之間，也經常會發生互不服氣，或以大欺小，或以先凌後的情況。一次謝安和謝萬一起去京都建康，路過吳郡時，謝萬想拉上謝安一起去拜訪一下王恬。謝安說：「恐怕他不一定搭理你，我想還是不去為好」。謝萬聽不進去謝安的話，執意要去，謝安只好讓他一個人去了。到了王恬家坐了一會，王恬就起身進屋了。謝萬欣喜異常，心想王恬一定去幫自己準備酒席了。過了許久，只見王恬洗了頭髮，披頭散髮地來到院子裡，躺在胡床上晒起頭髮來——把客人晾在一邊，毫不搭理，而且神態高傲且放縱，完全沒有應酬招待的意思。謝萬這才明白謝安為什麼堅持不和自己一起來。當他羞愧地回到船上，告訴謝安自己受到王恬羞辱時，謝安則說：「他就是這麼個不會作假的人啊」。謝安的聰明，就在於他清楚地知道王、謝雖然同為大族，但謝姓之顯赫，遠在王姓之後。所以王恬才會對謝萬如此傲慢無禮。而謝萬的淺薄，就在於他對此關節毫不知曉，以致自討沒趣，受辱而歸。可見大族之間也有小巫見大巫的尷尬和難堪。又比如王含在

廬江為官，貪鄙齷齪，聲名狼藉。他的弟弟王敦為了維護哥哥，竟然在公開場合宣稱王含在廬江政績斐然，得到廬江人民的愛戴和稱讚。當時王敦下屬的主簿何充在座，當即義正詞嚴地說：「我就是廬江人，從未聽說過你這種說法！」有人為何充擔心，可何充卻神態自若。王敦顛倒黑白是出於迴護門第之心，何充揭穿，則也未嘗不是門戶之見。

── 藉避諱炫耀家族地位

　　名諱是世家大族彰顯和強化其門第聲望的重要途徑。避諱本來是歷史上特有的風俗。它起於周，成於秦，盛於唐宋，前後垂二千年。但其演變期間的各自內涵卻存在較大的差異。最早的避諱主要針對死去的尊者，它是周人禮儀和祭祀的一部分。周人往往以忌諱的形式來表達自己對已故尊者的親情，並將其形成禮儀制度。然而從秦漢開始，避諱便成了統治者權力的一種象徵。《史記》月表稱正月為端月，是因為它與秦始皇嬴政的字音相同；《漢書》改邦為國，改恆為常等都是為帝王諱。不過到了魏晉時期，避諱的宗旨和形式發生了根本的變化，已經成為世族炫耀家族的手段。當時最為嚴格的就是家諱。違犯者要受到惡報（參見趙翼《陔餘叢考》卷三一「覿面犯諱」條）。據《通典‧禮》卷六四「授官與本名同宜改」和「官位犯祖諱議」條，父祖及本人名與官職名同者，皆得改選。王舒因父名會，朝廷用為會稽內史，累表自陳，求換他郡。後來改會稽為鄶稽，才不得已上任。（見《晉書‧王舒傳》）值得關注的是，魏晉時期世族階層有不少有意犯諱的現象，其表現儘管不盡相同，但初衷只有一個，那就是藉犯諱來炫耀家族，或詆毀他人。如有一次盧志在大庭廣眾面前問陸機：「陸遜、陸抗是君何物？」陸機馬上次敬道：「如卿於盧毓、盧珽！」原來陸遜、陸抗分別是陸機的祖父和父親，盧毓和盧

班則分別是盧志的祖父和父親。陸機的弟弟陸雲見到哥哥如此不客氣，出來便對哥哥說：「怎麼至於這樣？他完全有可能不知道祖父和父親的名字啊」。陸機嚴肅地說：「我們的祖父和父親的名字名播海內，哪會有人不知道？小子竟敢如此無禮！」（見《世說新語・方正》）盧志和陸機都是「八王之亂」中追隨不同政治營壘的世族人物。陸機兄弟最終遭戮，即由盧志向司馬穎進讒言所致。二人之間具有深深的政治裂痕，所以才會拿最不能接受的父祖名諱來向對方挑釁；反過來說，正是因為父祖名諱在當時十分為人看重，所以才會被用為政治排斥的手段。在不重名諱的時代，倘若還想用政治對手的父諱來攻擊對方，倒是愚蠢之舉。因為對此未能深諳，所以後人有對陸機兄弟的優劣看法與謝安及時人不同者。宋代葉夢得在《避暑錄話》中說：「以吾觀之，機不逮雲遠矣。人斥其祖、父名固非是，是吾能少忍，未必為不孝。而亦從而斥之，是一言之間，志在報復，而自忘其過，尚能置大恩怨乎？若河橋之敗，使機所怨者當之，亦必殺矣。雲愛士不競，真有過機者，不但此一事。方穎欲殺雲，遲之三日不決。以趙王倫殺趙浚赦其子驤而復擊倫事勸穎殺雲者，乃盧志也。兄弟之禍，志應有力，哀哉！人唯不爭於勝負強弱，而後不役於恩怨愛憎。雲累於機，為可痛也！」凌濛初也評道：「士龍亦自雅量」。都是因為沒有設身處地設想當時作為家族利益重要體現的家諱在世族心目中的位置是如何遠遠超過了其他因素。余嘉錫似乎看到了個中三昧：「六朝人極重避諱，盧志面斥士衡祖父之名，是為無禮。此雖生今之世，亦所不許。揆以當時人情，更不容忍受。故謝安以士衡為優。此乃古今風俗不同，無足怪也」。

自我優越的畸形門第觀念

〔明〕唐寅〈蘭亭修禊圖〉

第一講　魏晉門閥世族的貢獻與傲慢

還有一種不帶有政治色彩和非惡意的有意犯諱，但其效果也是彰揚大族名諱。比如一次晉文帝司馬昭和陳騫、陳泰一起乘車經過鍾會家，便招呼他一起上車，可是沒等到鍾會上車就駕車走了。鍾會趕到後，晉文帝反倒嘲弄他說：「與人期行，何以遲遲？望卿遙遙不至」。鍾會回答說：「矯然懿實，何必同群？」司馬昭又問：「皋繇何如人？」答曰：「上不及堯舜，下不逮周孔，亦一時之懿士」。鍾會的父親名繇，所以司馬昭用「遙遙」來調侃他。陳騫的父親名矯，司馬昭的父親名懿，陳泰的父親名群，祖父名寔，所以鍾會用來回敬司馬昭。又如一次晉景王司馬師的宴會上，有陳群的兒子陳玄伯、武周的兒子武元夏在座。大家都一起來嘲弄鍾繇的兒子鍾毓，司馬師問：「皋繇何如人？」鍾毓回答說：「古之懿士」。又回過頭來對陳玄伯和武元夏說：「君子周而不比，群而不黨」。（見《世說新語・排調》）這是一場君臣之間互相以祖上名諱取樂的玩笑。可令人不解的是何以這樣的玩笑雙方竟然能夠相安無事，而且似乎還樂在其中？答案就在於他們所謂犯諱與其說是犯諱，還不如說是一種善意的恭維。其潛臺詞實際是向對方暗示自己沒有忘記對方的家諱。這照樣可以看出大族的頭腦中是如何時刻將各族的名諱爛熟於心的。類似情況還有，一次庾園客去拜訪祕書監孫盛，正遇上孫盛外出，只見孫盛的兒子孫齊莊在門口玩耍。庾園客想試試這孩子的靈氣，就故意問道：「孫安國（孫盛，字安國）何在？」齊莊應聲答道：「庾稺恭（庾園客的父親庾翼，字稺恭）家」。庾園客一邊大笑，一邊用孫盛的名字打趣說：「諸孫大盛，有兒如此！」齊莊又答道：「未若諸庾之翼翼」。又把庾園客父親庾翼的名字含在了裡面。回到家中後，孫齊莊還得意揚揚地對人說：「還是我贏了，把那傢伙父親的名字連叫了兩遍！」（見《世說新語・排調》）這種犯諱既非惡意，也非善意，而是有些知識競賽的味道。而這種試題的

目的，就是為了檢測應試者的家族名諱意識及其基本常識扎實與否。

　　至於那些無意犯諱的故事，則又從另外一個角度使人看出家諱意識是如何深入人心。晉元帝初次召見賀循的時候，問起東吳的一些往事：「聽說當時孫皓燒紅了鋸子鋸斷了一個姓賀人的頭顱，那個人是誰？」賀循沒有回答，元帝自己回憶起來說：「好像是賀劭吧？」只見賀循淚流滿面地說：「我父親遇上了無道昏君，我萬分痛苦，無法回答陛下的問話」。元帝聽了非常慚愧，三天沒有出門。（見《世說新語‧紕漏》）又如殷仲堪的父親生病而心跳發慌，聽到床下螞蟻爬動，竟然以為是牛在相鬥。晉孝武帝有一次想起這件事情，就問殷仲堪這是誰做的。殷仲堪流著眼淚起身說道：「臣進退維谷」。（見《世說新語‧紕漏》）桓玄被任命為太子洗馬後赴任路上，船停泊在荻渚。王忱服用了五石散後帶著醉意去看望桓玄。桓玄以酒宴相待，沒想到王忱服用五石散後不能喝冷酒，就頻頻告訴侍從說：「溫酒來！」（桓玄的父親叫桓溫）桓玄立刻嗚咽哭泣起來，王忱莫名其妙，起身就想離去。桓玄對王忱說：「犯我家諱，何預卿事？」事後王忱讚嘆說：「桓玄的確很曠達！」（見《世說新語‧任誕》）

　　從以上故事可以看出，無論是君臣之間，還是世族權貴之間，都難免有一時疏忽而忘記別人家諱的情況。對此，被犯者既不能表示無動於衷（那樣等於認可對方，儘管是無意的冒犯），也不能大動肝火（那樣又顯得氣量狹小）。二人的共同舉動是流涕而哭。這正是當時的普遍習俗。余嘉錫：「……聞諱而哭，乃六朝之舊俗。故雖凶悖如桓玄，不敢不謹守此禮也」。可見只要不是政治對立的原因，無論是有意還是無意犯諱，都是可以容忍甚至是會意其內涵的。但無論何種原因，被犯者的反應必須敏捷。因為這是維護家族聲望，炫耀家族地位的必要準備。則避諱一事至魏晉，其內涵的轉變也就可見一斑了。

第一講　魏晉門閥世族的貢獻與傲慢

── 界限分明的貴族婚姻

作為人類社會和家庭生活的重要組成部分，婚姻關係一直是人們社會觀念和精神狀態的折射鏡。一個社會的時尚潮流和人們的精神歸宿，往往要在婚姻關係中得到鮮明的體現。因此，一個社會時尚潮流和精神歸宿的變化，往往也要牽動人們婚姻關係的取向和觀念。先秦兩漢時期注重禮儀禮制和儒家的倫理道德，所以婚姻關係中為人關注的是是否和如何符合禮制禮儀和孝悌之道。《大戴禮記‧禮察》：「孔子曰：『以舊禮為無所用而去之者，必有亂患。』故⋯⋯婚姻之禮廢，則夫婦之道苦，而淫闢之罪多矣」。這種觀念在秦漢時期人們的婚姻生活中得到了認證。《列女傳》記載，有申人之女許嫁於酆家，夫家禮不備而欲娶之，遭到申女的拒絕：「一物不具，一禮不備，守節持義，必死不往」。這位申女所不滿意的，並不是夫家的農家地位，而是他們沒有按照禮制的要求來安排聘禮。可見秦漢時期強調的是婚姻關係中的禮儀取向和觀念。然而這一觀念到了魏晉時期隨著世族經濟和政治地位的崛起而迅速發生變化。

歷史學家周一良先生認為：「六朝門閥制度下，最為人所重視者為『婚』與『宦』」。（《魏晉南北朝史論集》，一九九七年版）因為「宦」是門閥世族勢力得以穩固的基礎；而「婚」則是保持家族高貴血統的純淨，並藉以攀結其他高門貴族的必要手段。不過六朝世族婚姻的資料在史籍中較為零散，而且多為一些籠統的議論，所以它對世族婚姻系統而形象具體的認知帶來一定局限。相比之下，《世說新語》及劉孝標注有關魏晉世族婚姻的內容則相對比較充分。從《世說新語》可以看到，秦漢時期婚姻關係中注重禮儀禮制和倫理道德的觀念已經受到揚棄。人們將婚姻選擇的目光投向炙手可熱、煊赫一時的世族高門。更為重要的是，《世說新語》一反一般史籍中對於魏晉世族婚姻的否定態度，而是對受門第觀念

左右的婚姻行為表現出極大的豔羨之情，從而對後人世族門第觀念的滋生強化，產生了極大的推動作用。書中給人的一個總體印象，就是幾個煊赫一時的世家大族的婚姻關係，占據了《世說新語》世族婚姻的多數席位；不僅如此，這些大族的婚姻關係，基本上是互為配偶的裙帶關係。在這個基調下，《世說新語》中的世族婚姻反映出以下幾個制約其精神面貌的問題。

首先是世庶之間嚴格的婚姻界限。世族婚姻最為忌諱的是世庶通婚。從道理上說，世庶之間的禁婚是為了保持血統純淨，避免寒族血統滲入。但此風一旦形成，其本意倒往往為人們所忽略，人們最在意的是與寒族通婚的恥辱感。所以，世庶禁婚實際上是世族優越感的一個重要組成。此如歷史學家鄧之誠《中華二千年史》所講：「世庶界限既嚴，以致不通婚姻。偶有歧異者，往往為清議所不許」。《魏書·公孫邃傳》：「（公孫）邃、叡為從父兄弟，而叡才器小優，又封氏之生，崔氏之婿。邃母雁門李氏，地望縣隔。鉅鹿太守祖季真，多識北方人物，每云：『士大夫當須好婚親，二公孫同堂兄弟耳，吉凶會集，便有士庶之異。』」他指的就是公孫叡和公孫邃雖然為從父兄弟，但公孫叡的母親封氏和他本人所娶的崔氏均為名門貴族。與之相比，公孫邃的母親雁門李氏的門第相差懸殊。所以每當族內遇到吉凶喜喪之事聚會時，兩家所受到的禮遇和目光便有天壤之別。這裡說的雖然是北朝的事，但實際上是六朝時期南北共有的現象。弘農華陰楊氏為漢代以來的世族顯貴，但至晉代楊佺期因為沒有跟隨中原大族一起過江，而且「婚宦失類」，所以每每遭到其他世族的排抑（見《晉書·楊佺期傳》）。此風越演越烈，到南北朝時竟然發生了因與寒族通婚而被彈劾免官的事情。南朝蕭齊時王源因為將女兒嫁給富陽滿氏而遭到沈約的彈奏，可見當時的社會輿論對這種違背社會潮流的舉動是多麼無法忍受。正因為世庶之間難以通婚，所以它已經是當時人

第一講　魏晉門閥世族的貢獻與傲慢

們頭腦中約定俗成的成見，也是《世說新語》中世族婚姻觀念的一個基本前提。

《世說新語》中世庶難以通婚的故事儘管不多，但足以見出世庶之間在婚姻問題上的嚴重隔閡。如王渾的妻子鍾氏生了個女兒美麗又賢淑，哥哥王武子（王濟，字武子）打算為妹妹選擇一個夫婿。有個軍人家的兒子有卓越的才能，武子有意把妹妹許配給他，便稟告了母親。母親說：「如果確實是位才子，他的門第可以拋開不計，但必須要讓我看看」。武子就讓那個男子和普通百姓混雜在一起，讓母親在帷幕中來觀察。過後母親說：「如此穿著，如此相貌的人大概就是你所提議的人？」武子說正是。母親說：「此人才能確實出類拔萃，但門第低微，如果不能長壽，就不能施展其才能作用。看他的形貌骨相，一定不能長壽，這件婚事還是算了吧！」鍾氏實際上在這裡耍了一個小詭計。她故意先作出「門第可以不計」的大度，並要求親自見到兵兒，是為了給兒子王濟一個面子；但最後的裁決仍然還是在門第上找到了缺口。因為門第貧寒和壽命的長短之間並沒有什麼必然連繫。「形貌骨相不能長壽」一句完全是藉故推辭。可見才能在這裡終究沒有能夠戰勝門第，門第觀念仍然是驕傲的勝利者。

如果說世庶之間的婚姻還有什麼鬆動和通融餘地的話，那就是要對「娶」和「嫁」加以嚴格區分。一般來說，世族之子娶寒族之女，尚情有可原；但世族之女，則絕不可下嫁寒族。鍾氏堅持不把女兒嫁給兵兒，就是這一精神的反映。與此相對，寒族之女中的佼佼者還是有可能進入世族之家。如王湛年輕的時候沒人為他提親，就自己請求和郝普的女兒成親。父親王昶考慮到這個兒子比較痴呆，恐怕沒人會把女兒嫁給他，也就順著他的心意答應了。成婚後，郝氏女果然美貌又善良，後來生了兒子王承，終於成了王氏門中母親的典範。有人問王湛當初怎麼知道郝

氏這麼優秀。王湛說:「我曾經見她到井邊去打水,舉止儀容不失常規,也沒有什麼礙眼之處,所以就知道了」。

郝普的女兒之所以能夠在太原晉陽王氏家族中立住腳跟,原因並不僅僅是因為她的「舉動容止不失常」,而是因為她是一個寒族之女。倘若他是一個男子,那麼就只能和那位兵家子一樣,絕無與世族結婚之理。而寒族女子嫁給世族人家的動力,多半不是愛情,而是改換門庭的需求。周浚任安東將軍的時候,有一次外出打獵,遇上暴雨,就去探訪汝南李氏。李氏家境富足,但男人都不在家。李家女兒叫絡秀,聽說外面有貴人來了,就和一位婢女在院子裡殺豬宰羊,操辦了幾十人的飲食。事情辦得有條有理,精密細緻。周浚暗中觀察,見這位女子相貌非凡,就請求娶她為妾。李氏的父親和兄長不同意,可是絡秀自己說:「我們家的門第衰落,一個女兒有什麼捨不得的?如果能和貴族結親,將來或許會大有好處」。家人便順從了她。後來絡秀生了周伯仁兄弟幾人。她曾對伯仁兄弟說:「我之所以委屈自己到你們家作妾,完全是出於門第的考慮。如果你們不認李家這門親戚,我也就不想活了!」

這個故事,令人想起恩格斯(Friedrich Engels)那句名言:對於封建貴族來說,「結婚是一種政治的行為,是一種藉新的聯姻來擴大自己勢力的機會;造成決定作用的是家世的利益,而絕不是個人的意願。在這種條件下,關於婚姻問題的最後決定權怎能屬於愛情呢?」(《馬克思恩格斯選集》第四卷, 一九七二年版)從歐洲中世紀文學,到若干古代的許多愛情故事,有許多父母因家族利益而犧牲子女愛情的悲劇。但無論如何,當事人李絡秀始終處於被動和屈從的角度。這個故事尤其讓人感到心靈震撼的是,當事人自己卻主動承擔了〈鶯鶯傳〉中崔母和《紅樓夢》中賈母等人的角色。李絡秀對自己父兄和兒子的話題都是一個,就是為

第一講　魏晉門閥世族的貢獻與傲慢

了門戶的利益她可以犧牲一切。這種當事人自己的心甘情願比起崔鶯鶯和林黛玉來，恐怕更加具有悲劇的震撼力量。它深刻反映出世庶有別的門第觀念在當時婚姻關係中的位置已經重要到何等程度。值得注意的是，《世說新語》的編者把這樣的故事置於「賢媛」一節中，顯然意在肯定和張揚這種舉動。儘管故事沒有直接交代除了屈節為妾之外，李絡秀還付出了哪些艱辛和代價，但她對兒子的殷切話語中，已經透露出這絕不是一場幸福美滿的婚姻。這一點，從其他大族所娶寒族之女的故事中可以得到證實。

徐州刺史娶琅琊顏家女兒為後妻的婚禮上，當顏氏女行完交拜禮之後，王渾正要答拜，旁邊觀看的人都說：「王侯是州將，而新娘是本州平民，恐怕沒有答拜的道理」。於是王渾就沒有答拜。兒子王武子認為父親沒有答拜，就沒有完成婚禮，也就不能算作正式夫妻，所以也就不對繼母行拜禮，只是稱她為「顏妾」。顏氏認為這是恥辱，但因為王家門第高貴，始終也不敢離婚。明明是王渾的正當妻子，可是婚禮上不僅得不到丈夫的對拜，而且也不被繼子承認為母親；儘管自己感到了屈辱，可是因為丈夫的世族地位而不敢離婚。這就是一個寒族女子來到世族家庭的境遇。無論是當事人還是旁觀者，其歧視寒族的觀念已經根深蒂固。

其次是新舊門戶之間的婚姻關係。新舊門戶之間由於各有所長，往往各以所長視人之短。那種互不服氣的對立實在是咄咄逼人。尚書令諸葛恢和丞相王導曾一起爭論兩家的家族姓氏排列順序。王導說：「為什麼不說葛王，卻說王葛？」諸葛恢說：「就好像人們只會說驢馬，不會說馬驢的。難道驢子勝過馬嗎？」（見《世說新語‧排調》）余嘉錫箋疏說：「凡以二名同言者，如其字平仄不同，而非有一定之先後，如夏商、孔顏之類，則必以平聲居先，仄聲居後，此乃順乎聲音之自然，在未有四聲之

前，固已如此。故言王葛驢馬，不言葛王馬驢，本不以先後為勝負也」。

　　王導自然不會不明白這樣一個基本的音韻常識，他之所以明知故問，就是要藉自己家族當時的優越政治地位，將諸葛氏家族置於羞辱地位。從兩族的歷史來看，諸葛氏家族歷史淵源較早。《太平御覽》卷四七〇引《晉中興書》：「諸葛氏之先，出自葛國。漢司隸校尉諸葛豐以忠強立名，子孫代居二千石。三國之興，蜀有丞相亮，吳有大將軍瑾，魏有司空誕，名並蓋海內，為天下盛族」。以至於當時有「蜀得其龍，吳得其虎，魏得其狗」之謠（見《世說新語·品藻》）。可見至三國時期，諸葛氏已經成為彪炳塵寰的巨族。而琅琊王氏的祖先最早只能追溯到曹魏時期王祥之父王融。王氏的真正顯貴是從永嘉喪亂後王導協助司馬睿建立東晉王朝開始。所以論家族歷史悠久，要數諸葛氏；但至王導權重時諸葛氏已經日薄西山。所以王導才恃此向諸葛恢發難。而諸葛氏當然要藉祖上名譽炫耀自矜。這樣的觀念自然要在婚姻問題上表現出來。諸葛恢的大女兒嫁給了太尉庾亮的兒子，二女兒嫁給了徐州刺史羊忱的兒子。庾亮的兒子被蘇峻殺害後，大女兒又改嫁江彪。諸葛恢的兒子娶了鄧攸的女兒。當時尚書謝裒為兒子向諸葛恢請娶其小女兒。諸葛恢說：「羊、鄧兩家和我家是世代姻親，江家是我照顧他，庾家是他照顧我。不能再和你們謝家結親了」。等到諸葛恢死後，兩家才終於通婚。當時大書法家王羲之到謝家去看新娘，只見新娘還保留著諸葛恢所留下的禮法，行為舉止端莊安詳，儀表服飾華美整齊。王羲之嘆息地說：「只有我活著的時候嫁女兒，才能做到這樣啊！」（見《世說新語·方正》）陳郡陽夏謝氏的煊赫是在謝安秉政之後，所以在此之前謝氏在諸葛氏眼中的地位還不如琅琊臨沂王氏。諸葛恢輕而易舉地拒絕了謝氏的求婚。然而當諸葛恢死後，諸葛氏的地位日落西山。他的子弟為了結緣日益崛起的謝氏，所以

第一講　魏晉門閥世族的貢獻與傲慢

也就違背了諸葛恢的意志，將諸葛恢小女嫁給了謝石。

可見家族社會地位的升降，是左右其子女婚姻的決定性槓桿。新舊世族子女婚姻的關聯，決定於他們各自地位影響的消長。這種舊有世族在婚姻方面歧視新出門戶的現象還時有發生。王坦之在桓溫手下任長史的時候，有一天桓溫向王坦之提出要為自己的兒子娶王坦之的女兒。王坦之說回家請示一下父親王述（藍田侯）。回到家中，王述先是像抱小孩一樣把王坦之抱在膝蓋上寵愛，可當他聽完兒子所述桓溫的求婚意圖後，立刻勃然大怒，把兒子摔到地上，生氣地說：「簡直是個傻瓜！你是害怕上司嗎？怎麼能把女兒嫁給當兵的人家呢！」王坦之無奈，只好向桓溫撒謊說女兒已經訂婚。桓溫立刻點破他：「我知道，這是你父親不允許」。而後來桓溫就把女兒嫁給了王坦之的兒子。

譙國龍亢桓氏儘管淵源較久，但一直缺乏朝中顯赫人物。直到桓溫之父桓彝元帝時官至尚書吏部郎，嗣後桓溫又大權獨攬，桓氏才為世人所重。然而在太原王氏看來，這樣的家族顯然不夠等級。據《晉書‧謝奕傳》，大族謝奕為桓溫司馬時，逼桓飲酒。桓躲避，奕遂引一老兵共飲曰：「失一老兵，得一老兵，亦何所怪？」此與王述稱其為「兵」正相吻合。一次桓溫在大族名士劉惔睡臥時用彈弓與其嬉戲，結果劉惔勃然變色：「使君如馨地，寧可鬥戰求勝？」故而「桓甚有恨容」。（見《世說新語‧方正》）劉惔的意思是你怎麼有資格跟我開玩笑呢？南宋劉辰翁評云：「如怒，如笑」。即為此意。余嘉錫箋疏謂：「蓋溫雖為桓榮之後，桓彝之子，而彝之先世名位不昌，不在名門貴族之列，故溫雖位極人臣，而當時士大夫猶鄙其地寒，不以士流處之」。而桓女之所以能夠嫁給王文度的兒子，也是因為符合寒族之女何以能進入士族之家的慣例。

再次是帝王婚姻。天子婚姻在先秦時期本來被視為禮制禮儀組成的

一部分。《禮記·曲禮下》:「天子有後,有夫人,有世婦,有嬪,有妻,有妾」。所以天子的婚姻也要根據禮儀的規定來進行。《左傳·襄公十二年》:「靈王求後於齊。齊侯問對於晏桓子,桓子對曰:『先王之禮辭有之,天子求後於諸侯,諸侯對曰:夫婦所生若而人,妾婦之子若而人。』」除了講求禮儀禮制之外,天子與諸侯之間沒有嚴格的婚姻界限。《詩經·召南·野有死麕》毛傳:「『何彼穠矣』,美王姬也。雖則王姬,亦下嫁於諸侯。車服不繫其夫,下王后一等,猶執婦道,以成肅雍之德也」。孔穎達疏:「美王姬也。以其雖則王姬,天子之女,亦下嫁於諸侯。其所乘之車,所衣之服,皆不繫其夫。為尊卑下王后一等而已。其尊如是,猶能執持婦道,以成肅敬雍和之德;不以己尊而慢人」。顯然,這樣的美德更能從側面反映出天子的至尊地位。正是因為天子的至尊地位才使他們的女兒下嫁諸侯被視為一種禮賢下士的恩賜。然而到了魏晉時期,情況就發生了很大的變化。魏晉時期帝王婚姻明顯受到社會上嚮往世族、追崇世族的社會觀念的影響,帝王與世族高門聯姻的情況日益增多,而且雙方的聯姻並不完全被視為帝王天子對世族的恩賜,而是雙方互有所需。其中包括兩個方面:一是帝王迎娶后妃多出世族;二是帝王公主出嫁也多為高門。一方面是帝王家族的至尊地位,另一方面又是世族高門的赫赫名聲。帝王家族可以藉助世族高門的貴冑影響,世族高門又可以依賴帝王家族的政治保護。兩者的結合,在當時社會上被認為是最完美和最令人羨慕的婚姻關係。如晉孝武帝司馬曜囑託王珣物色女婿,並提出條件說:「王敦、桓溫屬於有奇才異能的人,不可能再找到,而且他們自己也得意揚揚,他們還喜歡干涉別人的家事,所以不是我所需要的人。只有像劉惔、王獻之那樣的才比較理想」。王珣便推薦了謝混。後來袁山松想把女兒嫁給謝混,王珣對他說:「你最好還是知趣一些,不要去碰禁臠(別人不許染指的東西)」。(見《世說新語·排調》)本條劉孝標注引

第一講　魏晉門閥世族的貢獻與傲慢

《續晉陽秋》：「初，帝為晉陵公主訪婿於王珣，珣舉謝混云：『人才不及真長，不減子敬。』帝曰：『如此，便已足矣。』」司馬曜所開列的女婿人選名單中，家族的顯貴是首要條件，其次還有人不能過於爭強好勝。王敦和桓溫儘管家族條件尚可，但「喜歡干涉別人家事」，實在讓帝王擔憂。而謝混則以文才見長，加上其家族為陳郡陽夏謝氏，位望顯貴，所以為理想人選。而大族一旦與帝王聯姻，自身的地位也榮加一等。從故事當中可以揣測，倘若沒有謝混與晉陵公主的婚姻，袁山松似乎還有可能與謝氏聯姻；而有了這場婚姻，謝氏便成了他人難以接近的「禁臠」。這種榮譽感似乎在與帝王聯姻的世族中普遍存在。又如前面列舉當司馬道子醉後直呼王爽「小子」，遭到王爽反駁的故事中，據劉孝標注引《中興書》，王濛的女兒王穆之為晉哀帝皇后，王蘊的女兒王法惠為晉孝武帝皇后。王爽之所以敢和孝武帝的弟弟會稽王司馬道子直言相抗，是因為他背後有其太原晉陽王氏家族的顯赫地位，尤其是祖父王濛執江左清談祭酒地位的不朽經歷。這樣的家族正是當時帝王擇偶的首選考慮。從王爽的話中可以看出，王氏家族並沒有因為與帝王的聯姻而有什麼受寵若驚的感覺，而是一種理所當然的氣勢。換句話說，倘若帝王的擇偶對象不是高門世族，那倒是不可思議和難以理解的了。這就反映出世族階層的崛起帶給人們的婚姻觀念多麼大的變化。

前面說過的王導阻止晉元帝想捨棄司馬紹而冊立司馬昱的故事中，從本質上說，這場較量的核心是門第的較量。首先，司馬睿之所以要捨棄司馬紹而冊立司馬昱，根本原因是兩人生母的家族地位差異。司馬昱的生母鄭后鄭阿春出身滎陽鄭氏，為滎陽四大著姓之一；而司馬紹的生母荀氏，為名位普通的豫章荀氏，而不是名列著姓的潁川潁陰荀氏。據記載，鄭州滎陽郡四姓：鄭、毛、潘、陽；洪州豫章郡五姓：熊、

羅、章、雷、湛。滎陽有鄭姓而豫章無荀姓。所以鄭阿春儘管是二婚的身分嫁給元帝，但仍然十分得寵；而荀氏雖然生了太子，卻仍然還是宮人。這不能不說與兩人的家族背景有關。其次，司馬睿的如意算盤沒有得逞，並不是因為鄭氏和荀氏家族的地位發生了什麼變化，而是因為比他們地位更為顯赫重要的王導的作用。作為當時大姓之首的琅琊臨沂王氏，不僅地位顯赫，更重要的是東晉王朝的建立，王導當具頭功，故有「王與馬，共天下」之說。從這裡也可以看出皇帝的婚配乃至決定太子這些重大問題，往往還要決定於琅琊臨沂王氏這樣的世家大族。這樣，世族的身分地位在帝王婚姻中所發揮作用之大，也就綽然可見了。

第一講　魏晉門閥世族的貢獻與傲慢

第二講

南北世族之爭

第二講　南北世族之爭

　　在一個多民族國家中，國內地域和民族的文化衝突往往難免。歷史上的戰爭和遷徙經常會造成民族內部之間的衝突。這些衝突常常不能因為其中某一方的勝利或失敗而告結束。衝突裂痕不僅會對人們的社會心理產生難以治癒的創傷，而且在較長時期內對社會文化的各方面都要產生深刻的影響和制約。過去幾次民族和人口遷徙也往往產生這樣的問題。其中魏晉時期南北文化差異隔閡對世族文人的生活言行就產生了很多影響。從這個意義上說，透過魏晉名士的生活言行來觀察三國以來分裂局面對當時南北方文化的差異和融合所產生的影響和滲透，並從中了解和掌握當時社會文化的某些深層底蘊，不啻饒有興味而又意義重大。

■從「汝鄰」到「汝臣」的對抗心理

　　司馬氏代魏以後的西晉王朝，看起來已經結束了三國鼎立的分裂局面。在三國舊屬的關係中，魏與蜀的最高統治者所代表的社會階層利益和所奉行的法制基本相同，所以滅蜀後兩地之間的政治隔閡很不明顯；

而吳與魏的統治集團所代表的利益和實行政策卻大抵不同（參見陳寅恪〈述東晉王導之功業〉）。因而滅吳後不僅兩者的對立情緒沒有消除，反而有增無減。對於西晉王朝的統治者來說，吳蜀兩國雖然都已經俯首稱臣，但相比之下，「蜀人服化，無攜貳之心；而吳人趑雎，屢作妖寇」（見《晉書·華譚傳》）。西晉統治者在政策措施上尚能明白如何處理與吳人的關係，他們一方面嚴格控制南人在朝廷的任職，另一方面，他們也注意對江南大族的籠絡。當晉武帝問華譚吳亡後的對吳政策時，他建議「當先籌其人士，使雲翔閶闔，進其賢才，待以異禮」（見《晉書·華譚傳》）。毗陵內史在論江南貢舉事時也認為江南剛剛歸附，貢舉方面還應尊重以往的慣例，甚至有喪仍然可行，說明他們主觀上還是願意打好關係的，但在人們的潛意識中，還難以除去往日的對峙情緒。特別是北方的統治者和世家大族總以勝利者自居，居高臨下，俯視吳人。而東吳人本來就不服氣自己的失敗，加上北人的狂傲，更讓人無法忍受。三國以來，中原人把吳人罵作「貉子」，先是關羽把孫權罵作「貉子」，接著西晉時孫秀降晉後，晉武帝為了籠絡他，便把自己的姨妹蒯氏嫁給了他。但這位蒯氏卻十分鄙視自己的丈夫，更不能領會表兄在自己婚姻問題上的政治用意，所以就無所顧忌地罵丈夫為「貉子」。如果不是司馬炎的極力迴旋，這一句詈語險些使晉武帝計策失算。苻堅也稱尋陽周虓為「貉子」，而孟超作為小小都督，統領萬人，竟敢公然斥罵作為河北大都督全軍統帥的陸機為「貉奴」。在中原大族看來，江東人猶如狐貉一類。有了這種偏見，南北隔閡怎能不日益加深？

當吳國的末代皇帝被帶到洛陽，封為歸命侯後，他最先受到這樣的禮遇。一天，孫皓正在藉酒消愁時，晉武帝不知從哪裡冒了出來，陰陽怪氣地說：「聽說江南人好作〈爾汝歌〉，你能來一首嗎？」這個戲弄、侮

第二講　南北世族之爭

辱的玩笑說明，在司馬炎的眼裡，孫皓既不是往日的吳君，也不是今日的歸命侯，而是自己的俘虜和階下囚。而這位歸命侯卻並不是那樂不思蜀的阿斗，聽了司馬炎的侮辱之辭，應聲答道：「昔與汝為鄰，今與汝為臣。上汝一杯酒，令汝壽萬春」。（見《世說新語・排調》）在這首〈爾汝歌〉中，那種沮喪無奈且深惡痛絕的牴觸情緒，見諸字裡行間。所以儘管吳人名義上已經是晉室的臣民，但很多人懷有家國之恨，拒絕與晉室來往，諸葛靚就是其中一個。

諸葛靚的父親諸葛誕，被晉文王司馬昭所殺，所以諸葛靚對晉室懷有刻骨仇恨。入晉後他被授以大司馬的官職，卻拒絕應召。而且因為殺父之仇，經常背向洛水而坐。小時候，他曾與晉武帝有過交往。晉武帝很想利用這點老交情來籠絡諸葛靚，可是諸葛靚的態度又使司馬炎很難接近。湊巧諸葛靚的姐姐是司馬炎的叔母，於是就請諸葛妃喊來弟弟，司馬炎跑到叔母那裡去見諸葛靚。見面後，司馬炎在宴席上親熱地說：「還記得我們當年青梅竹馬的感情嗎？」諸葛靚卻說：「只恨我不能像豫讓那樣，吞炭漆身，為父報仇！」原來，戰國時晉知伯為趙襄子所殺，其門客豫讓漆身為癩，吞炭為啞，使自己形狀模糊，欲為知伯報仇（見《史記・刺客列傳》）。聽了這話，晉武帝只好灰溜溜地離去了（見《世說新語・方正》）。諸葛靚的復仇意識，恐怕不能僅僅理解為孝的表現，而是含有相當的忠義成分，即吳人對北人的仇視心理。

■以「蒓羹」對峙「羊酪」

這種勝利者的狂傲之氣不僅表現在晉武帝身上，其他中原貴族，也每每以此褻瀆吳人。當吳亡後，中原大族王渾來到建鄴，在酒酣之後，趾高氣揚地對吳人說：「值此亡國之際，諸位沒有什麼遺憾的吧？」這

股得意忘形而又盛氣凌人的狂態，足以令吳人咬牙切齒，不堪忍受。周處答道：「漢末大亂以來，三國鼎立的局面也很快結束了，亡國的不僅是吳人，魏不也被晉所取代了嗎？所以懷有亡國之憾的，又豈止我們吳人？」於是王渾羞愧難當。周處這幾句軟中帶硬的回敬，也表明吳人國雖亡，而志不辱，分毫不讓的對立情緒。

吳亡以後的最初幾年，江南大族顧慮重重，不肯入洛，主要原因就是不肯領教中原人的白眼。陸機、陸雲兄弟二人在吳亡後退居舊里近十年，閉門勤學，太康末始入洛陽。「初入洛，不推中國人士」。陸機入洛後，也自稱「蕞爾小臣，邀彼荒遐」（陸機〈皇太子宴玄圃宣猷堂有令賦詩〉）。陸雲〈答張士然一首〉也有「感念桑梓域，彷彿眼中人」的句子，可見其自卑情緒和桑梓之感。

當少數吳人接受亡國的事實，被迫入洛，對他們來說，是被逼向一個不可知的未來。而到了洛陽以後，他們敏感的神經，總是能清楚地感覺到中原人在言行中處處表現出來的優越感，從而使吳人感到無比的屈辱和難堪，所以也毫不客氣地予以反擊。

當蔡洪來到洛陽，很快就有洛陽人問他：「新政權剛剛設立，眾位公卿奉命延攬人才，要從卑微低賤者中尋求才能出眾者，從隱居山林者中選取才德賢明之士。先生是南方的亡國遺民，有什麼特異的才能來這裡參加人才競爭呢？」蔡洪毫不客氣地回答說：「夜光珠不一定都出於孟津附近的黃河中，巴掌大的璧玉不一定都從崑崙山開採出來。大禹就出生於東夷，周文王則是出生於西羌。聖賢的出生地未必有固定的處所！當初武王伐紂的時候，把殷商的頑民遷徙到洛陽，各位莫非就是這些頑民的後代？」

這個故事出自《世說新語‧言語》，又見載於《晉書‧華譚傳》和《太

平御覽》卷四六四引《文士傳》,均作華譚事。故劉孝標注稱《世說》為穿鑿。其實這正可以理解為在中原人每每可見的無禮面前,吳人當中流行的反擊措辭,以塞洛中人士之口。而把洛人罵為殷之頑民,並非蔡洪、華譚所創,正是當時比較流行的諺語。據《洛陽伽藍記》載,洛陽城東北有上高里,為殷之頑民所居處。高祖名聞義里。遷京之始朝士住其中,迭相譏刺,竟皆去之。北魏時成淹和王肅在朝歌也以殷頑民的典故相互嬉笑(見《魏書·成淹傳》)。這說明從西晉到北朝,殷頑遷於雒邑之事一度流傳不衰。可見吳人雖然到了洛中,但南人北人間仍有很多這樣能夠反映雙方對立情緒的口角。陸機入洛後,前去拜訪王濟,王濟在陸機面前擺了幾斛羊酪,挑釁地對陸機說:「你們江東什麼東西可以敵此?」陸機回答說:「有千里蓴羹,但未下鹽豉耳!」(《世說新語·言語》)本來,羊酪和蓴羹是能夠代表南北飲食文化的產品,但這裡已經被用來作為雙方政治對立情緒的表現工具。王濟的狂傲,自與王渾等人不差,而陸機的話中,既有江東人的榮譽感,又飽含對中原人目中無人的極度不滿。陸機出身江南大族,又文名顯溢,尚得此待遇,他人便可想而知。

■「吳牛」為何「見月而喘」?

當然,任何時候骨氣與氣節都需要有奴才作為補充,才能在依存和對比中相互映襯。吳人中也並非沒有以失敗者自居、誠惶誠恐、唯唯諾諾的奴才。如滿奮很怕見風,當他在晉武帝前就座時,對著窗戶直皺眉頭。原來北方的窗戶用琉璃為屏,因為透明,看起來很疏,像透風似的,但實際上很密。當遭到嘲笑並得知風不會吹到自己時,滿奮便奴顏婢膝地說:「我就像吳牛一樣,見月而喘」。因為南方天熱,當地水牛怕熱,見到月亮便以為太陽又出來,要受酷熱了,所以見月而喘(《世說新

語‧言語》)。這種比喻既生動形象又準確傳神。

從蔡洪、陸機二人的際遇中，可以明顯地看出中原人鄙夷江南人的情緒。而滿奮以「吳牛」自喻，「見月而喘」，則以江東人自己「見月疑是日」這一貽笑大方的舉動，證明中原人對吳人保守、落後、愚昧、無知看法的正確。在這種心理狀態下，當孫吳覆亡後，去洛陽的南士中，

雖然不乏蔡洪、陸機之類舊家大族子弟，但中原人對他們仍另眼看待。有時雖也會得到少數人的讚譽尊敬，如陸機、陸雲兄弟到洛陽後，張華欣像見到老朋友一樣連稱西晉征服東吳的最大收穫就是得到了陸氏兄弟。但像張華那樣不以南北為界的寬闊胸襟者，畢竟有限，多半是像王濟（武子）那樣不加掩飾的無禮。比如陸機剛入洛時，因得到張華的賞識，便向他請教該拜訪哪些人，其中提到清談大師劉悛。陸機到了劉悛家，劉悛正在守哀。一番寒暄之後，劉悛沉默無語，只問了一句：「聽說東吳有一種長柄葫蘆，您帶來它的種子了嗎？」陸機兄弟非常失望，後悔來這裡受此羞辱。

當陸機一類江南大族子弟，在憑藉家族地位和個人努力登上高位之後，不僅沒有得到中原人的信任和尊敬，反而招來更強烈的忌恨，陸機終於與兩個兒子和兩個弟弟同時無罪被害。可見西晉時期雖然南北實現了統一，但兩者的對立情緒仍十分緊張，並見諸表面。

為何把江南建國稱為「寄人國土」？

永嘉之亂後，過江的中原士族被稱為「僑姓」，東吳的舊姓，則被稱為「吳姓」。此後南北對立情緒主要表現為吳姓和僑姓的對立。對僑姓來說，為了民族和家族的生存，被迫來到這塊手下敗降的土地上。於是，昔日戰勝者的自豪與今日喪失舊土的難堪，以及恐南人不容自己的擔心

第二講　南北世族之爭

等，相互融合，使他們陷入一種尷尬的境地；而吳姓對僑姓則既有恐懼、戒備，也有鄙夷、敵視以至於幸災樂禍的態度。而兩者的對立情緒，由於王導等人的努力，已經由表面化開始向潛在的方面轉化。

包括琅琊王在內的僑姓大族，本來對過江就十分勉強，所以在行為上表現出極大的不適。如衛玠在準備渡江的時候，「形神慘悴，語左右云：『見此芒芒，不覺百端交集。苟未免有情，亦復誰能遣此！』」（見《世說新語・言語》）這種對過江極不情願的心情，固然有不忍故國流落他人之手的因素，但如連繫長期以來南北的對立情緒，就不能排除後者所帶來的顧慮。從吳亡歸晉到永嘉後琅琊王過江，已經三十多年。可是當司馬睿過江以後，竟對吳人顧榮說「寄人國土，心常懷慚」（見《世說新語・言語》），說明南北隔閡之深遠。元帝的「懷慚」，也許既有對昔日中原人過分狂妄的懺悔，也有對長期以來對雙方關係和睦缺乏遠見的反省。不僅晉元帝如此，當時的過江大族每至暇日，經常在新亭借酒澆愁。一次，周顗望著江南的山河說：「這裡的風景與北方也沒什麼兩樣，但卻有山河之異的感覺」。（見《世說新語・言語》）其實，南北的風景倒是相差很大，周顗真正慨嘆的潛臺詞是，即使這裡的風景與北方完全一樣，也覺著這不是自己的家鄉。可見南人固然不附，不以北人為同胞，北人也同樣不以吳土為國土。雖被迫遷此，終有寄人籬下之感。周顗的話，說明北人已明白表示不願立足江東。而晉室要苟延殘喘，又必須借寓江東，積蓄力量，以求一逞，這樣就必須解決吳姓僑姓的關係問題。平心而論，當琅琊王帶著部屬來到南方時，其安定局面的建立，困難的確很大。由於陸機兄弟子姪的被害，由於三吳舊家大族近年的際遇，以及數年來南北人們心靈上的牴牾，要在南人痛恨北人的巔峰時代與之相安，確非易事。然而，在王導「以吳制吳」和寬縱大族懷柔政策指導下，

琅琊王終於解決了吳姓僑姓間的團結問題,至少是表面的團結。吳姓政治待遇和地位的改變,對二姓間的心理機制產生了複雜而又微妙的影響。對吳姓來說,王導輔政後,的確使他們在各方面得到一些利益,再像從前那樣跟中原人唱反調,於道義、於自己的生存都不利;對僑姓來說,這種讓步是不得已的,是為了在南方立足,以求復國之機。為此,才不得不盡可能表現出對吳姓一視同仁的態度。應承認,這種表面上對立情緒的緩和,對穩定東晉局勢,有著重要的作用,但不能因此就認為二姓間的對立情緒已經蕩然無存。因為心靈的鴻溝並不像有形的裂痕那樣容易縫合,而且即使縫合了,印記總還是存在的。王導輔政時二姓間的對立和隔閡,在表面上是少多了,但仍存在。如王導過江後為了籠絡吳中大族,向陸玩提出聯姻,遭到嚴厲拒絕。王導的請婚,顯然是出於政治用意,而絕未料到如此狼狽。陸玩作為王導的下屬而態度如此決絕,說明在他的意識中,吳姓與僑姓通婚,竟無異於亂倫。一次陸玩去拜訪王導,王導招待陸玩的食品即當年王濟款待陸機的北方特產——羊酪。陸玩回家後,當天就病倒了。第二天,他寫信跟王導說:「昨天晚上羊酪吃多了,難受了一夜。我雖然是吳人,卻差點成了中原之鬼」。(見《世說新語・排調》)從中也可見出二姓間難以縫合的裂痕。

不過,這樣公開表面化的對立在東晉時已比較少見,較多的還是潛意識中以不自覺方式流露出來的隔閡。如許璪和顧和都是吳姓,二人都在王導手下任丞相從事。表面看起來,他們已經成為東晉統治集團的成員,可以和其他僑姓官員一樣,遊宴集聚,略無不同。有一次在王導那裡玩到半夜,仍興致勃勃。王導見天色已晚,便讓二人在自己的帳中睡覺。許璪上床便鼾聲大作,而顧和卻輾轉反側,久不能寐。王導心裡很得意,嘴上卻言外有意地說:「這裡已經沒有我睡覺的地方了」。(見《世

第二講　南北世族之爭

說新語‧雅量》）表面看來，這是何等融洽、和睦。可是顧和的輾轉反側，卻使人感受到這位吳地官員在受寵若驚之後的一種局促和忐忑——這恰恰是僑姓官員所不會具有的。而王導的專招吳姓官員入己帳中和向眾人表白無處睡覺，也明顯具有作秀的痕跡——對僑姓官員是用不著這樣的。又有一次，吳姓的謝奉被罷免吏部尚書還鄉，僑姓大族謝安應公外出，與謝奉路遇，就故意停留三天，想多勸慰幾句。不想謝奉每次都以別的話題岔開，竟沒有機會言及罷官之事。謝安深以為憾，對同行者說：「謝奉故是奇士！」其實，造成謝奉冷淡的原因，並不是奇不奇士的問題，而是二姓的隔閡問題，致使僑姓的謝安存心而無法相通。這種隔閡，在二姓內部，是沒有的。如有度量而無才學的魏長齊初次外出做官時，虞存嘲笑他說：「和你約法三章：談論的人處死，寫詩文的人判刑，品評人物的人治罪」。魏長齊高興地笑著，沒有一絲牴觸的神色。只有在自己人中間，才能這樣毫無顧忌地大開玩笑，而對方也毫不在意。如在二姓之間，這樣的嘲戲無疑將是一場糾紛的導火線。因為為了顧全大局，大家可以不計宿怨，通力合作。可是在許多日常生活瑣事上，由於潛在的南北隔閡在發揮作用，經常會出現一些雖無關大局而又明顯齟齬的場面。有趣的是，這些故事中有的只能由雙方在心靈上互相感應，只能意會，卻無法端到桌面上來。如王導雖然十分重視團結吳姓，而他也有疏忽的時候。一次顧和去看他，正值王導倦乏，竟然當著客人的面睡著了。顧和卻非常擔心，對同座說：「聽說元帝在江東的局面全靠王丞相協助。可他身體如此，令人擔心」。王導忽略了自己的病態形象可能產生的副作用。而顧和那不冷不熱的話中，也使人體會出一絲淡淡的揶揄。說明像王導這樣的大政治家，雖然深明二姓團結大義，但潛意識中的隔閡，仍不自覺地流露出來。

不過從趨勢上看，吳姓和僑姓還是逐漸地走向相安與和睦。如吳姓張玄和僑姓王忱本不相識，後來在王忱的舅舅范甯那裡相遇了。范甯讓他們二人交談，目的是使二姓能相安平和。可是兩個人都不肯先放下架子，一個正襟危坐，一個盯著客人沉默不語。張玄很失望，就起身而去。范甯苦苦相留，也沒留住。范甯就責備外甥說：「張玄是吳士之秀，而且見遇於時，你這樣對待他，真讓人不能理解！」王忱笑著說：「如果張玄想與我相識，就應專程來拜訪」。范甯立即通知張玄，張玄便整裝來訪。「遂舉觴對語，賓主無愧色」。（見《世說新語·方正》）與前面數事相比，這個故事在僑姓自大、吳姓自卑這一基本點上是相同的。但不同的是，這裡已經有了願為二姓團結苦心周旋的范甯。而且雙方都願意，至少是不反對和睦交往的願望。這對於二姓的和睦，又是至關重要的條件。

南北文化背景下的學術差異

清代學者皮錫瑞說過：「學術隨世運為轉移，亦不盡隨世運為轉移」。前者是指社會發展變化對學術走向的外在制約，後者則是指學術自身不能由外力改變的凝固性。魏晉時期的學術也正是在這兩股力量的整合下，表現出自身的時代特色。三國以來的分立局面，不僅使各國在政治上得到獨立，也使思想文化按照各自的軌跡向前發展，形成各自的特色。然而南北之間政治上的強弱，又成為學術文化上融合統一過程中倒向的決定因素。也就是說，政治和軍事上的失敗者，在學術文化上也被迫趨從勝利的一方，以文化的服從，完成文化的融合統一。

儘管地域的不同對文化差異所產生的影響是一個客觀的事實，可是西漢時期儒家的一統天下在相當程度上掩蓋了這一事實。東漢末年以後社會的動盪和思想的混亂使人們對這一問題有了比較明確的認知。三國

第二講　南北世族之爭

時盧毓在《冀州論》中說：「冀州，天下之上國也。尚書何平叔、鄧玄茂謂其土產無珍，人生質樸，上古以來，無應仁賢之例，異徐、雍、豫諸州也」。這種優越感也是後來一些文人清談時爭辯調侃的根據和材料。如永嘉後祖納對鍾雅說：「君汝潁之士，利如錐；我幽冀之士，鈍如槌，持我鈍槌，捶君利錐，皆當摧矣」。鍾雅回擊道：「有神錐，不可得捶」。祖納又說：「假有神錐，必有神槌」。鍾雅於是無話可說（見《晉書·祖逖傳附兄納傳》）。而這種地域差別對學術文化的影響，則更為明顯。東漢末，在江左和河洛之間，學術的思想和道路已經有了明顯的區別。這種區別的實質，實際上是新學和舊學的區別。湯用彤先生說：「漢朝末年，中原大亂，上層社會的人士多有避難南來，比較偏於保守的人們大概仍留居在北方。所以『新學』最盛的地方在荊州和江東一帶，至於關中、洛陽乃至燕、齊各處，仍是『舊學』占優勢的地方。後來曹操一度大軍南下，曾帶領一部分學者北歸，於是荊州名士再到洛下。但是不久，因為這般人很不滿意曹氏父子的『功業』，意見不投，多被摧殘。此後司馬氏又存心要學曹家篡奪的故伎，名士更多有遇害的。但在這時節，北地『新學』已種下深根，因此『玄學』的發祥地實在北方，雖然再後因為政局的不寧和其他關係，名士接踵不斷地南下，但也並不因此可以說北方根本沒有『新學』了。要到西晉以後，『新學』乃特盛行江左。這樣，晉朝末年的思想，南北新舊之分，真可算判然兩途了。因此南朝北朝的名稱，不僅是屬於歷史上政治的區劃，也成為思想上的分野了」。（湯用彤《湯用彤學術論文集·魏晉思想的發展》）湯先生在這裡所指的南北界限，是以長江為界，即南北朝的界限。但唐長孺先生對此稍有異議，他認為當時南學北學的界限，在東晉時主要是指河南河北。理由是盧毓《冀州論》所說冀州與徐、豫州之對和《晉書》載祖納與鍾雅之間的汝潁與幽冀之士的爭論，都是指河南河北。還有一個根據則是《世說新語》：有一次

褚裒對孫盛說:「北人學問淵綜廣博」。孫盛回答說:「南人學問清通簡要」。支道林聽說之後說:「……北人看書如顯處視月,南人學問如牖中窺日」。(見《世說新語・文學》)唐長孺以為褚裒為陽翟人,孫盛為太原人。東遷僑人並不放棄原來的籍貫。孫褚二人的對話只是河南河北僑人彼此推重,與《隋書・儒林傳序》中「南人約簡,得其英華;北學深蕪,窮其枝葉」所指南北是不一致的。唐先生的用意,是想說明河南是魏晉新學的發源地。這個立論本身並不錯,但南北界限問題恐怕不是那麼簡單。因為以鄭玄、服虔為代表的漢末北學,恰恰是漢儒章句之學的繼承和代表者。《世說新語・文學》記載,鄭玄曾打算為《春秋傳》作注,還未完成時,一次與服虔相遇於客宿。這時他們還未相識,服虔在外面車上向別人講授自己所注《春秋傳》的意思。鄭玄聽後,覺得與自己的注大致相同,就向服虔說明了情況,並把自己所注部分送給了服虔,所以後來就流行服虔的《春秋傳注》。同書同篇又記載服虔在作《春秋傳注》時,為了參考異同,曾廣為蒐羅諸家之注。當時傳說崔烈為其門生講解此傳後,服虔便隱姓埋名,化裝成賣食品的小販,向崔烈的門人當傭人做飯。每當崔烈講課時,服虔就躲在牆外偷聽。當他知道崔烈不能超過自己後,便常在眾門生面前對崔烈的理論說長道短。崔烈聽說後,猜不出是誰,但久聞服虔大名,就疑心是他。次日一早,當服虔還沒起床時,崔烈便在窗外大呼服虔的字:「子慎!子慎!」服虔不覺驚醒答應,兩人於是成了朋友。鄭玄和服虔對經學一絲不苟、嚴肅認真,以至於字斟句酌的虔誠精神,正是漢儒保守學風的具體表現,甚至連他們的奴婢也要被迫接受這種知識結構。鄭玄家裡的奴婢都要按照他感興趣的方面去讀書。一次一個婢女言語中沒有說出書中之意,鄭玄便要鞭打,婢女剛要陳述理由,鄭玄更生氣了,讓人把她拖到泥中。一會兒,又有一個婢女過來,見此情景,便用《詩經・邶風・式微》中的詩句問道:「胡為乎

第二講　南北世族之爭

泥中？」那個在泥中的奴婢也馬上用《詩經・柏舟》中的詩回答：「薄言往愬，逢彼之怒」。（見《世說新語・文學》）從這兩個奴婢的對話中，分明可以窺見鄭玄的治學路數。

這些都可以說明，當時在北方河洛地區，由於鄭玄、服虔等人的經營，還保留著一塊傳統的章句舊學的領地。而令人矚目的是，稍後新崛起的新學——玄學的主要代表人物，也都產生在這個地區。如王弼是山陽人，阮籍是陳留人，夏侯玄是譙郡人。這些新學的創立者和主力軍形成了一個具有開創意義和集體精神的學術流派，對魏晉的時代精神和思想文化都產生了巨大的推動和規定作用。

正當河洛地區的學術推陳出新的時候，在它北面的河北和在它以南的江東，卻仍在恪守漢儒的舊學傳統抱殘守缺。他們不僅自己沿襲舊學，而且還對新學時常加以指斥。太原王濟本不以老莊為然，見了王弼注《易》才有所啟悟。孫盛則指斥王弼的《易》注將有悖大道。至魏末時玄學業已流行，可是在河東一帶仍然十分尊崇儒學。當時平原管輅的《易》學，被鄧颺稱之為「老生之常談」，因為他完全以陰陽五行之說結合卜筮，未脫離漢儒象數之術。可見魏時的河北學術，還停留在漢代儒家舊說未變。

與河北相似，江南的學風，也是在承襲漢代的學術項目和基本精神。漢代較有代表性的學術項目：一是《易》學，二是天體學。從《淮南子・天文訓》開始，以至劉向、揚雄、桓譚、張衡、馬融、王充、鄭玄等，都曾有論涉及。在天體學當中，人們感興趣的是周髀、宣夜和渾天三個方面。除以張衡為代表的渾天學成就顯著外，周髀和宣夜兩方面要麼「絕無師法」，要麼「考驗無狀，多所違失」。這說明漢代的《易》學和天體學是當時盛行的學術，而且在學風上比較機械和保守。

孫吳時期江東的學術，正是漢代這種學風的延續和繼承。孫吳較多的《易》注中，其有代表性的幾家都沒有離開漢代孟氏《易》學的樊籬。很多史料都可以說明東吳是如何因循漢代的學術內容和學術思想的，而沒有實質的變通。

吳亡以後，吳人對司馬氏政權和北方人的牴觸情緒並沒有改變，但為了得到承認，為了生存，他們也不得不來到北方，或者謀職求官，或者尋道求學。儘管他們在學術上對北方的離經叛道不以為然，但如今也身不由己地要跟上時代潮流，了解和學習一下北方的新學。如陸雲本來不好玄學，當二陸入洛後，停留在河南偃師時，一天晚上天氣陰晦，由路旁民居裡出現一位神姿端遠的少年，與陸雲談了很多前所未有的《易》經玄言新解。陸雲佩服得五體投地，為了酬答，也顯示一下自己的學問，陸雲便大侃了一番自己擅長的儒學。但這位少年卻不甚欣解。天亮後陸雲找到一家客棧，從老闆娘的口中，才知道昨晚所經之地並無村落，只有王弼的墓塚。這時他才明白自己所遇到的原來是王弼的鬼魂。從此以後，陸雲的玄學便有了很大長進（見劉敬叔《異苑》）。這個虛妄的故事已經無法考實主角是二陸中的哪一位，但有一點卻可以肯定，那就是二陸在入洛前，為了適應京洛的談玄風氣，他們要了解和學習一下京洛地區最時髦的新學，以免為人恥笑。另如當時紀瞻和顧榮在一同入洛的途中，也就王弼的「太極天地」說法展開了激烈的討論。儘管他們不理解，也不同意王弼的觀點，但王弼的學說能夠引起這兩位江南人士如此重視，已足以說明他們對玄學已經不可能不聞不問了。不過顯而易見的是，他們過問新學，並非出於對新學的興趣或追求真理的願望，而是作為失敗者對勝利者服從的一種表現。可見，北方人政治上軍事上的勝利，很快就轉化為思想文化上占統治地位的優勢。

第二講　南北世族之爭

　　永嘉以後，江南的學術仍在新學與舊學的對抗中向前推進。一部分江南大族人士仍然沿襲舊時的家門學風，不肯越雷池一步，甚至對新學進行肆意的攻擊。但另一部分人則開始被北方學術所同化。經過長期的交往和共處，隨著南北二姓在政治上的逐漸融合，雖然江東學風仍沒有從根本上擺脫漢代儒學的左右，但已經明顯開始受到僑姓南下後中原談玄風氣的衝擊。

　　一次，吳姓大族顧和，與諸名士一起清談，他的外孫張玄之和孫子顧敷正在床邊玩耍，好像並不在意。可是晚上，兩個孩子卻在燈下把白天主客的清談內容複述出來。顧和高興得隔著桌子扯著他們的耳朵說：「沒想到我們衰落的家族又有了這樣的寶貝！」（見《世說新語‧夙惠》）在這內外孫中，顧和更偏愛顧敷，以致使張玄之很不高興。一天，顧和帶著二人到寺廟中，見到圓寂後的佛像，寺中和尚有的哭泣，有的不哭泣。顧和就問二人原因，張玄之回答說：「他們中與佛相親的就哭泣，不相親的便不哭泣」。顧敷卻回答說：「不對！應是忘情的所以不哭，不能忘情的才哭！」（見《世說新語‧言語》）相比之下，顧敷的立論更具有玄學的色彩，宛然有王弼、何晏等玄學大師之風，也說明顧和偏愛的道理所在，即他更喜愛後代中能夠及時接受並形成新思想和新觀念的人。這連同他把能複述長輩清談內容的外孫稱之為「衰宗」的再生之寶，都在揭示著歷史的一個過程，即南北二姓文化意識的價值觀念，已經取得認同。不過這種認同的前提，是吳姓對僑姓文化的服從，從而形象地說明了政治統治是如何轉化成為文化專制的。

　　這股玄風對江南的衝擊，的確是越演越烈了，以致不能談玄，竟能成為南人陸曄辭官的理由。既然「不能敷融玄風」可為引咎之由，那麼玄風在江南之盛，則可想而知。它使人想到漢代五行學說盛行時，不能「調理陰

陽」者的自卑境地。而南北學風在南人的靠攏之下，似已越來越近。張憑依靠自己的談玄本事為北方上層集團核心所承認的故事，很能說明這一點。

張憑舉孝廉出都時，非常自負，認為自己的才氣一定會得到社會的承認。當他打算拜訪劉惔時，鄉里及同舉的人都嘲笑他，張憑還是去了劉惔那裡。當時劉惔正在盥洗，見張憑來了，就把他安排在下座，只是簡單地寒暄了幾句，好像心不在焉。張憑想施展一下自己的學問可又沒有機會。過了一會兒，王濛等人來找劉惔清談。當客主有疑惑不解的地方時，張憑卻於末座一一點出肯綮，言約旨遠，使雙方感到信服，並十分震驚。劉惔於是把他請到上座，清談了一天，並留他過夜。第二天早上張憑告辭時，劉惔說：「先生先回去，我還要專程請您去見簡文帝」。張憑回到船中，同伴問他在哪裡過夜，張憑只是詭異地笑了一下，沒有回答。過了一會兒，劉惔派人到岸邊，呼喊尋找張憑的船，同伴們聽了，都十分驚愕。當他們來到簡文帝處後，經過劉惔的推薦和司馬昱本人與張憑的談話，對他的清談功底十分稱讚，立即任命為太常博士。

在《世說新語》和當時其他文獻中可以發現，那些揮塵談玄的名士，很少有江南人。而在少數談玄的南士中，又沒有能與殷浩、劉惔、王濛等人相比者。正因為如此，劉惔開始時才對吳人張憑那麼不屑一顧。但不料張憑的清談功夫竟如此精湛，大有青出於藍之勢。這不僅使他改變了社會地位，而且也證明吳人清談玄學的努力，已經取得了相當可觀的成就。這裡也可以看出問題的另一面，即過江的中原大族對吳姓的偏見正在逐漸消失。劉惔對張憑態度的轉變與司馬昱對張憑的任用，已可見這一點。劉惔於次日一早讓張憑先回船，然後又派人去尋找張憑，顯然又是要造成一種吳人已被中原人重視的輿論，而問題的核心仍是政治壓力下的文化服從問題。

第二講　南北世族之爭

■「洛生詠」的風靡效應

　　除了政治心理和學術風氣之外，兩晉時期南北語言的流變，也極能說明語言作為文化的一支對政治強弱的依賴關係，亦即政治優勢如何決定語言定向。陳寅恪先生說：「自司馬氏平吳以來，中原眾事，頗為孫吳遺民所崇尚，語音亦其一端」。（見陳寅恪《金明館叢稿初編·從史實論切韻》）即指此。這包括一個問題的兩個方面：一是北方洛語成為大江南北時髦的語言；二是部分中原政治家為了政治統治的需求，也不恥而為吳語。

　　吳人學習洛語，這是他們從政治服從到文化服從整個過程的一部分。從西晉時起，一些希冀爬上上層地位的江南大族，在入洛前後，為免受中原人譏諷，與染習玄學一樣，也很注意學習洛語。陸雲在〈與兄平原（機）書〉中，提出「音楚」和「文楚」的問題。因為吳人生怕這一弱點被北方人恥笑。王敦就是因音楚而為人不齒。陸雲在書中提出王敦作文時，「會結使說音」、「結使」為「給使」之誤，為伺候官吏的使役，作文要他說音，不外給使為洛陽人。這裡的「楚」是個形容詞，它是由地名之「楚」的引申，用作「都邑」及「文雅」的對文，如同今天所說的「土」和「俗」。而這裡的楚音，主要是指吳地的口音，說明二陸入洛後，努力學習洛語，以防被嘲。當支道林在江東見到王徽之兄弟後，中原人問他：「見諸王何如？」支道林回答道：「見一群白頸烏，但聞喚啞啞聲」。在中原人聽來，吳語如同鳥叫一般，嗚哩哇啦。要避免別人這樣的恥笑，就必須學好洛語。葛洪曾抨擊這般學習洛語的風氣說：「上國眾事，所以勝江表者多，然亦有可否者。⋯⋯余謂廢已習之法，更勤苦以學中國之書，尚可不須也；況於乃有轉易其聲音，以效北語，既不能便良似，可恥可笑，所謂不得邯鄲之步，而有匍匐之嗤者」。（見《抱朴子·譏惑》）

從葛洪的斥責中,已經分明可以感受到洛語在當時已經何等流行。不過葛洪所說學洛語不能「良似」,倒是實情。《顏氏家訓·書證篇》:「或問曰:『東宮舊事,何以呼「鴟尾」為「祠尾」?』答曰:『張敞者,吳人,不甚稽古,隨宜記注,逐鄉俗訛謬,造作書字耳。吳人呼「祠祀」為「鴟祀」,故以「祠」代「鴟」字』」張敞為晉末人,這裡記敘他不免隨鄉音而訛謬,正是吳人學洛語不能「良似」的例證。

然而,吳人學習和使用洛語的情況又不能一概而論。在東晉南朝時期,官吏對士人操用北語,對庶人則操吳語。也就是說,洛語和吳語,是當時分辨士族和庶族的最明顯的特徵。這種風氣一直延續到南朝,如南齊時王敬則雖然富達,卻不以富貴自遇,平日交接士庶概用吳語。而當時作詩多用北方洛語,所以當世祖讓他當面賦詩的時候他就一籌莫展了(見《南齊書·王敬則傳》)。故他作詩困難。又如張融「出為封溪令。……廣越嶂嶮,獠賊執融,將殺食之,融神色不動,方作洛生詠,賊異之而不害也」(見《南齊書·張融傳》)。張融本為江南士族,但臨危時仍能作洛生詠,這一方面說明他心神鎮定,異乎常人,同時也可見他平日能習慣而流利地使用北語,否則不會如此熟練。張融和王敬則的區別,正是吳人兩個階級對待洛語的不同態度。所以北齊顏之推清楚地指出:「易服而與之談,南方士庶,數言可辨;隔垣而聽其語,北方朝野,終日難分」。(見《顏氏家訓·音辭篇》)到了晉宋時期,北語在江南的上流社會中已經十分普及了。《宋書·顧琛傳》云:「先是,宋世江東貴達者,會稽孔季恭,季恭子靈符,吳興丘淵之及琛,吳音不變」。陳寅恪先生以反證的方法來推斷既然在江東的貴達中唯有這幾位吳音不變,則其餘士族,雖本吳人,並不操吳音,斷可知矣。(見陳寅恪〈從史實論切韻〉)其說良是。而他們所操用的,顯然又是北語。《宋書·劉道憐傳》云:「道憐素無才能,言音甚楚,舉止施為,多諸鄙拙」。劉宋皇室的先世,本非

第二講　南北世族之爭

清顯，而又僑居於北來武裝集團所萃聚的京口，故沒有受到吳中士庶所操洛語和吳語的同化，而未改其彭城楚地的鄉音。從而可以看出南朝士流對未操北語的楚音十分鄙視。

但是，在眾多講北語的人中，口音不可能完全一致。因為南北語言本來就存在著先天的差異。顏之推說：「南方水土和柔，其音清舉而切詣，失在浮淺，其辭多鄙俗。北方山川深厚，其音沈濁而鈋鈍，得其質直，其辭多古語」。（見《顏氏家訓·音辭》）陸德明也說：「方言差別，固自不同。河北江南，最為巨異，或失在浮清，或滯於沈濁」。（《經典釋文》序錄）這些天然差別的存在，使那些學習洛語的南人和其他地區的北人，難免與標準的洛語有一定距離。顏之推進一步指出他們各自的毛病是：「南染吳、越，北雜夷虜，皆有深弊，不可具論」。（見《顏氏家訓·音辭》）而他們找出這些弊病的參照，或云當時標準的語音，便是當時以洛陽及近傍為代表的舊音。因為從東漢至西晉，洛陽一直是全國的政治文化中心。而過江的大族中，又多是在洛陽生活了幾代的達官貴人。他們的洛陽口音，不僅是永嘉前入洛吳人的仿效楷模，也是過江後江南士族所奉的圭臬。前所敘張融臨危時猶能作洛生詠事，已可見其端倪。這種洛生詠本來是指東晉以前洛陽太學生以誦讀經典的雅音來諷詠詩什。這種都邑雅音不僅與時尚輕清的吳越方音相差懸殊，也與多涉重濁的燕趙方言不盡相同。後來經謝安帶有鼻音的洛生詠之後，眾名流遂東施效顰，學起謝安的鼻音詠了。當然，也有人對這種陰陽怪氣的腔調不感興趣，他們試圖追蹤謝安之前那種純正的洛生吟詠。當有人問顧愷之為什麼不作洛生詠時，他回答說：「為什麼要作那種老婢的聲音？」（見《世說新語·輕詆》）顧愷之所反對的，是時流對謝安洛生詠訛變的模仿，但他並非不為洛生之詠。《晉書·顧愷之傳》記載因為顧愷之剛愎自用，很多年輕人要拿他開心取樂。他們有時請顧愷之來作洛生詠，可顧愷之

卻以洛生詠為「老婢聲」為由，不屑為之，並自稱在朗誦方面自得「先賢風制」。陳寅恪先生認為，顧愷之所說的先賢風制，很可能就是指謝安以前的舊規洛生詠（見陳寅恪《金明館叢稿初編・從史實論切韻》）。不過，謝安有時掩鼻，並不是作洛生詠，而是開玩笑時的一種姿態，故與此無關。據《世說新語・排調》記載，當初謝安在東山隱居時，他的同族兄弟中不乏富貴者。他們動輒高朋滿座，車水馬龍。謝安的妻子劉夫人打趣地問謝安：「大丈夫不應如此嗎？」謝安便幽默地捏起鼻子，發出怪怪的聲音：「恐怕將來也難免如此啊！」

　　如果說吳人貴族學習洛語是吳人政治服從的具體表現的話，那麼部分北方政治家操用吳語，則是他們政治征服的一種手腕而已。一個盛暑之日，劉惔去找王導，王導為了涼快，把肚皮貼在彈棋棋盤上，愜意地說：「多麼淘（吳人謂冷曰「淘」）啊！」劉惔出來後，別人問他王導怎麼樣，劉惔說：「除了會講吳語外，沒有任何特殊之處」。（見《世說新語・排調》）王導作為東晉的開國丞相，為了使晉室在江南站穩腳跟，他已經使出了渾身解數，處心積慮，不遺餘力。在大批吳人士族爭先恐後地競學洛語時，這位中原大族、政治核心人物竟然逆流而動，講起大家已經十分鄙夷的吳語，這個反常的舉動顯然具有反常的動機。這與他過江後向陸玩請婚、實行一系列寬縱江南大族的政策均為一致，即要施行籠絡江南大族之術，使之服從晉室偏安朝廷。為達此目的，他不僅講吳語，有時也還來點胡語。當他拜揚州刺史時，一次招待賓客數百人，這些人都很高興，只有臨海一位姓任的客人和數位胡人臉色不太好看。王導見此情景，馬上到姓任的身邊說：「您一出來，臨海便沒人了！」這一明顯的吹噓立即使任十分喜悅。又走到胡人面前說：「蘭闍！蘭闍！」聽到這句胡語的恭維，「群胡同笑，四坐並歡」（見《世說新語・政事》）。從此則可知王導的語言應變能力極強，且能根據政治權術的需求，對不同的

對象使用不同的語言。他在胡人面前講胡語,在吳人面前講吳語,都不過是一時的權宜之計,並不能代表過江大族的普遍情況。就王導本人來說,也不是過江後始終使用吳語。今天流傳的王導《麈尾銘》,使用的是理子俟韻,與西晉時北人如齊國左思〈白髮賦〉、譙國曹攄〈思友人詩〉的用韻正相同,這與當時書面語多用北語的習慣是一致的。至於該文是否真出自王導,以及是王導過江前抑或過江後作,雖不可考,但可以肯定的是,在王導與吳人大講吳語時,在他的書面語中,並沒有吳音的痕跡,這足以說明他講吳語的政治動機。

〔南北朝〕楊子華〈北齊校書圖〉

趨從與跟進中原文化

除了以上所敘幾個方面外,魏晉時期中原人的政治勝利對其他文化形式的轉化,還表現在書法、哀哭和居喪等幾個方面。葛洪在《抱朴子·譏惑》篇中,曾就吳人趨從中原一事提出嚴厲批評。他認為對中原的文化不應盲從,因為中原文化雖然多勝江東,但也不是沒有可否之處,這就更不該邯鄲學步了。他說:「君子行禮,不求變俗,謂違本邦之他國,不改其桑梓之法也;況其在於其父母之鄉,亦何為當事棄舊而強更學乎?」他列舉的幾個事例中,語言一項前文已敘。其餘三項即為書法、哀哭和居喪。

關於書法，葛洪說：「吳之善書，則有皇象、劉纂、岑伯然、朱季平，皆一代之絕手。如中州有鍾元常、胡孔明、張芝、索靖，各一邦之妙，並用古體，俱足周事。余謂廢已習之法，更勤苦以學中國之書，尚可不須也」。在葛洪看來，吳人的幾位書法家完全可以與中原書法家鍾繇等人平分秋色、分庭抗禮，所以大可不必妄自菲薄，棄己從人。從書法史的發展來看，葛洪的看法不免有些保守。因吳人皇象等人的書法，雖有代表性，但仍比較古樸，沒有離開傳統的隸篆。而北方鍾繇等人所推出的行書，卻是書法史的一大進步。這也能體現出南北學風的創新與保守。

關於哀哭，葛洪說：「乃有遭喪者而學中國哭者，今忽然無復念之情。昔鍾儀、莊舄不忘本聲，古人韙之。孔子云：『喪親者，若嬰兒之失母』，其號豈常聲之有！寧令哀有餘而禮不足，哭以洩哀，妍拙何在，而乃治飾其音，非痛切之謂也」。從葛洪的話中可以看出，南方人居喪哀哭，主要不是出於悲痛，而是為了模仿北人的哭法，是「治飾其音」。但因學得不倫不類，以至有「妍拙」之別。北方的哀哭，我們可以從阮籍的哭母中得窺端倪。阮籍在葬母時，蒸了一口肥豬，喝了二斗酒。臨訣時大叫一聲「窮矣」，口吐鮮血，不省人事（見《世說新語·任誕》）。可能北人父母之喪，孝子要循例喚「窮矣」。南方人因不了解這一習慣，最終會鬧出笑話。一位南方人為北方孝子弔喪，送去一斛大豆。聽到孝子哭喊：「奈何（怎麼辦）！」以為是問豆子的用途，便回答：「可以做飯」。孝子又喊：「窮矣（完了）！」南方人回答：「剛送來就用完了，那麼我再送你一斛吧」。（見《藝文類聚》卷八五引《笑林》）從這兩個故事來推測，當時南人居喪時可能只是發出哭聲，而洛陽一帶卻有泣有訴，即邊哭邊說話，像唱歌一樣地哭。哭的時候嘴裡還要喊些「窮矣」、「奈何」之類的

話，以示悲哀。這種時髦的哭法被南方人所模仿，但又不能畢肖，所以被葛洪所譏。不過到南北朝時，這種哭法已被承認為南方的專利。顏之推說：「江南喪哭，時有哀訴之言耳；山東重喪，則唯呼『蒼天』，期功以下，則唯呼『痛深』，便是號而不哭」。（見《顏氏家訓·風操》）顏之推已經不知道這種邊哭邊訴的哭法原產於北方，而認為是江南之俗，說明這時北方反而沒有這種哭法了。而北朝人又從江南人那裡模仿這種哭法。《酉陽雜俎》敘北朝喪儀云：「哭聲欲似南朝哭傳，輓歌無破聲，亦小異於京師焉」。（見《酉陽雜俎·屍穸類》）這往返的追蹤，都是隨著政治重心的轉移而轉移的。

關於居喪，葛洪說：「又聞貴人在大哀，或有疾病，服石散以數食宣藥勢，以飲酒為性命，疾患危篤，不堪風冷，幃帳茵褥，任其所安。於是凡瑣小人之有財力者，了不復居於喪位，常在別房，高床重褥，美食大飲，或與密客，引滿投空，至於沉醉。曰：『此京洛之法也。』不亦惜哉！余之鄉里先德君子，其居重難，或並在衰老，於禮唯應縗麻在身，不成喪致毀者，皆過哀啜粥，口不經甘。時人雖不肖者，莫不企及自勉。而今人乃自取如此，何其相去之邈緬乎！」

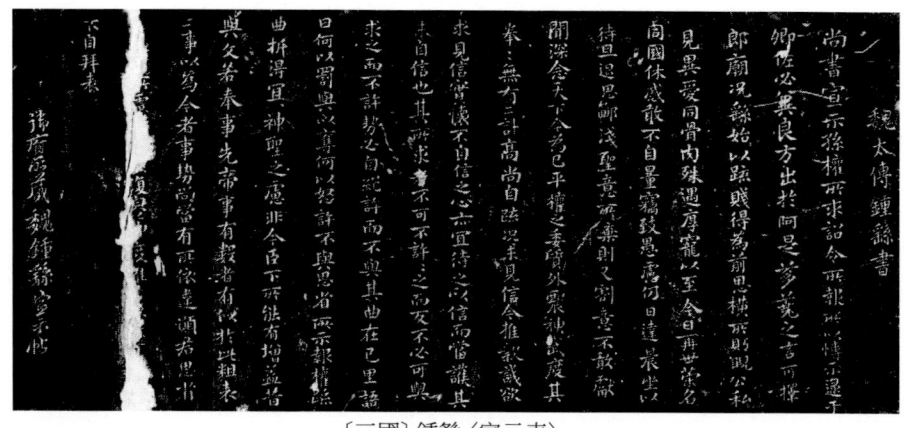

〔三國〕鍾繇〈宣示表〉

北方大族的居喪不守喪禮，從社會原因來看，這是他們蔑視禮法，越名教任自然做法的一部分。但還有一個更為具體的原因，就是服用寒食散的緣故。據《醫心方》卷十九引皇甫謐說，服散十忌中，第二忌愁憂，第三忌哭泣，第五忌忍飢。《諸病源流》引皇甫謐說服散須要常飲酒，且要飲醇酒，不能飲薄酒等（參見余嘉錫〈寒食散考〉）。所以《世說新語》及《晉書》所記阮籍、阮咸、王戎等人居喪大啖酒肉的故事，都具有這雙重的原因。但有些南方人士不知此內情，又未服散，只是機械地模仿飲酒食肉，且謂為「京洛之法」，則是東施效顰的又一表觀。

　　在書法、哀哭和居喪這幾個方面中仍然可以看出，儘管南北雙方在各方面都存在著差異，但由於中原人在政治上的優勢，迫使南人不得不在各方面亦步亦趨，以跟上時代潮流。葛洪雖然明確指出了這些不同和自己的看法，但他沒有意識到這種文化追隨背後的政治原因。歷史上征服者和被征服者之間的文化整合有兩種情況，當征服者在文化上落後於被征服者時，他們便提倡被征服者的先進文化，以有利於統治，如元代與清代的統治者；當征服者在文化上勝於被征服者時，他們便強迫對方接受自己的文化。魏晉時期南北文化的異同，尤能說明這一點。

第二講　南北世族之爭

第三講

細說品藻

第三講　細說品藻

在審美經驗和審美鑑賞方面，古人有自己獨特的經歷和心得。

其中最重要的經驗是，把本來用於人才選拔依據推行的人物品藻活動，逐漸上升和轉化為文學藝術審美鑑賞的理念方法。對人物德行、才能、風采等諸方面進行評價和議論的人物品藻活動是漢魏六朝時期重要的文化現象。如同戰國時期諸侯養士引起遊說之風，明清科舉制度引起八股之熱，統治者的選舉與用人方式在相當程度上制約和引導了士人的行為選擇。漢魏六朝時期的薦舉入仕方式是當時人物品藻風氣產生的根本原因。而各個時期不同的社會思想和價值觀念，又形成了相同或相似的用人方式下不同的人才價值標準；不同的價值標準，又對希望入選或希冀名聲的士人言行產生不同的刺激作用。反過來說，透過士人的言行來考察當時的人物品藻風氣，會得到更為真切而生動的感受，也能讓人看到一幅活靈活現的歷史畫卷。

■趨之若鶩的「揚名養譽」心理

人物品藻在東漢前已經廣泛流行，但一直是在自發朦朧和非制度化的狀態下進行的，而且距離社會的政治生活較遠，談不上什麼實用價

值。到了漢代，由於社會的政治需求，它才受到了普遍的關注和重視，步入制度化的軌道。自西元前一九六年劉邦下「求賢詔」後，兩漢的很多帝王都照此辦理，要求各地方薦舉「賢良方正」之人。其具體的方法有「察舉」和「徵辟」兩種。察舉是由地方透過對人物的考察評議，自下而上地推薦人才；徵辟則由中央和地方政府自上而下地發現和任用人才。兩者方法不同，但都要以對人物品行的考察評議為依據。這就使人物品評與社會的實際需求結合，從而大大增強了人物品藻的社會意義，並且也對社會政治生活和知識分子的行為方式產生直接的制約和影響。

陳寅恪先生認為，人倫識鑑作為一種專門之學，是從東漢郭泰開始的（見《金明館叢稿二編·逍遙遊向郭義及支遁義探源》）。這種看法是成立的，但並不能因此而簡單地認為，郭泰一人平地而起，瞬間驟變。在郭泰之前，人物品藻之風已經很盛，並且已經有了這方面的專家。當時晉文經和黃子艾兩人在洛陽竊取了品藻專家的美稱，但這兩個江湖騙子又沒有什麼真本事，只好以裝病謝客的辦法沽名釣譽。不想這一手更為奏效，士人急切探視而不得見，倒更抬高了兩人的聲望。政府選拔人才都要經過他們倆的品評。後來，經過另一位品藻專家符融的考察，終於識破了兩人的廬山真面目。符融和李膺一致認為兩人是「小道破義，空響違實」。於是兩人名聲大跌，逃出京城。（見《後漢書·符融傳》）

郭泰就是由符融發現，介紹給李膺，並由此成名的。郭泰的貢獻在於，他摒棄和汰除了傳統觀人術中的卜相成分，而開始對人的才性高下、善惡與否進行評論，從而把人物品評從傳統命相之術中分離出來。傳統的相術只強調命運而忽視後天的努力，既然命裡注定，則非人力所及。郭泰則將王充的命性骨法說加以具體運用，注重對人的德行評價，這就為人們的後天社會努力和自我表現打開了光明之門。郭泰的同鄉賈

第三講　細說品藻

淑是個公認的惡棍。郭泰的母親病逝，賈淑來弔喪，郭泰接見了他。接著孫威直前來弔喪時聽說郭泰居然接受賈淑的弔喪，便拂袖而去。郭泰趕忙追上解釋道：「賈某雖然凶惡，卻願意洗心向善。孔子對這樣的人也並不排斥」。賈淑因此受到感動，後來成為仁義之人。（見《後漢書·郭太傳》）

又有一次，當時的名流陳紀遭父喪時，完全按禮儀的要求去哭去做了。他的母親心疼兒子，便在他打瞌睡時為他蓋上錦被。正巧被前來弔喪的郭泰看到，便指責他違背了孔夫子的教誨，聲稱「吾不取也」，便奮衣而去。竟使陳紀府上幾個月沒人登門。（見《世說新語·規箴》）可見郭泰的人物品評，已經不是未卜先知的性命貴賤、禍福之談，而是依據儒家的道德倫理觀念，結合人物的行為本身進行評價。〈郭泰傳〉記載他對黃允、謝甄和王柔等人的品評，也都是從其才性出發。從此，正式拉開了人物品鑑的帷幕，並出現了符融、許劭、許靖等一批品藻人物專家。

既然郭泰等品評權威注重的是人的後天努力，那麼人們自然會清楚地意識到：要想做官，必先成名；要想成名，必示品行。於是，注重名分成為東漢以來士人的時髦風尚。清人趙翼說：「馴至東漢，其風益盛，蓋當時薦舉徵辟，必採名譽，故凡可以得名者必全力赴之」。（見《廿二史劄記》卷五「東漢尚名節」）曹操年輕時「自以本非巖穴知名之士，恐為海內人之所見凡愚，欲為一郡守，好作政教，以建立名譽，使世士明知之」（見《三國志·魏志·志武帝紀》裴松之注引《魏武故事》）。曹操早年名聲不好，喬玄對他寄有厚望，讓他去爭取品評專家許劭的評價。可許劭討厭曹操，不肯品評。經過曹操送禮和死皮賴臉的懇求，許劭終於對他作出了「治世之能臣，亂世之奸雄」的評價；由此便大大提高了他的知

名度，也成為他爬上高位的起點（見《三國志‧魏志‧武帝紀》裴松之注引郭頒《世語》及《魏書》）。很明顯，曹操求名的目的是為了做官，但好名之風一旦興起以後，名譽本身便具有了一定的獨立價值，不一定為求仕的手段了。東漢時范滂的母親對他說：「汝今得與李、杜齊名，死亦何恨？既有令名，復求壽考，可兼得乎？」（見《後漢書‧范滂傳》）從范母的話中可以看出，他們把名譽看得高於生死，是人生的至高目的了。而且一旦擁有高名後，還可以把隱逸不仕作為進一步邀名的籌碼。諸葛元遜認為郭泰「隱不修遁，出不益時，實欲揚名養譽而已」（見《抱朴子‧正郭》）。

當然，在那些趨之若鶩的求名者中，也難免有魚目混珠、名實不符，甚至是欺世盜名之徒。如戴封外出遇到強盜，財物多被搶劫，只剩下七匹縑。強盜走後，戴封又帶著七匹縑追上強盜說：「我知道諸位很窮，剩下的這些算我送給你們了」。強盜驚呼：「真是大賢人啊！」遂把搶去的財物全部還給了戴封。戴氏由此名聲大振，被舉為「孝廉」。又如許武被舉為「孝廉」後，為讓兩個弟弟出名，就把家產不公平地分成三份，自己要了最好的一份，把較差的兩份分給弟弟。鄉間輿論認為兩個弟弟有謙讓之風，而許武貪婪，就選拔弟弟入仕。不久，許武召開宗族大會，泣不成聲地宣布了自己的目的，並把增值的財產全部送給弟弟，於是名聲大振，當了更大的官。再如陳蕃當樂安太守時，郡中有個叫趙宣的人，埋葬雙親後不封閉墓道，住在裡面守孝達二十餘年，是遠近聞名的大孝子。有人把他介紹給陳蕃，陳蕃經過與他談話，發現他的五個孩子都是在服喪期間生的。陳蕃大怒，就逮捕了這個假孝子。對於這種惡劣的社會風氣，范曄感慨地說：「漢世之所謂名士者，其風流可知矣。雖弛張趣舍，時有未純，於刻情修容，依倚道藝，以就其聲價，非所能

通物方，弘時務也。及徵樊英、楊厚，朝廷若待神明，至竟無它異。英名最高，毀最甚。李固、朱穆等以為處士純盜虛名，無益於用，故其所以然也。然而後進希之以成名，世主禮之以得眾，原其無用，亦所以為用，則其有用或歸於無用矣」。（見《後漢書·方術傳》）

■從個人求名到社會參與

薦舉與徵辟工作的另一社會影響是東漢的「清議」運動。在東漢宦官與外戚的鬥爭中，宦官逐漸占據了較大的優勢。他們在政治上的重要手法便是結黨營私，任人唯親，用手中的權力來左右從中央到地方的察舉工作。如靈帝時最有權勢的宦官叫張讓。他掌握著各級官員的任免權。京城有個叫孟佗的財主，傾竭家財來結交張讓的奴僕。奴僕為了報答他，便表示要為他的升遷效勞。當時，登門求見張讓的官僚富豪太多，以至於經常在張府門前排起幾百輛馬車的長隊。一天，孟佗姍姍來遲，在車隊後面排隊。這時張府奴僕打開大門，直接走到孟佗面前敬禮，然後將他的馬車擁入張府。因為當時孟佗沒有資格和財力去晉見張讓，便在府中溜了一圈出來了。外面排隊的各級官員以為孟佗是張讓的親信，便紛紛爭先恐後地向孟佗行賄。孟佗將這筆意外之財來了個借花獻佛，送給張讓。張讓大喜，委任孟佗為涼州刺史。（見《後漢書·張讓傳》）歷史上著名的西園賣官，便是這種行賄之風發展到極端的產物。宦官在察舉工作和其他活動中的卑劣行徑，引起了眾多「愛國知識」分子的極度憤慨，他們自覺地團結起來，以人物品題為武器，向宦官及其所代表的皇權展開了猛烈的輿論戰。這些活動主要表現在以下兩個方面。

——「浮華交會」

「浮華交會」也就是廣泛結社。按照封建皇權和傳統道德的設計，知識分子最好是隱身書齋，埋頭章句，修身行義，聽憑社會的安排。但在選舉制度黑暗，名不符實，欺世盜名者遍地都是的情況下，人們意識到以前那種道路只能是越走越窄。可是文人仍需要社會的承認，也需要出名。於是，他們便本能地發現在相互結交中相互吹捧是引起社會注意的極好途徑。當時的「太學」，是士族知識分子的大本營。校園裡的三萬名太學生，很少有人安心讀書，而是廣泛交遊結社，抨擊時政。當時有個叫仇覽的迂夫子，剛到太學時一心苦讀經書，不為環境所動。他的隔壁便住著著名品藻大師、學生領袖符融。符融那裡經常高朋滿座，高談闊論。仇覽不僅不為所動，而且在符融勸他結交朋友，不必死守經書時竟翻臉離去。可是隨著時光的侵染，經符融和郭泰的多次談話，終於使他改變了觀念，成為太學生集體中的真正一員。（見《後漢書·仇覽傳》）

這樣的氛圍，形成了一個政治色彩極強的社團聯盟，並湧現出聯盟中的核心領袖人物。這些領袖人物在太學生中威信極高，超過當今的任何一位大牌明星。一次下雨，郭泰沒帶雨具，便用一塊方巾折在頭上遮雨，別人看見後，便競相模仿，稱為「林宗巾」。

被李膺接見的人都被譽為「登龍門」，名氣大增。當時的易學家荀爽曾有幸為李膺駕過一次車，回來後竟欣喜若狂地奔走相告。郭泰和李膺在洛陽的歷史性會見，象徵著一個政治聯盟的結成。後來郭泰回歸故里，衣冠諸儒到河邊送行，雲集了數千輛車，李膺和郭泰同在船中渡河，崇拜者們竟像朝聖一樣頂禮膜拜。（見《後漢書·郭太傳》）這次盛況空前的送行，也顯示了清議反對派聯合起來的巨大力量。

第三講　細説品藻

——「風謠品題」

「風謠品題」就是透過品題人物來控制輿論。其具體形式為民間自發清議活動中的風謠。風謠又稱童謠，多為韻語，便於朗誦，容易廣泛流行，形成輿論。漢順帝至桓帝時梁冀專權，誅殺清官李固、杜喬，而封胡廣等人，京都童謠說：「直如弦，死道邊；曲如鉤，反封侯」。清議運動中充分利用了這種輿論形式，揭露宦官，歌頌士族領袖。如「天下模楷李元禮（膺），不畏強禦陳仲舉（蕃），天下俊秀王叔茂（暢）」（見《後漢書·黨錮列傳》）。一位打擊宦官勢力的官員朱震，被譽為「車如雞棲馬如狗，疾惡如風朱伯厚」。桓帝時又出現憎恨宦官左悺、徐璜、具瑗、唐衡四人勢焰灼天的民謠：「左迴天，具獨坐，徐臥虎，唐兩墮」。黨錮之禍發生後，又出現希望變天的民謠：「侯非侯，王非王，千乘萬騎上北芒」。對於這場運動，《後漢書·黨錮列傳》記載：

逮桓靈之間，主荒政繆，國命委於閹寺，士子羞與為伍，故匹夫抗憤，處士橫議，遂乃激揚名聲，互相題拂，品核公卿，裁量執政，婞直之風，於斯行矣。……因此流言，轉入太學，諸生三萬餘人，郭林宗、賈偉節為其冠，並與李膺、陳蕃、王暢更相褒重……又渤海公族進階、扶風魏齊卿，並危言深論，不隱豪強。自公卿以下莫不畏其貶議，屣履到門。

這場清議運動的目的，是要遏止宦官及其黨羽任人唯親的狀況，使人才的選拔，按照大眾輿論的品評來決定。這樣，就使「清議」成為干涉朝政的重大政治活動，人物品藻也隨之具備了廣泛而重要的意義。清議運動雖因領導人遭政治迫害而告失敗，但其對社會政治生活的影響，卻無法消滅。在「清議」的壓力下，政府對官吏的任用往往要徵詢名士的意見，士人的升遷也經常取決於某些著名人物的評論品題。這項工作還形

成了某種制度,「每月輒更其品題,故汝南俗有『月旦評』焉」(見《後漢書·許劭傳》)。正如湯用彤先生指出:「溯自漢代取士大別為地方察舉,公府徵辟。人物品鑑遂極重要。有名者入青雲,無聞者委溝渠。朝廷以名為治(顧亭林語),士風亦競以名相高;聲名出於鄉里之臧否,故民間清議乃隱操士人進退之權。於是月旦人物,流為俗尚,講目成名(《人物志》語),具有定格,乃成社會中不成文之法度」。(見《湯用彤學術論文集·魏晉玄學論稿》)

縱覽東漢時期的人物品藻活動,我們發現,東漢人從理論到實踐,都脫離了傳統人物品評的方法和目的,使人物識鑑成為一項與社會生活極為密切的實踐活動。這項社會活動為人類觀照自身,肯定與審視自我,開創了前所未有的熱烈氛圍,提供了一系列切實可行的具體方法。但同時又必須痛心地承認,由於東漢人物品藻與士人的切身利益關係過於緊密,致使士人為求得名譽而去虛偽地表演自己,從而使人物品藻這一人類自我發現的形式變成與其目的相悖的異化物。它仍完全成為名聲的奴隸,為名所累。這也是封建政治統治與道德人倫觀念相結合後控制知識分子的成功作品。也正是在這一點上,成為魏晉士人在人物品藻活動中可以傲視東漢人的理由。

■從社會實用評價到人物審美評價

在迫切希望得到社會承認這一點上,魏晉文人並不亞於東漢人,甚至有過之而無不及。比如東晉溫嶠自認為在過江大族中,是第一流人品,但輿論卻認為他是第二流中的高者。一次在名流們談論第一流人物快要結束時,溫嶠竟驟然失色。還有一次,桓溫問劉惔:「聽說會稽王司

第三講 細說品藻

馬昱的談話（指清談）很有長進，是真的嗎？」劉惔說：「是很有長進，不過他仍然是二流中人」。桓溫問：「那麼誰是第一流呢？」答道：「正是我輩耳！」當晉簡文帝問殷浩比裴頠如何時，回答是：「故當勝耳！」當時社會輿論對殷浩和桓溫的評價差不多，認為二人齊名。但他們二人卻互不服氣，桓溫問殷浩：「卿何如我？」回答是：「我與我周旋久，寧作我」。而桓溫又對別人說：「少時與淵源（殷浩字）共騎竹馬，我棄去，己輒取之，故當出我下」。

可是，並不能因此而認為東漢和魏晉的人物品藻中人們的希冀和追求完全可以同日而語。從上面幾個故事中，我們可以明顯地感受到一種強烈的自我肯定和自我表現欲，這與東漢人的虛假做作和欺世盜名是大相逕庭的。而社會政治文化背景的不同，又是產生並影響不同時期人物品藻精神差異的根本原因。

經過漢末的動亂，人口流離嚴重，原先的州郡「察舉」或「清議」程序和機構也隨之破壞，難以承擔以往品評推薦人才的工作。至曹氏統一北方後，其任人方式便改用「九品中正制」。「州郡皆置中正，以定其選，擇州郡之賢有鑑識（識鑑）者為之，區別人物，第其高下」。（見《通典・選舉典》）這種方法在形式上是官辦與鄉里評議相結合，但在評選原則上卻已經發生變化。東漢人物品評受時代思想的約束，其首要標準是德行。而「九品中正制」的推行，卻完全體現了曹操「唯才是舉」的思想。這種思想，對漢代以德之共性為美，束縛個性的思想是一個大膽的衝擊。而對「才」的強調，實質上是對人的個性的尊重和承認，它為人們在思想上尊重個性打開了大門。集中體現曹操這一思想的理論著作是劉劭的《人物志》。他認為：「夫聖賢之所美，莫美於聰明」、「智者，德之帥也」（見《人物志・八觀》）。其基本思想就是從儒家對「德」的強調，轉

向對「智」的青睞。由此出發，劉劭注意對個體的氣質、心理、個性及其外在表現，以及它們與社會需求的關係等，都進行了深入細緻的探索。這些不僅是漢末以來人們品藻風尚的理論總結，也為魏晉人物品藻的審美化，做了價值標準和方法論上的充分準備。

魏晉時期的很多人物品藻實際上是劉劭所歸納總結的品藻方法與途徑的具體運用。如根據外形來評價人物的方法，雖然脫胎於相術，但這時的人物品評更加注意人物的外形所顯示的內在精神。劉劭認為：「徵神見貌，則情發於目」，又說：「能知精神，則窮理盡性」。劉劭用五行說中的金、土、水、木、火與人體的骨、筋、氣、肌、血相比附，並又區分出儀、容、聲、色、神等五個方面，最後提出包括神、精、筋、骨、氣、色、儀、容、言在內的所謂「九徵」。也就是要運用這些理論去進行人物品評。如《世說新語·容止》載：「劉伶身長六尺，貌甚醜悴，而悠悠忽忽，土木形骸」。〈嵇康別傳〉也說嵇康「長七尺八寸，偉容色，土木形骸，不加飾屬，而龍章鳳姿，天質自然」。這就是說，劉伶和嵇康的體質是以土氣和木氣為主。而當時任嘏在《道論》中認為，木氣之人勇敢，土氣之人智慧而寬容（《太平御覽》卷三百六十引）。兩者的結合，就是在兩人的體態中，表現出一種既有對自我命運的主宰和自信，又不過於外露的含蓄之美。所以人們認為劉伶「悠悠忽忽」，嵇康則被目為「傀俄若玉山之將崩」。又如劉惔從儀表入手，看出孫權、司馬懿和桓溫三位開創帝業的英雄人物在容貌上的相似之處：鬚毛像刺蝟皮，眉毛像紫石稜，體態魁偉。潘滔在王敦年少時便從他目如馬蜂、音如豺狼中看出其野心家的本質。王渾的妻子鐘夫人在為女兒擇婿時，從形體和骨相中，看出此人雖有才幹，但壽命不長，故不能嫁女，都是這種方法的具體運用。

第三講　細說品藻

〔唐〕孫位〈高逸圖〉（竹林七賢殘卷）

　　另一種方法是透過交談來認識和評價人物。劉劭認為，依言知人也是人物品藻的重要途徑。他說：「夫國體之人，兼有三材，故談不三日，不足以盡之。一以論道德，二以論法制，三以論策術。然後乃能竭其所長，而舉之不疑」。在玄學興起，清談盛行的年代，一個人的言語談鋒就顯得更為重要了。一次，王衍問阮修孔子重名教和老莊崇尚自然的思想的異同何在，阮修用三個字回答：「將無同」。王衍很喜歡這種玄妙的應對，立刻闢阮修為掾（幕僚）。社會輿論稱阮修為「三語掾」。當庾亮問孫齊莊的名字含義，為什麼「不慕仲尼而慕莊周」時，孫齊莊答道：「聖人生知，故難企慕」。於是受到庾亮的特別喜愛。

　　至於《世說新語·文學》所記吳人張憑訪劉惔時，先受冷遇，繼以清談獲重譽，不僅使劉惔、王濛等清談者震驚，而且連晉簡文帝經過親自談話後，也稱之「勃窣為理窟」，且用為太常博士的故事，尤能說明依言知人，因言獲顯的情況。

　　還有一種途徑是根據人物行為本身去考察或評價人物。由於漢末以來名實不符、欺世盜名的偽名士大有人在，玄學家們都注意到名實，以名實相符來評價人物。劉劭有感於相人之難，言語形容均有偽似，故提出必檢之行為，他說：「故必待居止，然後識之。故居視其所安，達視其所舉，富視其所與，窮視其所為，貧視其所取，然後乃能知賢否。此又

已試，非始相也」。（見《人物志·效難》）華歆與王朗的名聲本來差不多，一次他們一同乘船避難，有一人想搭船，華歆面有難色。王朗不假思索地說：「還有地方，為什麼不行呢？」就帶上了這個人。後來強盜追得越來越近，王朗便想以拋棄他人的辦法來使船加快速度。華歆卻表示，自己開始猶豫，正是為此。現在既然已經帶上人家，就不應拋棄人家。於是繼續一同逃難。社會上便以此確定兩人的優劣。另如華歆與管寧在鋤菜地和讀書時逢乘軒者的不同表現，桓溫欲誅謝安、王坦之時二人的截然不同神態，都表現出人們如何根據人物行為本身進行品評。這樣的方式所得出的結論，是令人信服的。

不過，魏晉人物品藻活動中人們的最精采的表現，還是把人物品藻由社會的實際政治需求轉入一種審美的活動，從而體現鮮明的時代色彩。

漢末以降，社會統治階級及其集團間力量對比發生變化。中央政府的集權力量大大削弱，曹魏政權在政治、經濟上不得不依靠門閥世族的支持。因為分散的、地區性的世族地主莊園經濟，是當時社會上舉足輕重的力量。因此，魏初推行的九品中正制，很快被門閥世族階層所把持和壟斷。《晉書·劉毅傳》所說「上品無寒門，下品無勢族」的狀況，說明當時大族已經牢牢操縱了人物品評和官吏任用的大權。

在這種情況下，九品中正制不過是門閥世族結黨營私的美麗裝飾和例行程序，而人物品藻也就失去了它對社會政治生活所具有的重大意義。這一變化，迫使人們把對人物品藻的目光由實用功利轉向包含在政治品藻中的對人物的個性、智慧、才能的高度重視和觀察批評，從而使魏晉兩代的人物品藻，更多地帶有超功利的審美色彩。從郭泰開始，東漢人物品藻已經注意到人的才能與品德，並形成一股追求與眾不同的

第三講　細說品藻

「異操」的時髦潮流。（參見《湯用彤學術論文集・魏晉玄學論稿》）這些本可以直接演變為注重個性的審美品藻，但遺憾的是，這種對才能與異操的追求仍然是為了接受統治者的選擇，沒有也不可能甩開奴役自己的繩索。而相比之下，魏晉人的人物品藻則顯得瀟灑和自由，使人們在對自身的審美中得到超脫的愉悅。

── 個性的才情之美

東漢「清議」前後對人物的品評是重德行的政治性人物品藻，漢末魏初在曹操「唯才是舉」原則指導下的九品中正制是重政治之才的人物品藻，正始以後的人物品藻則把與人的主體個性及其相關的情感和才能放在首位，並且十分注意從美的觀念出發，對人的個性、情感和才能加以品評。對個性和自我的強調，使人們的人生價值觀念發生了根本性的變化。漢代把個性從屬以至於犧牲於名教的傳統觀念已經為士人所不齒。王坦之與支遁的關係不好，王坦之攻擊支遁只會耍嘴皮子，沒有真本事。支遁反駁道：「難道穿著布單衣，戴上油膩帽子，夾著一本《左傳》，跟在鄭玄車後，這才算有本事嗎？這種垃圾袋（塵垢囊）我才不稀罕呢！」（見《世說新語・輕詆》）在儒家一統天下的漢代，無論是道德觀念或政治制度，都要求人們服從社會，聽任其安排。作為文化士人，就要皓首窮經，不僅學術思想不能有異端奇想，連自己的生命本身，也必須奉獻給奴役自己的社會。一代儒學大師鄭玄，便是這種人格的規範。然而到了魏晉，追隨鄭玄的人竟被罵作「塵垢囊」，那麼鄭玄這種人格規範及其所代表的漢代士人的人生價值觀念，自然也就完全倒塌，分文不值了。取而代之的，便是充分體現人物個性的才能和情感。

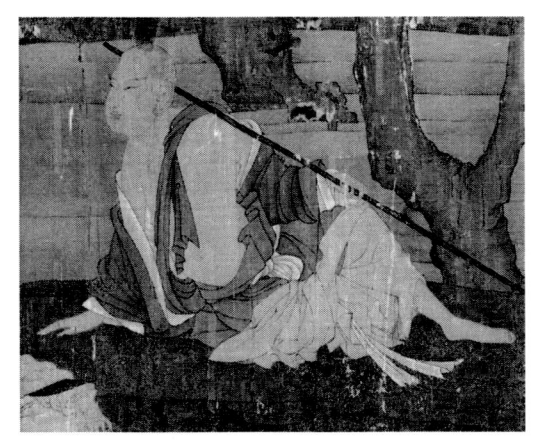

支遁

《世說新語‧賞譽》中記述了一個風恬月朗的美好夜晚，許詢在晉簡文帝府中大逞才學，以清婉之辭，作襟懷之詠，竟使簡文帝「尤相諮嗟。不覺造膝，共叉手語，達於將旦」。既而又發出「玄度才情，故未易多有許」的讚嘆。可見重「高情」和愛「才藻」，是魏晉人在人物品藻中追求個性的重要表現。漢代禮法統治束縛人的思想和個性，扼殺人的真摯情感，把人變成虛偽矯情的玩偶。魏晉人的「高情」，說明了這種取向的更新。儘管這種才情中也還包含著倫理和道德之情，但主要還是對發自內心的真摯情感的追求。

荀粲與妻子感情至深，一次冬天，妻子發燒，荀粲便到院中凍冷自己的身子，回來用身體幫妻子降溫。妻子死後，荀粲也很快就死了，因此遭到輿論的譏諷（見《世說新語‧惑溺》）。當時的醫學，絕不至於沒有治療發燒的辦法。荀粲採用這種近於原始的治療方法，完全是出於對妻子的休戚與共的深摯痴情。從這位為情而死的情種身上，我們似乎看到了李贄追崇的「童心」和杜麗娘為情而死的先兆。

晉人認為：「情之所鍾，正在我輩」。（見《世說新語‧傷逝》）就是

第三講　細說品藻

不同流俗，盡其所哀，盡其所樂。庾亮死，何揚州臨葬云：「埋玉樹著土中，使人情何能已已！」傷逝中滲透著對美的破滅的哀婉和熱愛。桓伊每當聽到情歌，便陶醉其中，連嘆「奈何」。謝安聽說後便評論道：「子野（桓伊字）可謂一往有深情」。王廞登上茅山，大聲慟哭道：「琅琊王伯輿（王廞，字伯輿），終當為情死」。則向人們展示了他們的深摯之情。

宗白華說：「深於情者，不僅對宇宙人生體會到至深的無名的哀感，擴而充之，可以成為耶穌、釋迦的悲天憫人；就是快樂的體驗也是深入肺腑，驚心動魄；淺俗薄情的人，不僅不能深哀，且不知所謂真樂」。（見宗白華《美學散步・論〈世說新語〉和晉人的美》）這話說得暢快，而晉人則是做得暢快。「羲之既去官，與東土人士盡山水之遊，弋釣為娛。……窮諸名山，泛滄海，嘆曰：『我卒當以樂死。』」（見《晉書・王羲之傳》）喜怒哀樂本是人類的專利，但漢代禮法卻把它封閉、窒息起來。晉人返璞歸真，痛快做人，不啻是對人性異化的反撥，也不枉為人一世。

晉人所崇尚的「才藻」，也包含著曹操所要求的政治之才，但更重要的，卻是能夠充分表現人的真情實感的文學藝術和日常瑣事中所表現出來的種種智慧才能。《世說新語・豪爽》記載：「桓宣武平蜀，集參僚置酒於李勢殿，巴蜀縉紳，莫不來萃。桓既素有雄情爽氣，加爾日音調英發，敘古今成敗由人，存亡系才。其狀磊落，一坐嘆賞」。桓溫所談論的「古今成敗由人，存亡系才」的內容，即與政治軍事相關，但最後的落點在「人」、「才」二字，本身已經說明對人之才能的注重。

況且人們所感興趣的，主要還在於桓溫那磊落之狀，雄情爽氣，以至於使「一座嘆賞」。很顯然，這裡美的取向更勝於實用的政治評論。

──玄味的氣質之美

　　由個性、情感、才藻所構成的氣質,便是當時人物品藻的重要審美標準。而他們所崇尚的,就是與玄學的人生態度相關的「玄味」的氣質。孫綽曾在為王濛所作誄文中說:「余與夫子交非勢利,心猶澄水,同此玄味」。對於「玄味」的含義,孫綽本人有過解釋。一次,晉簡文帝讓他對劉惔、王濛、桓溫、謝尚、阮裕、袁喬等大名士進行品藻,然後問他自謂如何,孫綽的回答是,在才能和審時度勢方面,自己可能不如那些人,「然以不才,時復託懷玄勝,遠詠老莊,蕭條高寄,不與時務經懷,自謂此心無所與讓也」(見《世說新語·品藻》)。作為一代名流,人們既然能「愛孫才藻而無取於許」,說明孫綽並非沒有才能,審時度勢在當時又是過時的貨色。孫綽放棄人們所推重自己的才能而以「託懷玄勝」自許,說明他對以玄味為基調的人格氣質的高度重視,也是這種時代風尚的具體表現。這種人格氣質,實質上是老莊所提倡的超功利的審美人生態度的表現,它體現了追求個體精神自由的審美性質。其具體表現,即魏晉文人在放達和閒逸生活中所表現出來的灑脫飄逸的氣韻風度。這是人物品藻中的一條重要審美標準。謝安於風起浪湧、眾人躁動時的悠然自得,在桓溫所設鴻門宴上的鎮定自若,當得到淝水之戰捷報時的不動聲色,都表現出這樣的玄味氣質。

　　又如王戎對「妙於談玄」的王衍評論說:「太尉神姿高徹,如瑤林瓊樹,自然是風塵外物」。對於山濤,王衍認為用不著讀老莊的著作,只要聽聽山濤的吟詠,便會體會到老莊的旨味。裴楷目山濤:「如登山臨下,幽然深遠」。這種「玄味」的人物,在美的自然事物中得到了貼切的比喻,顯示出「玄味」之美的人格基礎和內在實質的深邃和玄虛。玄味的

第三講　細說品藻

氣質是一種心靈的美，哲學的美，神韻的美。它是「事外有遠致」，不黏滯於物的自由精神。王羲之〈蘭亭〉詩「仰視碧天際，俯瞰淥水濱。寥闃無涯觀，寓目理自陳。大矣造化工，萬殊莫不均。群籟雖參差，適我無非親」，此之謂也。這種自由精神的最終歸宿，是超越時空的永恆，即在有限、有形的生命中去追求無限的人格力量。庾道季說：「廉頗、藺相如雖千載上死人，懍懍恆如有生氣；曹蜍、李志雖見在，厭厭如九泉下人。人皆如此，便可結繩而治，但恐狐狸猵貉噉盡」。（見《世說新語·品藻》）人稱王羲之的書法字勢雄逸，如龍跳天門，虎臥鳳闕。謝安的風度氣質風靡大江南北，都是這種玄味氣質的力量。連對女子的品評，也頗受此風波及。《世說新語·賢媛》載：「謝遏絕重其姊，張玄常稱其妹，欲以敵之。有濟尼者並遊張謝二家，人問其優劣，答曰：『王夫人神情散朗，故有林下風氣；顧家婦清心玉映，自是閨房之秀。』」從字面看，「清心玉映」、「閨房之秀」並沒有什麼不好，但如果能夠領略晉人對玄味氣質的追崇，便不難發現，這實際是一種貶義的恭維，無異於人們現在所說的「小家碧玉」。而能與竹林名士等量齊觀的謝道韞，才是當時人們所讚美和崇尚的氣質標準。「林下風致」作為成語，已是千百年來形容女子脫俗氣質的最佳用語。

■── 超人的儀容之美

儒家對儀容的講究，只局限在正統倫理道德和政治禮法所能允許的範圍之內，並作為其從屬物來予以承認的。反之，則被認為是近淫而大逆不道了。這是儒家美感的倫理性的體現。東漢時期，隨著人物品評活動的廣泛興起，講究容貌是士大夫為得到較高評價的重要手段之一。在《後漢書》中，有很多關於名士美好容貌的記載。如馬融「為人美辭貌，

有俊才」,郭泰「身長八尺,容貌魁偉」,荀悅「性沉靜,美姿容」,趙一「體貌魁梧,身長九尺,美須豪眉,望之甚偉」。比起儒家的限制,他們對容貌的講求已經有了進步。不過他們的目的還是為了求名或求仕,也就是為了實用。這在曹操追殺匈奴使的故事中表現得最為明顯:

> 魏武將見匈奴使,自以形陋,不足雄遠國,使崔季珪代,帝自捉刀立床頭。既畢,令間諜問曰:「魏王何如?」匈奴使答曰:「魏王雅望非常,然床頭捉刀人,此乃英雄也」。魏武聞之,追殺此使。
>
> (見《世說新語·容止》)

曹操把容貌看成是國家間政治鬥爭的手段之一,所以他先以自己容貌不能勝任,使人代替。而這套把戲被看破後,便又殺人滅口。不過在曹操以後,人們對容貌的講究,已有拋開實用,單純審美的趨向。著名的玄學大師何晏,非常英俊,皮膚極白,以至魏文帝竟以為他臉上搽了粉。當時正是夏天,便給何晏一碗熱湯,想讓汗水沖掉臉粉。可是吃完後,何晏揮汗如雨,用紅色衣袖擦汗,臉色還是那麼潔白。

此風流及晉代,人物品藻則拋開禮法的約束,賦予人的儀容美以獨立的意義。荀粲就公然宣稱:「婦人德不足稱,當以色為主」。裴頠也深以為然,說:「此乃是興到之事,非盛德言」。在晉人看來,「德」與「容」並非從屬,至少是互不相干的並列關係。所以在《世說新語》中以「容止」一門與孔門四科的德行、言語、政事、文學並駕齊驅。彼可言德才,此則專記人物容貌之美。人們讚嘆裴楷「如玉山上行,光映照人」,見到衛玠,輒嘆:「珠玉在側,覺我形穢」,視王羲之「飄如遊雲,矯若驚龍」,嘆王恭「濯濯如春月柳」,甚至注意到王衍手臂與其手中所持麈尾的白玉柄「都無分別」。

人們一旦擺脫禮法道德的束縛,純然以審美的目光來把玩那些光彩

第三講　細說品藻

照人的容貌時，便如同發現了珍貴的寶藏，徜徉其中，如痴如醉了。潘岳是個著名的美男子，年輕時他在洛陽馬路上行走時，總是被女孩們手拉手地圍在圓心中。左思是個很有才華的文學家，但相貌極醜，看到潘岳的豔遇，非常羨慕，便也像潘岳那樣出去溜馬路，不料得到的不是女孩們的青睞，而是她們憤怒而鄙夷的唾沫，只好狼狽逃回。這裡沒有男女大防之設，沒有虛偽的禮儀，也沒有淫邪之念——只有審美的愉悅。連對左思的懲罰，也是這種愛美之心的轉移。以至於那位被目為「珠玉」的衛玠，終於忍受不了那群潮水般湧來，競相希望早些見到自己姿容的瘋狂女子們長時間的觀賞，竟被看殺而死。他的死，是美的價值實現後的代價。

在當時，一副美好的儀容，儘管本人在主觀上不想讓它發揮什麼作用，但它卻足以使人身價倍增，令人望而畏卻三分。庾統與諸弟入吳後，想到一個亭中過夜留宿。弟弟們先到亭中，見一些無名之輩擠滿了屋子，沒有躲避的意思，只好返回。庾統說：「讓我來試試吧」。便拄著枴杖，帶著一個孩子，走進門，那些人看到庾統的神俊姿容，便立即四散而去。又如當蘇峻作亂時，朝廷一片混亂。溫嶠和庾亮一起投奔陶侃求救。但陶侃認為蘇峻作亂的原因，是庾氏兄弟支持慾惠的結果，就是殺了庾家兄弟，也不足以謝天下。當時庾亮正在溫嶠船後，聽到這個消息後，惶恐無計。過了幾天，溫嶠勸庾亮去見陶侃，庾亮猶豫不決。溫嶠說：「放心吧！陶侃那傢伙我知道，你只管去見他，一定沒事！」當陶侃見到庾亮的風姿神貌後，立刻改變了看法，竟整天陪著庾亮喝酒吃飯，談笑風生，愛不忍釋。在這個故事中，政治上的敵對情緒，竟被對手的美好容貌所融化，這在任何國家的任何時候，都是難以想像的。美好的儀容不僅令人企羨，甚至具有征服惡人的力量。當桓溫妻子得知丈

夫娶李氏女為妾，另房專寵後，拔刃前往欲殺之。但見到李氏「在窗梳頭，姿貌端麗，徐徐結髮，斂手向主，神色閒正，辭甚悽婉」後，桓妻竟「於是擲刀，前抱之日：『阿子，我見汝亦憐，何況老奴！』遂喜之」。美容征服了女人的痼疾——妒忌。這些都足以說明，晉人對容貌美的追求，已經到了唯美主義的程度。美的價值勝過一切，一切都要服從於美——這就是他們對容貌和其他美的堅定信念。

　　從魏晉文人在人物品藻中的所作所為可以發現，魏晉人物品藻是歷史上人類對自身的一次比較充分和徹底的認知、分析和反省，也是一次拋開封建社會桎梏的自由行為。它在這些方面所產生和將要產生的影響，是無論怎樣假設都不會超過的。東漢的人物品藻本來已經在與宦官的鬥爭中發揮了重大作用，並在求名與修異操的行為中已經隱含著個性與自由的因素，但因為他們沒有最終擺脫社會功利的誘惑，才使這種很有希望的努力半途而廢。當然，門閥大族的經濟、政治實力由東漢的形成到魏晉的強盛，也是這種對比的內在決定因素，從這裡也可以看到，在封建社會中，沒有經濟、政治上的實力，沒有與封建統治者控制的徹底決裂，就沒有封建社會知識分子真正的自我意識和精神自由。

　　除此之外，魏晉人物品藻注重對人的審美評價，這對歷史上的審美觀念和審美鑑賞所產生的刺激和影響，也是至關重要的。宗白華先生說：「傳統美學竟是出發於『人物品藻』之美學。美的概念、範疇、形容詞，發源於人格美的評賞」。（見宗白華《美學散步‧論〈世說新語〉和晉人的美》）這雖然為人物品藻的始作俑者所始料未及，但它在美學史上的重要作用，卻足以使他仍暗自慶幸。（參見李澤厚、劉綱紀主編《中國美學史》第二章）

第三講　細說品藻

第四講

士人團體

第四講　士人團體

　　在中西文化比較的研討中，很多學者得出了中國知識分子缺乏獨立人格的論斷。這個看法對於反思知識分子自身的劣根性，喚起知識分子多年壓在心底的個性願望，自然意義重大。但是，任何偏激和過頭都會使真理走向極端，甚至成為謬誤。我們不能為了強調某一觀點而無視所有的事實，這樣做也使觀點失去了穩固的基礎。而談到歷史問題時對歷史事實如果缺乏全面的考察，則尤其容易使結論失於片面。一提起規律，尤其是歷史規律，人們總是肅然起敬。對規律與生俱來的局限和過失，卻從不敢問津。規律的最大弊端，是使人懶惰。好像了解了歷史規律，就等於掌握了全部歷史。豈不知許多寶貴的內容並沒有被總結在規律之內，忘記這些內容，對於人們全面了解歷史，該是多麼大的損失！從某種意義上講，亞洲知識分子缺乏獨立人格的看法是可以成立的，但同時也必須看到，有許多社會現象並不能完全用這個觀點來解釋。因為在漫長的歷史長河中，各代都有一些不能被嚴格認為沒有自己個性的知識分子，況且對於魏晉時期這個歷史上的特殊時代來說，個性不是知識分子的個別現象，而是較為普遍的團體性格。這裡欲透過對《世說新語》中文人個性的分析闡述，來說明歷史上知識分子在規律之外的關於個性、人格方面值得驕傲的一頁。

■「道統」、「勢統」天平的失衡

　　缺乏獨立人格論者的一個強而有力的根據，是他們強調了儒家思想在歷史上的重要地位及其對於歷代知識分子人生觀的決定作用。

　　這個結論的基調沒有錯，從哲學思想和人生觀的關係來談這個問題也是合理的。可是，歷史上傳統的統治思想並非儒家一家，因而就不可能只決定出一種人生觀來。儒家和道家是傳統思想的兩大支柱，歷代知識分子的人生觀、人格觀也莫不導源於茲。儒家積極入世，道家則出世無為，表面看來，兩者相悖而對立，而事實上卻統一在歷代知識分子身上。學者李澤厚關於「儒道互補」的見解，似能說明這個問題。他認為不僅在政治思想、哲學思想，包括在人生觀和人格觀上，儒家和道家也是相互對立而又互為補充的。「孔子對氏族成員個體人格的尊重（『三軍可奪帥也，匹夫不可奪志也』），一方面發展為孟子的偉大人格理想（『富貴不能淫，貧賤不能移，威武不能屈』）另一方面也演化為莊子的遺世絕俗的獨立人格理想（『傍徨乎塵垢之外，逍遙乎無為之業』）」。（李澤厚《美的歷程》，一九八四年版）他又認為：「不但『兼濟天下』與『獨善其身』經常是後世士大夫的互補人生路途，而且悲歌慷慨與憤世嫉俗，『身在江湖』而『心存魏闕』，也成為歷代知識分子的常規心理以及藝術意念」。（李澤厚《美的歷程》，一九八四年版）

　　然而這畢竟又是相異的。同是尊重個體人格，其各自內涵是不同的，「儒家是從人際關係中來確定個體的價值，莊學則從擺脫人際關係中來尋求個體的價值」（李澤厚《莊玄禪宗漫述》，載《中國古代思想史論》，一九八五年版）。儒家的個性觀，為人們安排了一個統一的、秩序井然的等級和角色位置。每個人必須對號入座，才能得到社會的尊重和承認。因此，儒家的個性是屬於社會的，從根本上說，它是反個性的。

第四講　士人團體

一旦社會秩序和角色位置發生混亂，儒家的座席號作廢時，它對個性的束縛也不再那麼有效，人們往往要釋放出個性的潛能，應付其變化的環境，這也就是老莊道家人生觀的作用。所謂「儒道互補」，在人生觀上的表現即在於此。

這種「儒道互補」的人生觀在歷代知識分子身上表現得更為集中和突出。作為時代的菁英，知識分子經常會超越歷史，去觀照和反思人類的普遍利益，人們通常稱之為「憂患意識」。它與「儒道互補」的人生觀的撞擊，就形成歷代知識分子對現實世界既介入又超然的兩種基本心態。陶淵明詩：「採菊東籬下，悠然見南山」。看來是超凡脫俗了，可是「刑天舞干鏚，猛志固常在」的詩句，卻顯示他內心仍有入世的一面。一位美國社會學家說：「對於歷代知識分子來說，超然和介入的衝突，一直是一個令人煩惱的問題，有時甚至成為痛苦的根源。這一衝突的性質決定了它任何時候都不可能得到完全解決」。（〔美〕Irving Howe〈知識分子的定義和作用〉，載《文摘》一九八五年第九期）這種超然和介入時起伏的波浪運動，構成了歷代知識分子心態流程的歷史。

那麼這種起伏的根源何在？或者說「儒道」何以需要「互補」？為什麼要「憂患」而不去付諸行動？其根本原因，就在於歷代知識分子與統治政權之間，即「道統」與「勢統」之間既密不可分，又齟齬離隙的微妙關係。

春秋戰國時期諸侯割據、百家爭鳴局面的出現，不僅結束了西周政權的統治，也徹底打破了學在官府的文化架構。「士」作為普通的自由人，承擔了以前的王官之學，並以「道」的承載者自居，張揚一種以道自任的精神。孔子反覆宣揚士要「篤信好學，守死善道。危邦不入，亂邦不居。天下有道則見，無道則隱。邦有道，貧且賤焉，恥也；邦無

道,富且貴焉,恥也」(《論語·泰伯》),又說:「士志於道,而恥惡衣惡食者,未足與議也」。(《論語·里仁》)「君子謀道不謀食。耕也,餒在其中矣;學也,祿在其中矣。君子憂道不憂貧」。(《論語·衛靈公》)

孟子則進一步明確提出:「天下有道,以道殉身;天下無道,以身殉道。未聞以道殉乎人者也」。(《孟子·盡心上》)

從世界文明發展來看,它與古希臘、古印度、古阿拉伯文化的發展有相似之處,都是一次充分體現人類理性精神的「哲學的突破」(philosophic breakthrough)(參見余英時《士與中國文化·古代知識階層的興起與發展》,一九八七年版)。所不同的是,西方經過這場變革,社會和教會成為各司其職的兩個社會機構,而教會代表了與世俗王權分庭抗禮甚至凌駕其上的精神權威,並具有絕對獨立自主的力量。教會作為宗教性的「道」的正式組織,自有其莊嚴的真實意義,不只是一種政治上的點綴和裝飾。而亞洲的「道」開始就是一個玄虛之物,沒有組織的形式,它的莊嚴性只有透過知識分子的言論和行動及其所體現的人格本身來顯示。這種人格形象表現在內外兩個方面,對外,要「以天下安危為己任」、「天下興亡,匹夫有責」;對內,要實現人格的自省與完成,合在一起,就是「修身齊家治國平天下」。對內雖並非易事,但畢竟可以自己掌握。而對外,就不能以自己的意志為轉移。因為古代的「勢」並不像西方政府服從教會那樣服從「道」,儘管古代知識分子以道自尊,並設計了許多道優於勢的具體方式與途徑,如「為王者師」,至少是成為王者的朋友和臣民。費惠公說:「吾於子思,則師之矣;吾於顏般,則友之矣;王順、長息,則事我者也」。郭隗答燕昭王,引當時成語:「帝者與師處,王者與友處,霸者與臣處,亡國與役處」。(《戰國策·燕策》)孟勝也說:「吾於陽城

第四講　士人團體

君,非師則友也,非友則臣也」。(《呂氏春秋·上德》)作為王者的「勢」也的確需要「道」的支持,即從意識形態方面使其政權的合法性和權威性得到證明。這種合作在春秋戰國時期那些養士之君那裡顯示了一定的成功。不過,歷史上的王者一開始就有一個非常明確的前提,即要想與我合作,就必須承認和服從我的至高無上的統治;否則,不僅當不了師友臣,反而會成為刀下之鬼(古代王者是最通曉殺人養勢道理的君主)。所以,古代知識分子只能在這有限的空間裡去實現自己「道」的夢幻。(參見余英時《士與中國文化·道德與正統之間》)不過,他們的治國平天下的願望常常因為與王者意見的牴牾而不能實現,剩下來的,便只有以完善的人格去證明「道」的存在了。

東漢黨錮之禍中清議運動的失敗,宣告了當時「道」與「勢」合作關係的徹底破裂,也徹底槍斃了以道自尊的文人過問國家政治問題的願望要求。於是,文人們便轉向自省,轉向個體人格的追求,這就是魏晉文人的個性行為。不過,他們的個性行為,沒有像儒家設計的那樣循規蹈矩和溫文爾雅,而是充分體現了老莊對個體人格的絕對自由的追求。

魏晉文人個性的形成,還有一個重要的社會原因,這就是漢末以來隨著儒家思想的削弱和老莊思想的興起,社會各種矛盾得不到合理解決和圓滿解釋而產生的名教與自然的矛盾與危機。

關於名教與自然這一對概念的內涵,學術界還稍有歧說。「自然」指老莊崇尚人性自然之旨,這一點是沒有疑義而容易理解的。至於「名教」所指,陳寅恪先生認為是指「入世求仕者所宜奉行者也」,即一種政治觀點和行為的選擇(參見陳寅恪〈陶淵明之思想與清談之關係〉,載《金明館叢稿初編》)。而美國學者余英時則認為名教應是包括政治關係在內的整個人倫秩序,其中君臣和父子兩倫被看作是全部秩序的基礎(參見余

英時《士與中國文化・名教思想與魏晉士風的演變》）。從這對矛盾產生發展中所包含的實際內容看，余氏的說法似更全面一些。

名教的危機首先表現在君權思想和君臣關係的淡漠上。周代以來「普天之下，莫非王土。率土之濱，莫非王臣」之說演變為西漢大一統政權下所建立起來的普遍性的君臣觀念。可是這種觀念至漢魏間已經為以門第為社會基礎的察舉制及其「門生故吏」觀念所取代。因為這時的知識分子在被徵辟或察舉之前，只是地方長官或舉主（其實主要是大族首領）的臣下，而不是「天子之臣」。皇帝對他們的領導和統治，需要經過大族首領們才能實現。而大族在各方面又逐漸形成與君權抗衡的力量，所以君權對未仕知識分子的約束，更是微乎其微了。即使在受命於朝廷之後，按照當時的道德觀念，他們仍然要忠於故主（參見杜佑《通典》卷六十八、卷九十九）。所以一般士人與皇帝間實際是一種間接的君臣觀念，而並無實質的內容。公孫淵叛魏自立為燕王，令部署郭昕、柳浦等七百八十九人上書明帝，表示只效忠公孫一家（參見《三國志・魏志・公孫度傳》裴注引《魏書》）。這樣的觀念必然導致對君權的懷疑。

《後漢書・逸民傳》載：「漢陰老父者，不知何許人也。桓帝延熹中幸竟陵，過雲夢，臨沔水，百姓莫不觀者。有老父獨耕不輟。尚書郎南陽張溫異之，使問曰：『人皆來觀，老父獨不輟，何也？』老父笑而不對。溫下道百步自與言。老父曰：『我野人耳，不達斯語。請問天下亂而立天子邪？理而立天子邪？立天子以父天下邪？役天下以奉天子邪？昔聖王宰世，茅茨採椽，而萬人以寧。今子之君，勞人自縱，逸遊無忌。吾為子羞之，子何忍欲人觀之乎？』溫大慚，問其姓名，不告而去」。在這位老者的眼裡，桓帝已經是別人的「君」，自己儼然是局外之人了。嵇康在〈答難養生論〉中，也對那些「勸百姓之尊己，割天下以自私，以富貴為

第四講　士人團體

崇高，心欲之而不已」的醜惡君王表示了深惡痛絕（載《嵇康集校注》，一九六二年版）。

　　對君權的懷疑，又會引出無君論的思想。阮籍明確提出：「蓋無君而庶物定，無臣而萬事理。……君立而虐興，臣設而賊生。坐制禮法，束縛下民。……竭天地萬物之至，以奉聲色無窮之欲，此非所以養百姓也」。（《阮籍集校注·大人先生傳》，一九八七年版）對君權從懷疑走向否定，其主要根據，便是天子的「勞人自縱，逸遊無忌」和「竭天地萬物之至，以奉聲色無窮之欲」的無道之舉。但兩者的根本區別在於，懷疑論者仍然相信歷史上曾有過「聖王宰世」的局面，只要換個好皇帝，便可恢復這種局面。而在否定論者看來，「聖王宰世」本身就是騙人的鬼話，曹氏代漢和司馬氏代魏，不過是舜禹禪讓的再版。所以至魏晉間，名教中君臣一倫已經徹底動搖了。

　　與君臣危機相關的是家族倫理的危機。其中主要是指在家族倫理的基礎上發展起來的一整套繁文縟節所受到的嚴重挑戰。儒家所提倡的名教或禮法至東漢後期變得更加虛偽和高度形式化。隨著「累世同居」在察舉制度推動下的進一步發展，許多人為晉身而博「孝」，不惜從事不近人情的偽飾，以致把儒家的禮法推向了與其原意相反的境地。前文所敘陳蕃任青州樂安太守時治罪於服親喪中生五子的偽孝子趙宣，足能說明此點。孔融在北海任相間，也殺死了一位遭父喪時「哭泣墓側，色無憔悴」的偽孝子，都可見當時偽禮教的盛行，也可見對偽禮教深惡痛絕的新派人物已經逐漸形成一種與禮教及其追隨者相抗衡的社會勢力。他們首先對父子間人倫關係的傳統看法提出大膽的否定，孔融對禰衡信口便說：「父之於子，嘗有何親？論其本意，實為情慾發耳。子之於母，亦復奚為？譬如寄物瓿中，出則離矣」。從而徹底摧毀了禮教行孝的價值基

礎。其實新派人物所根本反對的並不是「孝」本身及其體現的父子之情，而是要揭露虛偽禮教對真正父子之情的侮辱和戕害，提倡一種合乎人的自然本性，沒有任何功利目的和虛偽做作的真正父子之情。孔融本人「十三喪父，哀悴過毀，扶而後起，州裡歸其孝」，足能說明這一點。戴良在母喪中的言行，又清楚表達了新派人物在這一問題上對禮教與自然關係的看法：

> 及母卒，兄伯鸞居廬啜粥，非禮不行。良獨食肉飲酒，哀至乃哭，而二人俱有毀容。或問良曰：「子之居喪，禮乎？」良曰：「然。禮所以制情佚也，情苟不佚，和禮之論？夫食旨不甘，故致毀容之實，若味不存口，食之可也」。論者不能奪之。（《後漢書・戴良傳》）

這就是說，只要有了一份真正自然的情感，禮的有無是無關緊要的。兄弟二人的不同行為，正是名教與自然的尖銳對立。又如：

> 阮步兵喪母，裴令公往弔之。阮方醉，散髮坐床，箕踞不哭。裴至，下席於地，哭弔喭畢，便去。或問裴：「凡弔，主人哭，客乃為禮。阮既不哭，君何為哭？」裴曰：「阮方外之人，故不崇禮制；我輩俗中人，故以儀軌自居」。時人嘆為兩得其中。（《世說新語・任誕》）

「兩得其中」說明自然和名教還處於勢均力敵和各得其所的均衡狀態中，然而這種狀態終究被打破，自然終於戰勝了名教：

> 王戎、和嶠同時遭大喪，俱以孝稱。王雞骨支床，和哭泣備禮。武帝謂劉仲雄曰：「卿數省王、和不？聞和哀苦過禮，使人憂之」。
>
> 仲雄曰：「和嶠雖備禮，神氣不損；王戎雖不備禮，而哀毀骨立。臣以和嶠生孝，王戎死孝。陛下不應憂嶠，而應憂戎」。（《世說新語・德行》）

和嶠的「哭泣備禮」，是做給人看的，所以神氣並不見損。王戎則完全拋開禮法，沉湎於自然之情，所以傷痛見骨，因而成為推崇的對象。

第四講　士人團體

隨著自然之情對禮法的取代，整個人倫之中的各種關係都發生了根本性的變化。除了在喪葬中摒棄虛偽禮儀，注重真情實感外，在父子關係中，尊卑之別已被打破。兒子與父親，不再是賈政和寶玉之間那種貓和老鼠的關係，而是體現了自然之情的平等關係。《晉書・胡毋輔之傳》載：「謙之字子光。才學不及父，而傲縱過之。至酣醉，常呼其父字，輔之亦不以介意，談者以為狂。輔之正酣飲，謙之窺而厲聲曰：『彥國（按：輔之字）年老，不得為爾！將令我尻背東壁。』輔之歡笑，呼入與共飲」。又如《世說新語・傷逝》篇中所記王戎、郗愔臨子之殯，王子猷奔弟子敬之喪時的深切悲慟，顯然不符合儒家的禮法，而流露出自然的至情至性。

這在夫婦關係中表現得更為明顯，親密的情感代替了嚴峻的禮法，成為夫婦關係中的主導，著名的例子有荀粲以冷身熨熱之法，為發燒的妻子降溫，並於婦亡後並卒的故事。又如：

王安豐婦常卿安豐。安豐曰：「婦人卿婿，於禮為不敬，後勿復爾」。婦曰：「愛卿愛卿，是以卿卿；我不卿卿，誰當卿卿？」遂恆聽之。（《世說新語・惑溺》）

這種卿卿我我的空氣，雖然不無愛情至上的意味，但其背叛禮教的初衷，卻可稱道。這樣極為親密的夫妻關係必然帶來排他的心理，於是，這一時期的文獻中有很多妒婦的記載。宋明帝曾令虞通之撰成《妒婦記》一書（見《宋書・后妃傳》），在《世說新語》的劉注中，還存有若干佚文。這一時期的妒婦行為在相當程度上是夫妻親密關係及其願望的畸形與反面的表現。可見當時無論父子關係和夫婦關係，自然的親密之情已經取代了禮法的地位，儒家的名教觀念已經日薄西山，不為人所重了。這正如西晉束皙所嚮往的逸民生活那樣：「婦皆卿夫，子呼父字」。

(束皙〈近遊賦〉，載《全晉文》卷八七)

綜上所述，可見漢末魏初時包括君權思想和人倫關係的名教思想已經全面崩潰，從而摘掉了眾人頭上限制其個性自由的緊箍咒。而道統與勢統關係的破裂，不僅使士人重新意識到以人格為道之載體的現實意義，而且也使儒道互補的天平再次向道家的崇尚自然一邊發生傾斜。總之，上帝死了，留給人們的，是一片適合個性生長的肥沃土地。

■強烈的自我意識

在社會心理學中，一般把個性分為自我意識、活動和交往三個領域（參見〔俄〕安德列耶娃 (Galina Andreeva)《社會心理學》(*Soviet sociologist and psychologist*)，一九八四年版)。這裡也擬從這三方面展開。

自我意識是個性的基本出發點，「一般屬於這種因素的是有關自己的內在和本質的表象，對自己情感的評價以及自尊心」(安德列耶娃《社會心理學》)。笛卡兒 (René Descartes) 認為自我問題首先是自我認識問題，洛克 (John Locke) 不僅承認「自我」取決於意識，而且看到人的意識在人的行為變化中所保持的繼承性和統一性。康德 (Immanuel Kant) 則把人能擁有自己的表象和自我意識在各種變化情況下的統一性看成是人與動物區別的顯著象徵。作為時代的菁英，善於以道自任、長於思索的社會階層，歷代知識分子更能自覺地在表象中意識到自己的存在，並把對自己的意識與對世界的憂患與責任連繫在一起。

一部《離騷》，真切地表述了一位作為個人知識分子對君王無限忠誠卻不為其理解的苦衷。那個令楊國忠捧硯、使高力士脫靴的李太白，或者「仰天大笑出門去，我輩豈是蓬蒿人」，以求仕進；或者「大道如青天，

第四講 士人團體

我獨不得出」，發出失意後的憤懣。關漢卿則公開宣布：「我是個蒸不爛、煮不熟、捶不扁、炒不爆，響噹噹一粒銅豌豆！」他們都時刻擔心世人忘卻自己的存在，低估自己的價值，於是便採用各種方式，向世人剖白自己的心靈，求得在世人的靈魂中找到自己的位置。我們當然不應否認這些內容中的個性意識，所以一概否認歷代知識分子具有個性因素的說法並不全面。

不過仔細分析，他們與魏晉文人的自我意識還有些不同。首先，從前面的分析中我們可以看出，在封建社會中實現個性的重要條件，是道統與勢統的分離和自然對名教的戰勝。而在歷史上，除了魏晉和元代前期以外，從大範圍來看，幾乎不具備這種條件。科舉制度牢牢地把士人與君王連繫在一起，理學的牢固地位又幾乎遏止了自然的滋生。所以歷代具有這種自我意識的知識分子只表現在個別人的某個生活階段。而魏晉時期則具備了這樣的條件，因而他們的自我意識完全是一股時代的巨流。其次，歷代個別文人的自我意識往往只停留在意識及其對文字表述狀態，很少付諸社會行動，而魏晉文人的自我意識則與個性活動密不可分。再次，從思想淵源上看，他們的自我意識帶有較強的儒家入世色彩，是儒家的個性觀，是在被封建道統統一後發出的牢騷。在對自己的本質做出表象後，他們自認為有資格成為封建秩序中的一員，然而卻未能入選。好比一個演技頗高的演員，竟未被導演選中上戲。像演員熱愛事業一樣，他們過於熱戀那個拋棄自己的封建秩序，因而不平於自己的命運。「長恨此身非我有，何時忘卻營營！」蘇軾這句話概括了他們的矛盾心理狀態。生命既屬於自己，又屬於功名利祿；既想做自由人，又捨不得那誘人的繩索；一生都在為事業而獻身，又在為犧牲自我而懺悔。

強烈的自我意識

〔明〕周文靖
〈雪夜訪戴圖〉

第四講　士人團體

　　同是以個體人格來體現「道」,但目的截然不同,儒家的信徒們即使在與勢統分離後所表現的個體人格,仍是在證明其與勢統相處的合理性,以期再度合作。道家則完全從無君論出發,拋開勢統而追求自己的個體人格。魏晉文人更多地受老莊思想影響,他們從根本上鄙棄屈原、李白等人所熱衷的那個社會秩序。他們本來十分熱愛生活,可是生活卻被那些自稱維護社會秩序的人搞得不像樣子,他們對生活的熱愛不得已以相反的面貌出現。他們痛恨那些人為地改變世界本來面目,破壞自然的不合乎「道」的行為。他們反對「人為物役」,認為這是人生的最大悲劇。他們主張以審美的、遊戲的態度去觀照和玩味生活,並思索和尋求作為自由人的個性價值。

　　在王子猷雪夜訪戴的故事中,使人看到,人的行為本為目的所驅使,一般人雪夜飲酒吟詩,或因遇喜事夜不能寐,故流連於雪中山色;或因煩惱縈繞心頭不得入睡,因於詩酒雪景中排憂遣愁;別人雪夜中棹舟訪友,如不是有要事相告,也定然寒暄客套,表示我來看過你,然後離去。這些在王徽之看來,都是為物所役,都是把自己交給了外界無形的繩索。他的行為目的,就是行為本身,就是某一時間內自我的充分實現與滿足。所以他「乘興而行,興盡而返,何必見戴?」這種自覺的自我主體意識使他們對生活的感受帶有強烈的主觀色彩,好像生活的妙諦只是由於他們的感受才得以顯示。如:

　　簡文入華林園,顧謂左右曰:「會心處不必在遠,翳然林水,便自有濠濮間想也,覺鳥獸禽魚自來親人」。(《世說新語・言語》)

　　翻開漢代大賦,迎面撲來的,往往是一股濃烈的宮廷帝王氣息,在那些巍峨的宮殿和壯觀的氣勢中,唯獨見不到作家自己的影子。原來,他們早已被社會所融化,甘心趨從那個主宰自己的君王,做一個社會的

順民或奴僕。而魏晉文人則相反，在他們的心目中，不要說君王和社會，連世界都是渺小的，是自我的奴隸。不是我去服從世界，而是世界「自來親人」，如孟子所說，是「萬物皆備於我」。這正是魏晉文人自我意識的充分覺醒，有了這個覺醒，「人就會兼有最豐滿的生存和最高度的獨立和自由，他就不但不致使自己迷失在世界裡，而且把世界以及它的全部現象的無限性都納入自身裡，使世界服從他的理性的統一」（席勒（Friedrich Schiller）《美育書簡》（*On the aesthetic education of man: In a series of letters*），「第十三封信」，一九八五年版）。

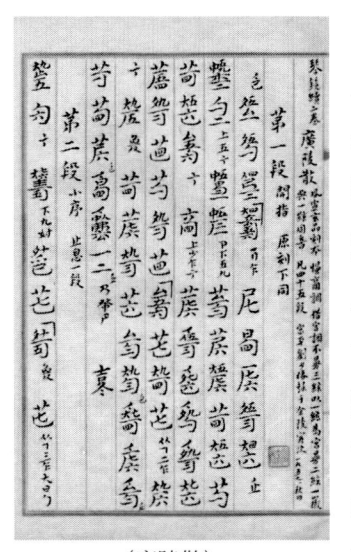

〈廣陵散〉

在生老病死這一人類無法迴避的問題上，魏晉文人也在與以前儒家的悖論中表現出強烈的自我意識。孔子擔心這一問題會影響人們對命運及其責任的疑惑，於是便以「未知生，焉知死」的不可知論搪塞過去。漢代人則聽從董仲舒「天命」觀的宣傳，認為這一切是天經地義、不可違抗的，所以只能低頭服從天命。魏晉文人也清楚地看到死亡是不可避免的，但他們在強烈的自我意識的作用中，不甘心服從這個命運。一代梟雄桓溫面對十年前自己所種之樹感慨：「木猶如此，人何以堪？」清談大師王濛臨死前轉動著多年伴他清談的塵尾，哀鳴道：「如此人曾不得四十！」對於把個人交給君王和社會的人來說，生命的意義只在於奉獻。他們對於生命的感受，不外乎兩點：一是為奉獻之多而自豪；二是為奉獻之少而遺憾。而對於把自我視為世界主宰的人來說，生命則是實現自我的先決條件和第一要義。沒有生命，就沒有自我，沒

第四講　士人團體

有自我，也就沒有世界。所以他們對生命的珍惜，超過了一切。而他們的種種宣洩個性的放達行為，實際上是在意識到生命的無常後以增加生命密度的方式來抗拒命運、抗拒死亡的措施。至於因政治原因遇害者，則更為失去寶貴的生命而憤憤不平：

嵇中散臨刑東市，神氣不變。索琴彈之，奏〈廣陵散〉。曲終，曰：「袁孝尼嘗請學此散，吾靳固不與。〈廣陵散〉於今絕矣！」（《世說新語·雅量》）

一曲〈廣陵散〉，正是嵇康人格的化身。他並不僅僅是在惋惜一首曲譜的絕跡，而是痛惜自己這樣自我意識強烈的文人難有繼往開來者。他臨終前製造的這個美的毀滅的故事，既是對殘害他人格的司馬氏政權的控訴，也是對自我本質的準確表象。可見對生命的留戀，對死亡的恐懼，與魏晉文人的自我意識是緊密相連的。以上這些正如美籍華人學者余英時所說：「名教危機下的魏晉士風是最近於個人主義的一種類型，這在歷代社會史上是個僅見的例外，其中所表現的『稱情直往』，以親密來突破傳統倫理形式的精神，自有其深刻的心理根源，即士的個體自覺」。（余英時《士與中國文化·名教思想與魏晉士風的演變》）

■絢爛多彩的文人個性活動

在歷代知識分子心中，儒與道，介入與超然的比重並不均衡。因此魏晉文人與前後時代相比，不僅在自我意識上存在差異，而且在個性活動上也表現出自己的卓然之處。一般說來，魏晉之前後知識分子的介入精神，要遠遠超過超然精神。這當然由儒道二家左右搖擺中儒家漸占上風所致，而其根本的社會原因，則是因為他們在事業方面的成功在相當程度上束縛了其個性活動的發展。所以他們的有限個性往往只能停留在

自己的意識狀態,而不能,或很少能見諸行動。所謂事業的成功,說到底就是在忠君思想和正統觀念的作用下,歷代文人以犧牲個性為代價,與統治階級合作,共同維護那個封建秩序,也就是整體角度的道統與勢統的親密與和諧。

西方浪漫主義的個人主義理論認為:「人的一切社會成功都意味著他作為個人的失敗,而表面看來是失敗的東西其反面卻是成功」。(參見〔俄〕伊戈爾·科恩(Igor Kon)《自我論》(*Self-Determination Theory*),一九八六年版)漢代司馬相如、東方朔這樣的文人,或者為皇帝寫點歌功頌德的詞賦,或者為君王編點笑話故事取樂,以換來社會,尤其是統治者的青睞和承認。可是他們微弱的自我意識卻被其社會活動覆蓋,痕跡已經很模糊。唐太宗望著潮水般湧入科舉考場的青年士子喜出望外地說:「天下英雄盡入吾彀中矣!」他的意思再明白不過,那就是你們總算落入我的圈套了。可是多少年來,士大夫們總是自作多情地對此引以為榮,以為那是文人的知遇時代。他們沒有想到,正是科舉制度把文人的目光引向仕途,從而造成文人的官僚化,道統與勢統再度握手言和。這樣他們對君主負責的責任感也就取代了要求自我個性實現的願望,其自我意識與個性活動也就理所當然地出現了脫節。當然也應看到,唐以後的知識分子多為中小地主,他們在政治、經濟上都無力與無權抗衡,而只能以科舉來改變自己的政治和經濟地位。而作為世家大族的大部分魏晉文人,其社會地位是世襲的。他們對君權的依賴比起君權對他們的依賴,要低得多。道統與勢統的分裂,把他們的君權思想淡化到極低的限度。自然對於名教的勝利,更使他們把外界的無形繩索拋到九霄雲外。在對社會一無所求之後,便輕鬆而瀟灑地「越名教而任自然」,在反抗舊禮教中發展自己的個性。他們不僅在意識中復現自我,而且把自我作為對象加以塑造,這就是他們絢爛多彩的個性活動。

第四講　士人團體

狂放的舉止是魏晉文人個性活動的表現之一。在魏晉之前，歷史上也不乏「狂士」，不過他們多半是以狂態為進諫的手段，達到溝通道統與勢統的目的。孔子所說：「古之狂也肆」。就是指他們的肆意直言。如傳說中的箕子向紂王進諫不從，而披髮佯狂，方降為奴隸，免於一死。那位以「譎諫」著稱的東方朔，也有「狂人」之稱（見《史記·滑稽列傳》）。所以廣武君引秦漢之際的成語，即有「狂夫之言，聖人擇焉」。說明當時的「狂」與直言是密不可分的。而魏晉文人的狂則完全是脫離功利約束的自由之狂。他們在對現實失望和拋棄社會責任感以後，便以狂放的行為來表現他們對環境的否定和自我解脫：

劉伶恆縱酒放達，或脫衣裸形在屋中，人見譏之，伶曰：「我以天地為棟宇，屋室為褌衣，諸君何為入我褌中！」《世說新語·任誕》）

禮教要求人們循規蹈矩，溫文爾雅，劉伶卻非按相反的標準來塑造自己。因為那些被漢儒奉為至聖的禮教，在魏晉文人眼裡不過是一堆糞土和「塵垢囊」。他們也很清楚，統治者關心禮教的真正目的，是其政治統治的一種需求。因此他們的個性對禮教的衝擊在開始時帶有較重的政治色彩。因為魏晉的統治者往往藉維護禮教之名來屠殺異己，孔融和嵇康均以違反禮教的罪名獲罪致死。其餘的文人既不願掉腦袋，也不肯違心地趨從統治者及其所維護的舊禮教。在一個不承認不容納個性的社會環境中，一個人的個性活動只能保持在社會所能允許的範圍內，否則就只能像孔融和嵇康那樣。這本就是對個性的褻瀆，也是魏晉文人精神上極度痛苦的根源。他們為受到自己政治上的蔑視對象的限制而痛苦，但人們承受痛苦的能力也是有限的。為了不超出痛苦的極限，他們便以飲酒來麻醉自己。甚至可以說，這些人飲酒的程度，與其痛苦以及個性顯現的程度三者是成正比的。他們越是痛苦，就越是以酒澆愁，從而越能

顯示出個性：

　　劉伶病酒，渴甚，從婦求酒。婦捐酒毀器，涕泣諫曰：「君飲太過，非攝生之道，必宜斷之！」伶曰：「甚善。我不能自禁，唯當祝鬼神自誓斷之耳。便可具酒肉」。婦曰：「敬聞命」。供酒肉於神前，請伶祝誓。伶跪而祝曰：「天生劉伶，以酒為名，一飲一斛，五斗解酲。婦人之言，慎不可聽！」便引酒進肉，隗然已醉矣。（《世說新語・任誕》）

　　劉伶對酒的迷戀，已經到了非醉不可的程度，其背後顯然有著難言之隱，這就是政治上與司馬氏政權的不同見解。這一點史傳中雖未明言，但從他一旦與阮籍、嵇康相識後便「欣然神解，攜手入林，初不以家產有無介意」的記載中，足可以證明這一猜測。況且他在當了幾天建威參軍後終於因宣揚無為無用思想而被罷免一事，也都與此說相映成章。

　　政治上的絕望，把他帶入醉的境界；而酒精的刺激，又使他把自己視為世界的異己，使他「肆意放蕩，以宇宙為狹」。並「常乘鹿車，攜一壺酒，使人荷鍤隨之，云：『死便掘地以埋。』土木形骸，遨遊一世」。他那篇著名的傳世文章〈酒德頌〉，更是集中表現了他的傲岸絕俗的個性精神。

　　另一位竹林名士阮籍，其狂放和醉態也近於劉伶，然而其個性的社會批判意義更加突出。《禮記・曲禮》規定叔嫂不能通問，他卻偏偏和嫂子聊天，並公開宣稱：「禮豈為我輩設也！」按常禮母喪不食葷，可他在母喪期間卻大啖酒肉，神色自若。禮教規定男女授受不親，阮籍卻經常從鄰婦那裡買酒飲，並醉臥其側，「夫始殊疑之，伺察，終無他意」。──痛苦與個性也並不亞於劉伶，乃至於為酒而去求官：步兵校尉缺，廚中有儲酒數百斛，阮籍乃求為步兵校尉。

第四講　士人團體

　　他這樣嗜酒如命,也同樣說明內心的痛苦程度和個性色彩的強烈。當王恭問王忱阮籍何如司馬相如時,王忱沒從正面回答,卻說:「阮籍胸中壘塊,故須酒澆之」。所謂「壘塊」,就是因個性不得充分實現而否定世界,但為保全生命又不能像嵇康那樣和盤托出,以此在內心產生的鬱結之氣。就連司馬昭也承認:「阮嗣宗至慎,每與之言,言皆玄遠,未嘗臧否人物」。如果留心,可以發現,這些文人的個性表現在反禮教的同時,很注意不因之致禍。可以設想,這種「至慎」,需要多少酒精的麻醉,是以多少痛苦為代價所做出的忍耐,這對他們的個性,又是何等嚴酷的戕害!可是,儘管他們的個性沒能夠盡情抒發,但這對於他們所處的環境和他們本人來說,已經夠了。

　　宗白華先生說:「魏晉人以狂狷來反抗這鄉原的社會,反抗這桎梏性靈的禮教和士大夫階層的庸俗,向自己的真性情、真血性裡掘發人生的真意義、真道德。他們不惜拿自己的生命、地位、名譽來冒犯統治階級的奸雄,假借禮教以維持權位的惡勢力。……這是真性情、真血性和這虛偽的禮法社會不肯妥協的悲壯劇。這是一班在文化衰墮時期替人類冒險爭取真實人生真實道德的殉道者」。(宗白華《美學散步·論〈世說新語〉和晉人的美》)

　　如果說正始時期文人以反抗禮教來表現個性,其目的主要是揭穿司馬氏以禮教維護統治,藉以表現其政治上的不合作甚至是反對態度的話,那麼進入西晉後,隨著司馬氏政權和世家大族關係的逐步改善,自然與政治名教的衝突已經逐漸轉變為家族倫理關係中自然與繁文縟節的衝突。因為像阮瞻、王澄、胡毋輔之、謝鯤這些元康名士對嵇康的「非湯武而薄周禮」已經不大感興趣,他們繼承和發展了阮籍、劉伶等人任情廢禮的精神,於是便形成一種任情而為、肆無忌憚的風氣:

王平子、胡毋彥國諸人，皆以任放為達，或有裸體者。（劉注引王隱《晉書》：「魏末，阮籍嗜酒荒放，露頭散髮，裸袒箕踞。其後貴遊子弟阮瞻、王澄、胡毋輔之之徒，皆祖述於籍，謂得大道之本。故去巾幘，脫衣服，露醜惡，同禽獸。甚者名之為通，次者名之為達也」。）樂廣笑曰：「名教中自有樂地，何為乃爾也？」（《世說新語・德行》）

在元康名士的放達行為中，並沒有多少政治用意可言。他們所追求的，只是要糾正和恢復被禮教所禁止的人的情感和行為的自由，達到人的自然本性的復歸。以至為此不惜矯枉過正，興起裸袒之風。《晉書・光逸傳》載：

尋以世難，（逸）避亂渡江，復依（胡毋）輔之。初至，屬輔之與謝鯤、阮放、畢卓、羊曼、桓彝、阮孚散髮裸裎，閉室酣飲已累日。逸將排戶入，守者不聽，逸便於戶外脫衣露頭於狗竇中窺之而大叫。輔之驚曰：「他人絕不能爾，必我孟祖（按：逸字）也」。遽呼入，遂與飲，不捨晝夜。時人謂之「八達」。

可見這股放誕之風一直到渡江後仍有增無減。不過需要指出的是，染上這股風氣的，並不止是「貴遊子弟」，而且也包括朝廷大臣：

有人譏周僕射與親友言戲，穢雜無檢節。（劉注引鄧粲《晉紀》：「王導與周及朝士詣尚書紀瞻觀伎，瞻有愛妾能為新聲，顗於眾中欲通其妾，露其醜穢，顏無怍色。有司奏免顗官，詔特原之」。）周曰：「吾若萬里長江，何能不千里一曲！」（《世說新語・任誕》）

元康以後的這股放誕中的個性在歷史上屢遭指責。東晉戴逵以為正始之放為「有疾而為顰者」；元康之放為「無德而折巾者也」。而葛洪等人則乾脆把西晉之亡，歸咎於這股風氣。《晉書・五行志》：「惠帝元康中，貴遊子弟相與為散髮裸身之飲，對弄婢妾，逆之者傷好，非之者負譏，希世之士恥不與焉。蓋貌之不恭，胡狄侵中國之萌也。其後遂有二胡之

第四講　士人團體

〔明〕陳洪綬〈羲之籠鵝圖〉

亂，此又失在狂也」。《抱朴子·刺驕》：「余觀懷愍之世，俗尚驕褻，夷虜自遇。其後羌胡猾夏，侵掠上京，及悟斯事乃先著之妖怪也」。從周顗的情況看，此說似還可商榷。周顗是一位極孚眾望、「風德雅重」的人物，官至尚書左僕射。他死於王敦謀逆之亂，自謂「備位大臣，朝廷喪敗，寧可復草間求活，外投胡越邪！」臨刑前還大罵王敦，「收人以戟傷其口，血流至踵，顏色不變，容止自若」。從他的政治氣節中，絕對看不出他以醜行來亡國的動機。合理的解釋只能是，以極端的方式來破壞和摧毀禮法，並充分展現自己的個性，追求人性的自由。當然，這些醜陋行為本身是毫無肯定價值的，但是，倘若從其背後能發現其破壞禮法的一絲用意的話，則庶幾不應把髒水和嬰兒一起潑掉。

　　與狂放舉止相關的是魏晉文人的怪癖和奇異個性。這兩種行為都與「人為物役」相對，這個「物」就是以君權為代表的社會對個人的約束。由於它的作用，漢代以來人們中間共同性的東西太多了，而個別的行為則少得可憐。從東漢後期開始，在人倫識鑑的活動中，人們為了得到外界的較高評價，便努力以修異行來邀高名。但終因「無奇謨深策」之異，談者以為失望，遂僚譭謗布流。（見《後漢書·樊英傳》）故湯用彤先生說：「後漢書袁奉高不修異操，而致名當世。則知當世修異操以要聲譽者

多也」。這種風氣必然滋長個性意識作用下的怪異舉動，這在魏晉文人那裡得到了發揚光大。所不同的是，魏晉人的怪異舉動，目的已不是為了邀取名聲，而是挪揄禮教和表現個性。如：

王仲宣好驢鳴，既葬，文帝臨其喪，顧語同遊曰：「王好驢鳴，可各作一聲以送之」。赴客皆一作驢鳴。（《世說新語・傷逝》）

本條劉注云：「按戴叔鸞母好驢鳴，叔鸞每為驢鳴以說其母。人之所好，儻亦同之」。如果說戴良驢鳴悅母是想得到「孝」的美名的話，這裡人們以驢鳴的方式弔唁，則表現了對死者這一怪癖的理解與尊重。又如：

孫子荊以有才，少所推服，唯雅敬王武子。武子喪時，名士無不至者。子荊後來，臨屍慟哭，賓客莫不垂涕。哭畢，向靈床曰：「卿常好我作驢鳴，今我為卿作」。體似真聲，賓客皆笑。孫舉頭曰：「使君輩存，令此人死！」（《世說新語・傷逝》）

在眾人於喪亂時的哄堂大笑中，已足可見出孫楚這種怪異獨特的悼念方式所達到的抒發個性的效果。當時人們的另一癖好是長嘯：

阮步兵嘯，聞數百步。蘇門山中，忽有真人，樵伐者咸共傳說。阮籍往觀，見其人擁膝巖側，籍登嶺就之，箕踞相對。籍商略終古，上陳黃、農玄寂之道，下考三代盛德之美以問之，仡然不應。復敘有為之教、棲神導氣之術以觀之，彼猶如前，凝矚不轉。籍因對之長嘯。良久，乃笑曰：「可更作」。籍復嘯。意盡，退，還半嶺許，聞上然有聲，如數部鼓吹，林谷傳響，顧看，乃向人嘯也。（《世說新語・棲逸》）

據本條劉注引《魏氏春秋》和《竹林七賢論》，阮籍在真人的嘯聲中悟出了人生的真諦，並寫下〈大人先生傳〉以表達思想。從此以後，「嘯」這種以口哨吹奏曲調的形式便成為士人心性自由的時髦象徵。他們以呼哨之聲，來宣洩內心各種複雜而不可名狀的情感。謝安出海泛遊，面對

第四講　士人團體

巨浪長嘯；王徽之見到自己喜愛的竹園，也要「諷嘯良久」。元康名士謝鯤因挑逗鄰女，被人家用織梭打掉兩顆門牙。人們編了兩句歌謠取笑他：「任達不已，幼輿（謝鯤字）折齒」。謝鯤聽後，「傲然長嘯曰：『猶不廢我嘯歌』」。竟使歌嘯具有了相當的欣賞和審美價值：

　　劉道真少時，常漁草澤，善歌嘯，聞者莫不留連。有一老嫗，識其非常人，甚樂其歌嘯，乃殺豚進之，道真食豚盡，了不謝。嫗見不飽，又進一豚。食半餘半，乃還之。（《世說新語‧任誕》）

　　這些近乎變態和可笑的怪癖，其實正可透視出當時環境的令人窒息和魏晉文人對個性的執著。人們深知在那種環境中，不同程度的個性表現，會為自己的人身安全帶來不同程度的影響。幾聲驢叫、幾聲長嘯總不會至於殺頭，但卻可以達到與眾不同、表現個性的目的。他們就是這樣利用一切可能利用的縫隙去表露自己的個性。當然，不能說他們這些狂放和怪癖的個性是好的。可是，用歷史的眼光來看，那個世界留給人們的個性天地實在是過於狹窄了。在這樣的天地中仍然沒有放棄爭取個性，這不應否定，而應首肯。

　　魏晉文人的個性活動還表現在率真的行為上，這也是魏晉文人值得驕傲的一章。由於儒家學說在西漢大走紅運，統治者把孔孟等人對禮的種種規定和對人的道德修養的種種限制變為一種外在的社會命令，要求人們絕對服從。你要想得到社會的承認，就必須戴上假面具生活。甚至可以說，誰的面具假得最重，誰就會得到社會的最好評價。在那些孝子賢孫、忠臣義士、節婦烈女的事蹟中，無一不可證明這一點。而到了東漢時期，隨著察舉制度的推行，人們為了做官求名，假面具的行情也就更加看好。所以劉劭在《人物志》中，再三提醒人們，要想真正準確地認

識人物，就必須透過人們的言行，去認識人物假面具後的真面目。因為這些尤虛之人，碩言瑰姿，內實乖反，以致使人們對因名選士的辦法產生懷疑。魏明帝就說：「選舉莫取有名，名如畫地作餅，不可啖也」。吏部尚書盧毓為了糾正真偽混雜的情況，便建議明帝恢復考績之法。而在崇尚自然的魏晉文人看來，每個人應按照他本來具有的個性去生活。不管是急躁還是平和，是慷慨還是鄙嗇，只要是他自己個性的自然流露，不是虛偽的面具，便應肯定。阮籍對那些為了「上欲圖三公，下不失九州牧」而「唯法是修，唯禮是克」的偽君子深惡痛絕，把他們罵作褲襠裡的蝨子。也就是說，人不能擺出一副與內心兩樣的架勢去偽裝自己，教訓別人，而應喜怒哀樂，盡其所欲。在這方面，王述給人印象最深：

　　王藍田性急。嘗食雞子，以箸刺之，不得，便大怒，舉以擲地。雞子於地圓轉未止，仍下地以屐齒碾之，又不得，瞋甚，復於地取內口中，齧破即吐之。王右軍聞而大笑曰：「使安期有此性，猶當無一豪可論，況藍田邪！」（《世說新語・忿狷》）

　　這裡可以見出王述做人求真的痛快淋漓，而王羲之的否定，說明這樣的率真之舉並不能為多數人所理解和承認。王述早年的名譽不是很高（王羲之這句話的言外之意，是說王述的名聲遠不如其父，已見端倪。又如《世說新語・仇隙》：「藍田晚節論譽轉重，右軍尤不平」。可證此說），與他的率真恐怕有著直接關係。在追求風度氣質和「雅量」的一部分名士看來，人要善於控制情感，喜怒不形於色。謝安聞謝玄淝水大捷，不動聲色，繼續與人弈棋；顧雍中年喪子，聞訊後雖「以爪掐掌，血流沾褥」，但仍然神色自若。（均見《世說新語・雅量》）與此相比，人們故而不取王述的率真舉動。王述卻不想為別人的興論活著，他就是要以其率真表現出與眾不同的個性：

113

第四講　士人團體

　　王述轉尚書令，事行便拜。文度曰：「故應讓杜許」。藍田雲：「汝謂我堪此不？」文度曰：「何為不堪？但克讓自是美事，恐不可闕」。藍田慨然曰：「既云堪，何為復讓？人言汝勝我，定不如我」。(《世說新語·方正》)

　　對世俗那種虛假的客套，王述十分討厭。本條劉注引〈王述別傳〉：「述常以為人之處世，當先量己而後動，義無虛讓，事以應辭便當固執。其貞正不逾皆此類」。對於人物品評活動中被品評者的虛假做作和品評者的言過其實，王述都嫉之如仇。一次士人聚會，眾人以王導位高，每當王導發言，皆競相吹捧。唯獨王述大唱反調：「主非堯舜，何得事事皆是？」連王導本人也感覺到眾人的肉麻，所以對王述的話「甚相嘆賞」。劉孝標認為王導的嘆賞「意譏讚導之徒」。

　　在那片容許個性生長的土地上，王述的率真並非空谷絕音。不要說荀粲等人對妻子的真情，王戎等人在喪子後的哀痛，均為真情的流露，就連一些人的本身並不可取的極端行為，也可見出自然本性：

　　王戎儉吝，其從子婚，與一單衣，後更責之。司徒王戎，既貴且富，區宅、童牧、膏田、水碓之屬，洛下無比。契疏鞅掌，每與夫人燭下散籌筭計。王戎有好李，賣之，恐人得其種，恆鑽其核。王戎女適裴，貸錢數萬。女歸，戎色不說，女遽還錢，乃釋然。(均見《世說新語·儉嗇》)

　　雖然吝嗇並不值得誇耀，但這裡卻是王戎真性的流露，也不失為名士的個性。

　　王述這樣的率真個性不但在魏晉文人中屬鳳毛麟角，而且在整個歷史上也是屈指可數的。直到明末李贄提出「童心」說，人們才突然意識到，赤子之心對於一個屬於自己的人是多麼重要。可是為了追求名聲利

祿——為物所役，文人們已將它忘卻了上千年。人們在追尋失去的童心時，不應忘記嵇康、王述那樣以童心冒犯世俗權貴的先驅。

■人際社會交往活動中的個性展示

魏晉文人的個性還表現在他們的交往活動中。正如人的個性不僅是作為非個性的社會角色的扮演者，也是獨一無二的人的個性一樣，人們的相互作用關係也不僅是社會關係的載體，而且也是一種獨特的私人關係。人們一般把這相互作用的關係分為和諧與衝突兩種對立的形式。說這種關係是私人的，並不意味著它不具備社會色彩，實際上在這種關係中，仍可反映出他們作為社會階層的心態痕跡。

由於道統與勢統的緊密結合，由於名教觀念的束縛，由於以上兩者所造就的社會責任感和義務感的左右，歷代文人之間的相互關係中和諧要多於衝突。「士為知己者死」、「捨生取義」、「四海之內皆兄弟也」這些格言是他們較多採用和諧的人際關係的潛在規定力量。管仲與鮑叔牙之交被後世傳為美談，在後代小說戲曲中也反覆出現一些知識分子與他人及相互之間以友情為重、和睦相處的題材。如吳保安棄家贖友的故事，首見於唐代牛肅《紀聞》，又為明代馮夢龍收入《古今小說》中。描寫范巨卿為如期赴約而自刎，以陰魂赴會的故事，則是小說戲曲反覆出現過的《范張雞黍》本事。人們不厭其煩地嘮叨這些故事，其中很重要的因素，就是要以之為楷模，凡事互相照應，共同去完成自己的社會角色。

第四講　士人團體

〔清〕華嵒
〈金谷園圖〉

魏晉文人也並非沒有和諧的交往，恰恰相反，他們在和諧氣氛中的以文會友、對酒當歌的集會活動，不僅是這個時期文學藝術發展的重要動因，而且也是後代文人集會活動的濫觴。曹丕〈與吳質書〉為人們勾畫了建安時期他和徐幹、陳琳、應瑒、劉楨等人在鄴宮西園以詩會友的圖畫。西晉時期賈謐等二十四友經常在石崇的金谷園中舉行集會活動，這些金谷士人送往迎來，賦詩抒懷，其中以蘇紹最為傑出：

謝公云：「金谷中蘇紹最勝」。紹是石崇姊夫，蘇則孫，愉子也。（《世說新語・品藻》）

到了東晉時期，與西晉金谷之會可相媲美的，便是著名的蘭亭盛會：

王右軍得人以〈蘭亭集序〉方〈金谷詩序〉，又以己敵石崇，甚有欣色。（《世說新語・企羨》）

這裡僅以文人集會，說明他們和諧交往的一種方式。不過作為世家大族和思想上獲得自由與解放的族，他們絕不會僅僅滿足於這種和諧的交往。與勢統和名教分離後的超然精神，使他們對外界無所企求，對世界的好壞漠不關心。這種對社會生活實用價值和功利目的的超越，使他們能對周圍世界、人物持以審美的目光，既把自我和他人相互對照，同時也在與別人的衝突中表現出自己的個性。這樣，他們在和諧與衝突兩種關係形式中，均能保持住自己的個性。

人物品評活動集中體現了魏晉文人之間和諧交往關係中的個性。在漢末察舉工作月旦評基礎上發展起來的人物品評活動，到了魏初又成為執行九品中正制的有力措施。這本來是社會需求的產物，可是隨著士林文人心態和社會政治背景的變化，人物品評的內容已經不再以德行、操守、儒學等為標準，而是轉向人的內在的氣質、格調、性情等。它是對人的個性的審美焦點，從而在一定程度上離開了社會的需求。如「時人

第四講　士人團體

目王右軍飄如遊雲，矯若驚龍」、「嵇叔夜之為人也，巖巖若孤松之獨立；其醉也，傀俄若玉山之將崩」，像「雙目閃閃，若巖下電」、「濯濯如春月柳」、「肅肅如松下風」、「朗朗如日月之入懷」、「若登山臨下，幽然深遠」。這些誇張而抽象的形容，是從外形與內質的結合上對人物作出的審美鑑賞。如果據此來選錄人才治理國家或帶兵打仗，恐不可靠，因為這些品評已經超越了社會實用目的。

表面看來，這些對他人個性的發現和描繪與描繪者本人的資質無關。其實不然，他們對別人的表象，是以自己為參照的。由於人總是作為個性參加交往，因而他也是作為個性被交往的對象所了解。而對別人個性表象程度與對自我個性的掌握有關，所以在一定意義上說，對別人個性揭示的全面和深刻程度，決定於對自己個性掌握的全面和深刻程度，反之亦然。清談大師王濛說：「劉尹知我，勝我自知」。道出其中肯綮。在對別人的品評中，人們往往不自覺地從自己的個性出發，因而有意無意間摻雜著對自身的認知和個性因素。如：

冀州刺史楊淮二子喬與髦，俱總角為成器。淮與裴頠、樂廣友善，遣見之。頠性弘方，愛喬之有高韻，謂淮曰：「喬當及卿，髦小減也」。廣性清淳，愛髦之有神檢，謂淮曰：「喬自及卿，然髦尤精出」。淮笑曰：「我二兒之優劣，乃裴、樂之優劣」。（《世說新語・品藻》）

裴頠和樂廣在別人身上，看到了自己個性的影子。與其說他倆在品評別人，不如說他們在顯示自己的個性，被楊淮一語道破。又如一次桓溫向劉惔徵求對司馬昱的看法，劉惔在肯定的同時又加上一句：「然故是第二流中人耳！」桓曰：「第一流復是誰？」劉曰：「正是我輩耳！」歷代文人的和諧交往，往往犧牲自己的個性和利益取悅對方，以換來友誼。而魏晉文人在品評別人的同時，並沒有把自己置身局外，而是以主體的

身分加入其中，直接以自己的個性作為品評別人的參照，品評別人與表現自我同步進行。

至於魏晉文人在交往中的衝突，其個性特徵就更為明顯了。這些世家大族的莊園經濟和社會地位，是他們可與君權之勢保持對峙的資本，他們可不依賴人際關係而生存於世。加上道統與勢統關係的緊張，名教思想的衰歇，使得他們看不慣周圍的環境，所以這些人的脾氣大都不好，經常相互翻臉，發洩無名之火。阮籍以青白眼對待自己好惡不同之人，「謝無奕性粗強，以事不相得，自往數王藍田，肆言極罵」（《世說新語·忿狷》），「桓宣武與袁彥道樗蒲。袁彥道齒不合，遂厲色擲去五木」（《世說新語·忿狷》）。甚至朋友間言談飲酒時，也隨時可能因牴牾而動手打架，以致動起干戈：

　　王司州嘗乘雪往王螭許。司州言氣少有悟逆於螭，便作色不夷。司州覺惡，便輿床就之，持其臂曰：「汝詎復足與老兄計！」螭撥其手曰：「冷如鬼手馨，強來捉人臂！」（《世說新語·忿狷》）

　　王大、王恭嘗俱在何僕射坐。恭時為丹陽尹，大始拜荊州。訖將乘之際，大勸恭酒，恭不為飲，大逼強之轉苦。便各以裙帶繞手。恭府近千人，悉呼入齋；大左右雖少，亦命前，意便欲相殺。何僕射無計，因起排坐二人之間，方得分散。所謂勢利之交，古人羞之。（《世說新語·忿狷》）

從這些個性的碰撞中可以看出，魏晉文人的共同特點是我行我素，不願趨從別人，堅持個人的意念，不肯為勢利之交而犧牲個性。他們強烈地要求別人服從自己，而對方也同樣固執，那就必然造成相互的衝突，雙方的個性色彩也就在對比中更加濃烈。

當然，對他們衝突中的個性也應具體分析。有些私人間的衝突，實

第四講　士人團體

際是某些社會關係衝突的投影。魏晉時期門閥觀念嚴重，這對門第之間的私人關係影響很大。有的個人衝突，實際是門第間的衝突。如王、謝雖均為當時大族，但謝門顯在王氏之後，故王族在較長時間內並沒有把謝族看重。一次謝安與謝萬路過吳郡，謝萬提出去王恬那裡聚會。謝安深知自己的門第不如王族，但又羞於明說，就藉他故固辭不往。而謝萬堅持隻身前往，「坐少時，王便入門內，謝殊有欣色，以為厚待己。良久，乃沐頭散髮而出，亦不坐，仍據胡床，在中庭晒頭，神氣傲邁，了無相酬對意」。這時，謝萬才領會謝安為什麼阻擋自己見王恬。另外王述堅決不許把孫女嫁給桓溫的兒子，表面看來似乎是不肯攀附權貴，其實正相反，他是嫌桓溫的門第太低。「兵，那可嫁女與之？」按當時慣例，寒族之女，可適名門，而名門之女，必不可下嫁寒族（參見本書第一章關於門第問題的內容）。

還有一種情況是由於各種社會矛盾的激化，造成不同社會勢力及其追隨者之間帶有政治色彩的個人衝突：

鍾士季精有才理，先不識嵇康。鍾要於時賢俊之士，俱往尋康。康方大樹下鍛，向子期為佐鼓排。康揚槌不輟，旁若無人，移時不交一言。鍾起去，康曰：「何所聞而來？何所見而去？」鍾曰：「聞所聞而來，見所見而去」。（《世說新語·簡傲》）

嵇康一身傲骨，蔑視權貴，對鍾會這樣攀附司馬氏政權以進身，又沽名釣譽，以名士自居的文人嫉之如仇，勢同水火，所以用極不禮貌的方式來接待這位不速之客。而鍾會既要當名士，就要表現出個性。他很清楚嵇康對自己態度的原因，他自知沒趣而去和對嵇康那樣的回答，既可避開人家戳穿自己的假面，又可表現出他作為文人的個性。不過介入政治生活而帶來的依附性，會使人感到他這做作個性的虛假。

這番對魏晉文人個性的匆匆巡禮，目的並不是要推翻歷代知識分子缺乏獨立人格這個規律，恰恰相反，它是從另一角度向這個規律投來一束光線，使其輪廓更加清楚。如果不能在認知魏晉文人個性的基礎上，深入地研究形成這些個性的主客觀條件，如道統與勢統、名教與自然之間矛盾而又依存的關係，不僅不能在對比中充分了解歷代文人何以不能像魏晉文人那樣發展個性的原因，而且對於在今天要復歸知識分子個性這一令人嚮往的目標來說，也是一句空話。

第五講

魏晉玄學

第五講　魏晉玄學

　　經過春秋戰國時期「百家爭鳴」局面後，思想界進入闡釋和融會先秦百家學說的時代。漢代思想核心在於重新闡釋儒家思想，而魏晉玄學則意在融會儒道兩家思想。玄學是魏晉時期一種崇尚老莊的思潮，其語源來自《老子》「玄之又玄，眾妙之門」一語。揚雄在《太玄·玄攡》中說：「玄者，幽攡萬類而不見形者也」。王弼〈老子指略〉也說：「玄，謂之深者也」。所以《簡明大英百科全書》(Micropædia，中文版)將「玄學」一詞譯為「Dark learning」。可見後人將其理解為幽深玄遠的學問。這很容易使人產生一種誤解，好像玄學完全是脫離社會人生的形而上的抽象理論。事實並非如此。無論是就其產生的根源，還是就其產生後的實際社會效應，玄學都與士族文人的政治命運和人生態度有著極為密切的關聯。這裡把玄學的理論基石「有」、「無」這一對範疇與魏晉士族文人「名教」與「自然」這一對處世原則的對應關係簡單梳理一下。

■「貴無」：玄學的政治主題

　　眾所周知，玄學的理論基石經歷了從「貴無」到「崇有」，再回歸到「虛無」的否定之否定過程。這一過程的轉變，實際上就是玄學家從為政治改革尋找出路，轉向為士族文人自身尋找人生精神歸宿的過程轉變。值得注意的是，玄學「有無」之說的探索演變過程，正是士人對於「名教」和「自然」兩種人生態度進行比較遴選的過程。從根本上說，士族文人關於「名教」和「自然」的選擇，正是玄學關於「有」、「無」的政治哲學在士人政治生活選擇中的投影。

　　魏晉時期，人們第一次將「自然」和「名教」作為一組對應的範疇加以使用。袁宏〈三國名臣序贊〉對夏侯玄評曰：「君親自然，匪由名教」。理由是夏侯玄曾經說過：「天地以自然運，聖人以自然用。自然者，道也」。這說明從三國魏時的夏侯玄開始，人們已經將「自然」和「名教」視為一組相反對應的範疇。儘管夏侯玄尚未用「有無」的觀點來解釋「自然」與「名教」的關係，但既然「自然者，道也」、「自然」又是「名教」的對立物，而「道」又是「無」，那麼，他的思想中實際上已經包含了「自然」等於「無」、「名教」等於「有」的意識，只不過沒有明確說出來罷了。何晏和王弼則對此作了更明確的表述。

　　玄學產生的代表作是何晏、王弼率先提出的「貴無」論。何晏的「貴無」學說是從論證聖人有名無名問題開始的。他在〈無名論〉中說：「為民所譽，則有名者也。無譽，無名者也。若夫聖人，名無名，譽無譽，謂無名為道，無譽為大。則夫無名者，可以言有名矣；無譽者，可以言有譽矣。然與夫可譽可名者，豈同用哉！此比於無所有，故皆有所有矣。而於有所有之中，當與無所有相從，而與夫有所有者不同」。他又引

第五講　魏晉玄學

述夏侯玄的話說:「天地以自然運,聖人以自然用。自然者,道也。道本無名,故老氏曰:強為之名。仲尼稱堯蕩蕩無能名焉,下云巍巍成功,則強為之名,取世所知而稱耳!豈有名而更當云無能名焉者邪?夫唯無名,故可得遍以天下之名名之,然豈其名也哉?」這就是說,聖人之所以高於凡人,就在於他無名無聲。因為他體現的是道(自然)的精神,而道恰恰是無名的;然而正是因為聖人所體用的「道」是無名的,所以也就可以用天下萬物之名來稱呼它。那麼它也就可以統馭天下萬物。在《道論》中,何晏還表示了同樣的意思:「有之為有,恃無以生;事而為事,由無以成。夫道之而無語,名之而無名,視之而無形,聽之而無聲,則道之全焉」。

不難看出,何晏的「貴無」理論來自兩個方面:一是道家鼻祖老子的崇無說;二是漢魏時期名家關於君王應具備「平淡無味」的「中庸之德」的政治人才說。老子說,「天下萬物生於有,有生於無」、「無名天地之始,有名萬物之母」。但老子的崇無主要是要為世界的本源尋找一個根據,而何晏則是為了用來給名家政治人才的「中庸之德」說提供一個理論依據。劉劭《人物志》稱:「凡人之內在,中和最貴矣。中和之質,必平淡無味……故能調成五材,變化應節」。又說:「偏材之人,皆一味之美。故長於辦一官而短於為一國。何者?夫一官之任,以一味協五味;一國之政,以無味和五味」。顯然,劉劭是用老子思想來解釋儒家「中庸」之說,並將其作為自己政治人才學的基本綱領。何晏則進一步繼承了這一思路,將統治者個人的理想人格視為玄學這一時代哲學問題的核心所在。他在〈奏請大臣侍從遊幸〉中說:「善為國者,必先治其身;治其身者,慎其所習。所習正,則其身正,其身正則不令而行;所習不正,則其身不正,其身不正,則雖令不從。是故為人君者,所與遊,必擇正人;

「貴無」：玄學的政治主題

所觀覽，必察正像。放鄭聲而弗聽，遠佞人而弗近。然後邪心不生，即正道可弘也」。

劉劭和何晏的生活年代大體相同。兩人同時注意到政治統治者的人格問題，說明這是當時社會上普遍比較關心的話題。「平淡無味」的「中庸之德」成為很多士人共同肯定的君王人格標準，也有其內在的社會原因。一方面，連年不斷的軍閥混戰，造就了一大批偏嗜「一味之美」的「偏材之人」的統治者；然而這種偏嗜的受害者之一，又是在亂世中得以發展壯大的士族文人階層。所以，作為士族文人的代言人，要求君主以「中和之質」來調和眾口，「以無味和五味」，以使自己和士族階層的利益得到保護，得到認可和尊重，應是玄學家的現實動因之一。不過何晏等玄學家並沒有完全以局外人的立場來審視和談論這個問題，相反他們大多是當時政治舞臺的重要角色。像何晏在〈奏請大臣侍從遊幸〉中所提到的「人君」、「正人」、「佞人」等話語，都是有具體所指的。儘管玄學的產生是否正始改制的產物，學界還有不同看法，但玄學的產生與當時的現實政治問題有關，則是無法否認的事實。這就使得他們的理論目標和個人的現實處境之間出現了矛盾。正是由於這個矛盾，使得他們從自己為理想君王設想的「平淡無味」的人格方式上，看到了自己應恪守的處世原則。

這一點，我們從《世說新語》的有關故事中可以得到印證。何晏七歲的時候，非常聰明，曹操十分喜愛他。由於何晏從小在曹操府第中長大，所以曹操想認他做兒子。何晏便在地上畫了一個方塊，自己站在當中。別人問他為什麼這樣做，他回答說：「這是何家的房屋」。曹操聽說這件事情，隨即把何晏送回了家。〈何晏別傳〉有與此類似的記載，說的是何晏小時候曹操很喜歡他，打算認為兒子。每次帶孩子們出去遊覽

第五講　魏晉玄學

時，總是讓何晏和自己兒子們在一起按長幼排序。後來何晏感覺到了，便自己另外找一個座位坐下，行動的時候也往往自己獨來獨往。有人問他為什麼這麼做？何晏回答說：「按照禮儀，異族是不能坐在一起的」。這兩個故事儘管在細節上不盡相同，但傳達的主題卻是一樣的，那就是雖然幼年的何晏受到曹操的極大寵愛，但仍然刻意與曹氏家族保持距離。

當然，說一個七歲的孩子就有了明確的政治意識是不合情理的。倘若何晏真的如此所為，其主要原因恐怕還是在於世人容易理解的何晏對於繼父及其家族的血緣排斥上。但是，記載和收錄這些故事的人的用心卻未必如此。倘若何晏的繼父不是曹操而是別人，那麼人們是否還會對這樣的故事如此津津樂道，恐怕是值得懷疑的。正文故事中何晏與曹氏家族的距離感，似乎無形間就具有了體認自然、疏離政治的意味。讀者從中領會和意會的，是何晏雖然受到曹操寵愛，但對曹家仍然深有顧忌，不敢捲入其中。這正是何晏本人所提倡的聖人應以無名無譽自處的玄學精神。這說明何晏的思想是以推崇「平淡無味」的「無為而治」為起始，並將其引申為士人自身的處世原則。這已經從行動上將自然與無為、名教與有為分別取得了對應，因而體現出抑名教（黜有）而揚自然（尚無）的思想。但何晏畢竟沒有從正面直接論述「無為」與「自然」是怎樣的對應關係。這個任務在王弼那裡得到了完成。

由於王弼英年早逝，加上他與時政沒有什麼瓜葛，所以他的「貴無」學說基本上沒有涉及時政，但他的理論仍然是一種政治哲學。任繼愈主編《中國哲學發展史》認為，王弼的政治哲學的主題就是「名教」和「自然」的關係：「在他的體系中，名教與自然的關係問題是真正的主題。他關於有無關係的一系列的論述，其實都是為了解答這個真正的主題服務的」。

王弼從兩個方面豐富和發展了何晏的「貴無」思想。一是強調「崇本息末」。在有限和無限的關係上，他認為無限高於有限；只有抓住無限，才能更好地掌握住有限。在此基礎上，他把「無限」視為「本」和「母」，將「有限」視為「末」和「子」，提出只有抓住「本」，才能取得「末」；只有忽略「末」，才能更好地抓住「本」。值得注意的是，王弼還進一步將這一思想運用於社會政治領域，以自然為本，以名教為末。認為天能化生萬有，「萬有皆始於天」；自然可以統馭名教，名教本於自然。這正是不久之後嵇康、阮籍「越名教而任自然」思想的先導。二是強調「體用如一」、「本末不二」。在王弼看來，「無」又是「體」、「有」又是「用」。「無」又是透過「有」的外在載體形式呈現出來的。不需要離開具體的事物而另外去尋找什麼「無」，因為「無」就存在於每件具體事物之中。這又為裴頠到郭象等人的「崇有」學說和主張入世求仕的「名教」選擇提供了依據。王弼這兩個方面的理論儘管沒有具體涉及時政及人格問題，但卻為後來玄學從政治哲學向人生態度的轉變，奠定了理論基礎。正始和元康時期重「名教」和重「自然」兩種截然不同的人生態度，其根源均在王弼。

■「自然」：玄學的人生主題

　　正始十年（西元二四九年）高平陵事件之後，隨著何晏、王弼、夏侯玄、鄧颺等第一代玄學元老的先後謝世，司馬氏統治權威的確立形成，玄學的政治主題宣告結束。這個事實告訴人們，無論是讓統治者按照玄學家所設計的那樣，以「平淡無味」的「中庸之德」來進行統治，還是玄學家自己以「平淡無味」的態度面對社會政治問題，都是行不通的。對於嵇康、阮籍等正始文人來說，討論政治問題不但危險，甚至有些奢侈。

第五講　魏晉玄學

因為這時最為重要的問題,已經不是宇宙的本源和理想的人格問題,而是士族文人的生存問題和他們的精神寄託問題。他們拿起了王弼哲學中「崇本息末」的理論武器,用來作為自己人生態度的歸依和根據。在他們看來,此時最重要的「本」不是別的,只有士族文人自身的精神支柱,一個只能存在於純粹意識世界的自我;而此時的「末」則包括所有那些現實世界的利益和枷鎖,即所謂「名」。於是,王弼「崇本息末」的理論就被嵇康、阮籍等人明確而正式地改造和理解成為「越名教而任自然」的口號。玄學的政治主題也就自覺地演化為人生主題了。

讓正始文人玄學人生主題確立的是阮籍、嵇康等人作為文人個體精神寄託的無限自由的自我精神人格,這個人格就是阮籍在〈大人先生傳〉中著力描繪的大人先生形象。他說:「夫大人者,乃與造物同體」。這實際上是說理想的自由人格就是完全離棄人世的神仙。這種理想的人格精神境界永遠是可望而不可即的。在〈清思賦〉中,阮籍將自己的理想境界虛擬為一位美妙無比的「河女」(織女)。他「登崑崙而臨西海」、「超遙茫渺」、「遊平圃」、「沐洧淵」,希望去尋找那位美麗的神女。但神女如同初升之雲霞,「采色雜以成文兮,忽離散而不留」、「若將言之未發兮,又氣變而飄浮」、「目流盼而自別兮,心欲來而貌遼」,一副可望而不可即的超人形象。這就是世間凡人對於這種超凡人格境界的仰視角度;而處在大人先生的境界,就如同劉伶在〈酒德頌〉中所描繪的那樣,「靜聽不聞雷霆之聲,熟視不睹泰山之形。不覺寒暑之切肌,利欲之感情。俯觀萬物,擾擾焉,如江漢之載浮萍」。這些都是王弼「崇本息末」這一哲學命題在正始文人玄學人生態度中的應用。

據說阮籍的這一思想形成,受到了當時的著名隱者蘇門山人的啟示。據《世說新語·棲逸》,阮籍吹口哨的聲音能傳出幾百步遠。有一次,

砍柴伐木的人們都傳說蘇門山中來了一位得道真人。阮籍聽說後就去拜訪這位真人，只見那人抱膝坐在岩石邊上，兩人見面後伸開雙腿對面而坐。阮籍先和他談論古來聖賢的豐功偉業和淳厚美德，那人抬頭仰視若無所聞；阮籍又和他說起儒道兩家的學說道理，那人還是照舊沒有反應。阮籍於是就對他長長地吹了一聲口哨。過了許久，那人終於開口說道：「不妨再吹一聲」。阮籍又吹了一聲，等到興致已盡，阮籍就退下山來。大約走到半山腰處，只聽上面發出轟然巨響，像是幾支樂隊在演奏，樹林山谷都傳出回音。阮籍回頭望去，原來就是蘇門山人在吹口哨。據《竹林七賢論》，阮籍就是由於從蘇門山人的口哨樂曲聲中得到了感悟，回去便寫出了〈大人先生傳〉。從以上兩條史料來看，阮籍應是從蘇門山人響徹山谷的口哨聲中感受和領悟到人生自由境界的所在。他筆下大人先生的超脫之姿和自由之境，正是受蘇門山人口哨境界啟發而激發的人生玄想。

嵇康以自然超脫為生命之本，以名教入世為生命之末的思想與阮籍一致。他在〈答難養生論〉中說：「故順天和以自然，以道德為師友，玩陰陽之變化，得長生之永久，任自然以託身，並天地而不朽者，孰享之哉？」其〈兄秀才公穆入軍贈詩十九首〉第十四首又將此境界描繪為：「息徒蘭圃，秣馬華山。流磻平皋，垂綸長川。目送歸鴻，手揮五絃。俯仰自得，遊心太玄。嘉彼釣叟，得魚忘筌。郢人逝矣，誰可盡言？」從《世說新語》其他文人對於嵇康人格精神的評價中，可以得到這種精神氣質的印象：

嵇康身長七尺八寸，風姿特秀。（劉注：〈康別傳〉曰：「康長七尺八寸，偉容色，土木形骸，不加飾厲，而龍章鳳姿，天質自然。正爾在群形之中，便自知非常之器」。）見者嘆曰：「蕭蕭肅肅，爽朗清舉」。或云：

第五講　魏晉玄學

「肅肅如松下風,高而徐引」。山公曰:「嵇叔夜之為人也,巖巖若孤松之獨立;其醉也,傀俄若玉山之將崩」。(《世說新語・容止》)

　　有人對王戎稱讚嵇康的兒子嵇紹說:「嵇延祖卓卓如野鶴之在雞群」。王戎回答說:「君未見其父耳」。顯然,在眾人的心目中,嵇康的形象氣質和精神境界與他本人及阮籍等人所虛幻和描繪的擺脫現實世界束縛,進入無限自由狀態表現出的「崇本息末」哲學內涵的人生境界是完全吻合的。以嵇康、阮籍、劉伶等人為代表的正始文人不僅以其理論文字,更重要的是以其人生實踐宣布玄學的理論根基「無」的概念從政治人格建構變而為人生態度這一歷史性轉變的完成。而這種人生態度的外化表現就是他們從對名教(有)的依戀,終於轉變為徹底地放棄名教(有),代之以自然(無)的人生選擇。

　　正始名士的玄學思想和人生態度的轉變,其核心在於以超然的人生態度取代熱衷政治的強烈欲望,其外在表現形式則是以放誕不羈的生活行為取代蠅營狗苟的政治角逐。簡而言之,崇尚自然取代了追逐名教。這種轉變固然為何晏、王弼等人政治人格設計的失落尋找到一個與士人的切身命運相關的支點,但正是因為如此,這種人生態度在經過誇張和放大的實踐之後,立刻因暴露與士族的利益追求相忤之處而受到質疑。

　　阮籍、嵇康等人倡導的人生態度在西晉元康時期得到了極度的發揚和蹈勵:

　　王平子、胡毋彥國諸人,皆以任放為達,或有裸體者。(劉注:王隱《晉書》曰:「魏末,阮籍嗜酒荒放,露頭散髮,裸袒箕踞。其後貴遊子弟阮瞻、王澄、謝鯤、胡毋輔之之徒,皆祖述於籍,謂得大道之本。故去巾幘,脫衣服,露醜惡,同禽獸。甚者名之為通,次者名之為達也。」)樂廣笑曰:「名教中自有樂地,何為乃爾也?」(《世說新語・德行》)

顯然，王澄等元康名士在放誕的人生態度方面與阮籍等人一脈相承。也就是說，在把「貴無」學說和「崇本息末」理論理解為一種生活態度方面，他們與嵇康、阮籍等正始名士是一致的。但在關於什麼是「無」和「本」的理解上，元康與正始名士卻有著較大差異。阮籍等人是將擺脫外在的社會政治約束和內在的個人政治欲望之後的自由和恬淡境界作為「無」的內涵和人生大道之本；而元康名士雖然也對政治角逐沒有太大興趣，但他們更為熱衷的是物質的享樂和感官的刺激。所以他們繼承的實際上只是正始名士的皮毛，是正始名士為張揚其無限自由的精神世界的外在放誕舉動。元康名士將這些放誕舉動理解為「貴無」的全部，並將其無限誇張和放大。於是不僅暴露出這種人生態度的弊端，而且也使自己在人生的道路上接連碰壁。事實是他們在生活的現實中卻逐漸發現，作為士族階層，離開了那些被「息」掉的「末」，困難似乎還是不少。如胡毋輔之在與王澄、王敦、庾顗等人醉生夢死，「崇本息末」了許多日子，並屢次辭去王衍闢官後，發現已經無法度日，只好節酒自厲，並自求為繁昌令，以至「甚有能名」。這簡直就是「崇末息本」，與先前的生活態度完全背道而馳了。王澄雖然官居荊州刺史，領南蠻校尉，但終因縱酒廢事，被王敦所殺。這又從反面說明失掉了「末」、「本」也就無從談起了。也就是說，丟掉了與他們切身利益相關的「名教」、「自然」也就失去了必要的基礎和保障。

■「崇有」：務實的人生態度

元康名士誇張和放大竹林名士放誕舉動的結果，不但使自己在生活中碰壁受挫，更重要的是這種完全與政治現實脫節的人生態度與正處於上升勢頭的士族階層利益不相吻合，所以它遭到其他士族的反對也是理

第五講　魏晉玄學

所當然的。因為到西晉時期為止，士族階層在政治上尚未取得主宰的地位，門閥政治的局面尚未形成；士族文人要想繼續發展自己的實力，就必須依賴王權，依賴政治。從這個意義上說，把實現政治抱負和人格楷模理想（求名教）的快感排除在人生內容之外，也是許多與時政有著密切瓜葛的士族文人所不能接受的。

山濤和向秀對於人生道路的選擇就與嵇康、阮籍很不相同。據《世說新語·言語》，嵇康被殺後，向秀拿著本郡的各種文書簿冊來到洛陽朝廷，司馬昭問他：「聽說你有隱居的志向，為什麼又來到這裡呢？」向秀回答說：「巢父、許由這些拘謹自守的人是不值得效法稱羨的」。司馬昭聽了，大為讚賞。從字面上看，向秀入洛求官與嵇康被殺兩者之間似乎是一種因果關係。但實際上這也未嘗不是向秀和許多士族文人內心的一種願望和需求。王昶在其家誡中說：「夫人為子之道，莫大於寶身全行，以顯父母。……欲使爾曹立身行己，遵儒者之教，履道家之言，故以玄默沖虛為名。欲使汝曹顧名思義，不敢違越也。……若夫山林之士，夷、叔之倫，甘長飢於首陽，安赴火於綿山，雖可以激貪勵俗，然聖人不可為，吾亦不願也。今汝先人，世有冠冕，唯仁義為名，守慎為稱」。可見入世求官、追逐名教亦為時人所熱衷。

山濤更是一位以勤勉為政著稱的官員，《世說新語·政事》記載山濤由於德高望重，雖然年過七十，仍然主持當時的重任。當時顯貴人家子弟如和嶠、裴楷、王濟等都景仰並稱頌他。於是有人在官署的柱子上題寫了歌謠：「閣東有大牛，和嶠鞅，裴楷鞦，王濟剔騧不得休」。儘管歌謠的作者是誰還有些疑問，但歌謠所諷刺的山濤與和嶠、裴楷、王濟四套馬車為政事不遺餘力的情態，卻應是當時實際情況的寫照。這就說明，儘管許多世族文人在「貴無」理論的慫恿下提倡以「崇本息末」的態

度面對人生,但現實的官爵利祿誘惑仍然使許多士族文人流連忘返。那麼,究竟應如何理解和處理「名教」(有)與「自然」(無)的關係?在談玄風氣盛行的魏晉時期,這種現實的社會需求實際上在客觀上對於哲學思想提出了給予解釋的要求。

裴頠〈崇有論〉和郭象「獨化」說的出現就完全代表了這樣的社會思潮。如果說嵇康、阮籍等人所繼承的是王弼學說中「崇本息末」一面的話,那麼從裴頠到郭象所繼承的則是王弼哲學中「體用如一」的思想。這種思想在人生態度方面的認知,就是力圖協調嵇康、阮籍等人認為根本對立的個人與社會、名教與自然的矛盾,給以求官入世為人生支撐點的士族尋找一個冠冕堂皇的理由根據。裴頠認為「名教」存在的根據不在現實社會生活之外,而在現實社會生活之中。郭象則進一步認為「名教」和「自然」兩者同為一物,「山林之中」就在「廟堂之上」、「外王」則必然「內聖」:

阮宣子有令聞。太尉王夷甫見而問曰:「老莊與聖教同異?」對曰:「將無同?」太尉善其言,闢之為掾。世謂「三語掾」。(《世說新語・文學》)

既然老莊和孔孟沒有什麼區別,那麼也就用不著拋開現實的利益和責任,到自己虛幻的世外桃源中去安頓人生。山濤、向秀的勤勉為政也就是放達逍遙。這些人生的認知相當程度上來自玄學家本人的人生實踐的切身感受。

裴頠本人的社會關係和個人經歷,決定了他必然是當時政治漩渦的核心人物。裴頠為政治而生、為政治而死的經歷,說明他是將士族的政治生命視為人生的首要內容的,所以他的「崇有」學說可以說是為現實人生的吶喊。據《晉諸公贊》,裴頠痛感世俗所崇尚的虛無學說的無理,

第五講　魏晉玄學

於是作〈崇有〉二論來分析陳述自己的觀點。《惠帝起居注》也說：「著二論以規虛誕之弊。文辭精當，為世名論」。從以上史料可見裴頠的「崇有」論在當時具有很大的影響，已不待言。問題是裴氏此論究竟因何而起，進而是何屬性。以往學者們或過於執著裴頠學說中的唯物、唯心之歸屬，或簡單將其定位為儒家衛道士和道家思想的對立面。竊以為均有機械之嫌。實際上裴氏之學雖為阮籍、嵇康人生玄學的對立面，並且是從政治入手，但其自身仍然還是一種人生哲學。從人生態度的角度來掌握裴頠（包括郭象）的玄學思想，可能更能得其神髓。

既然阮籍、嵇康等人是從人生態度的角度提出超越現實的「貴無」思想，而且這種思想在現實中又遇到一些障礙，那麼裴頠首先就要針鋒相對，以人生態度對人生態度。你說人生是虛無的，因而執著於「自然」，我偏說人生是實有的，因而要將「自然」歸於「名教」。上文劉注引《晉諸公贊》所謂「頠疾世俗尚虛無之理，故著〈崇有〉二論以析之」，已經點明了此點。對此，《晉書·裴頠傳》也有詳說：「深患時俗放蕩，不尊儒術，何晏、阮籍素有高名於世，口談浮虛，不遵禮法，尸祿耽寵，仕不事事；至王衍之徒，聲譽太盛，位高勢重，不以物務自嬰，遂相仿效，風教陵遲，乃著崇有之論以釋其蔽」。可見裴頠提出「崇有」學說的根本目的，就是為了糾正阮籍、嵇康等人以「貴無」學說統率和規定人生態度，並被後人越演越烈的趨勢，並且給山濤、向秀等人熱衷入仕從政的人生態度一個圓滿的哲學解釋。

一方面，裴頠分析了正常欲望存在的合理性和節制欲望的必要性。「是以賢人君子，知欲不可絕」。但他同時又指出，如果讓欲望毫無節制地氾濫，就會對國家政治和個人修養造成極大危害。「若乃淫抗陵肆，則危害萌矣。故欲衍則速患，情佚則怨博，擅恣則興攻，專利則延寇」、

「賤有則必外形,外形則必遺制,遺制則必忽防,忽防則必忘禮。禮制弗存,則無以為政矣」、「放者因斯,或悖吉凶之禮,而忽容止之表,瀆棄長幼之序,混漫貴賤之級。其甚者至於裸裎,言笑忘宜,以不惜為弘,士行又虧矣」。所以有必要對欲望加以節制和限制。於是,像阮籍、嵇康、劉伶,乃至於王澄、胡毋輔之等元康名士放棄政治聲名的放誕行為就被視為欲望的泛濫而應受到限制,其理論根基「貴無」論也受到質疑和攻擊。另一方面,他又從正面闡述了「崇有」的道理何在。所謂「有」,據湯用彤先生理解,其意義有二:一從形上講,以「有」為真實(reality);一從人事上講,以身處名教政治之中為逍遙。裴頠認為,人生必資於「有」,沒有「有」就沒有「生」,所以他說:「生以有為己分,則虛無是有之所謂遺者也」。亦即有是虛無的消失狀態。既然如此,那麼「有」和「無」的關係就是決定與被決定,「本」與「末」的關係。所以從阮籍到王澄等人的放誕舉動就是脫離現實世界和不切實際的空幻。裴頠之所以如此強調「有」對於「無」的規定決定意義,是因為他充分意識到現實生活中一些實際事物是難以超脫和不可忽視的。「人之既生,以保生為全;全之所階,以順感為務」。既然沒有「有」,也就沒有「無」,那麼沒有生命的存在,又何談那些瀟灑放誕之舉?而生命的存在又要以社會秩序的正常運轉為前提。從尊重生命和嚮往美好生活未來的角度說,入仕從政,追求名教也未嘗不是確保生命和正常生活的有效途徑。如有一次王濛、劉惔和支遁一起去看當時任驃騎將軍的何充,何充正在看公文,沒有搭理他們。王濛對何充說:「今天我們特地同林公(支遁)來看望你,你最好能丟開政務,和我們一起談論玄學,怎麼還在那裡辦公呢?」何充說:「我不看這些東西,你們這些人怎麼能生活下去!」人們都認為何充說得非常好。何充的話,正是裴頠注重現實人事和郭象以名教為自然

的思想表現。儘管此事在東晉間，卻說明「崇有」的思想至東晉已非空谷足音，而且具有很大的人生態度的指導意義。按照裴頠和郭象的理論，向秀、山濤的入仕之舉是正當和可取的。

■「仕隱兼修」：相容「名教」、「自然」的雙重人生態度

然而無論是向秀、山濤的實踐，還是裴頠、郭象的理論，都沒有能夠挽救西晉王朝滅亡的結局。這對於這些以現實政治利益和責任為人生追求目標的「崇有」一派來說，無疑是一個巨大的諷刺。同時也必然引起東晉士族文人對於自己的人生態度及其理論依據作一番反思，重新確定其人生態度的立腳點。張湛的「至虛」理論又代表了東晉時期士人人生態度的潮流走向。

在東晉士族文人看來，以「貴無」學說為理論基礎的放誕士族的人生態度，放棄了自己的責任，也就等於放棄了自己的利益。這樣雖然在精神上得到了某種安頓和滿足，但是它與日益呈上升趨勢的士族階層的根本政治利益是矛盾的；而以「崇有」學說為理論基礎的熱衷入仕為政者的人生態度則又不夠瀟灑。尤其是他們在千方百計地論證官位利祿的合理性的時候，卻忽略了作為士族階層最本質屬性的精神家園的建設。這同樣是不符合士族階層的價值觀念和利益範圍的。所以東晉士族主張，既要有隱逸山林、超然物外的放達精神（自然），又不能失去對自己和家族利益至關重要的官爵和名譽（名教）。張湛在其《列子‧楊朱》題注中說：「好逸惡勞，物之常性。故當生之所樂者，厚味、美服、好色、音樂而已耳。而復不能肆性情之所安，耳目之所娛，以仁義為關鍵，用禮教為衿帶，自枯槁於當年，求餘名於後世者，是不達乎生生之趣也」。這顯然是

「貴無」派放誕人生者的看法；可是另一方面，張湛也不放棄安邦治國和遵從名教。他不同意《列子・仲尼》原意中任自然而忘名教的觀點，張湛說：「唯棄禮樂之失，不棄禮樂之用，禮樂故不可棄」。那麼怎樣掌握出世和入世兩者的分寸呢？張湛又說：「若欲捐詩書、易治術者，豈救弊之道？即而不去，為而不恃，物自全矣」。所謂「即而不去，為而不恃」，就是說既要講求服從禮教，又不能讓它把自己約束得太死。這也就是張湛倡導的融會兩者的折中思想：「苟得其中，則智動者不以權力亂其素分，矜名者不以矯抑虧其形生」。

這種仕隱兼顧、身名雙修的人生態度正是東晉時期門閥士族在取得壟斷的政治地位之後普遍崇尚的人生態度。他們既要享受榮華富貴、聲色犬馬，追求精神的高雅脫俗；又要以朝綱為重，穩定東晉局勢，爭取北上覆國。王導作為東晉開國元勛，不僅協助元帝採用懷柔江東大族的政策，穩定東晉局勢，並不時提醒眾人「勠力王室，克服中國」，同時卻又經常與過江士族揮麈談玄，「止道聲無哀樂、養生、言盡意三理而已。然宛轉關生，無所不入」。

再看周顗的兩個故事。第一個是他一向德行莊重，深深了解國家的危亂。可是過江南下之後，常常放量飲酒，曾經連續三天不醒，而且屢次因醉酒出現過失。人稱「三日僕射」。庾亮說周顗末年「可謂風德之衰也」。第二個是一次王導和周顗去尚書紀瞻那裡觀看歌伎表演。紀瞻有一位愛妾能唱新曲。周顗聽得興奮，亢奮之下，竟然公然露出生殖器，要和人家發生性關係。臉上一點羞愧的顏色都沒有。有人上奏朝廷罷免他，也有人指責周顗和親友談論說笑，總是粗野雜亂，毫無節制。周顗說：「我就好像萬里長江，哪能流瀉千里而沒有一點彎曲呢！」後人難以理解的是，為什麼「德行莊重」和那些汙穢不堪的行為竟然能夠統一到一

第五講　魏晉玄學

個人身上？實際上這正是東晉人的雙重人生態度。所以庾亮所謂周顗晚年德衰之說並不準確，因為周顗的雙重人生態度幾乎貫穿在他生命的各個時期。如果片面說他晚年「風德之衰」，那麼就很難理解他在王敦之亂時能夠挺身而出，痛罵國賊，「語未終，收人以戟傷其口，血流至踵，顏色不變」，並因此遇害。因為他是將身名俱泰、仕隱兼修這種東晉玄學潮流作為自己的雙重人生目標的。當王導問他「卿欲希嵇、阮邪？」時，周顗立刻明確地回答：「何敢近舍明公，遠希嵇、阮！」指的就是他不能因為仰慕嵇康、阮籍的「貴無」人生態度（自然）而拋棄王導等人倡導的雙重人生價值。這樣的雙重選擇使他的社會聲譽獲得了極大成功，以至他的弟弟周嵩感到疑惑不解，「君才不及弟，而橫得重名」。而實踐這種雙重人生目標最為成功的人實際上並不是周顗，而是謝安。

　　謝安是東晉時期仕隱兼通的典型個案，《世說新語》對這方面的描寫也較為充分。在昇平四年（西元三六〇年）應徵西大將軍桓溫召為徵西司馬之前，謝安可以說是演足了一場堅隱不出的高雅自然戲。他先後幾次拒絕了朝廷及地方政府的高官徵辟，甚至政府採用「禁錮終身」的辦法相逼，也未能奏效。此時的謝安或者與王羲之等人「共登冶城」，「悠然遠想，有高世之志」；或者與孫綽等人泛海為戲，「貌閑意說，猶去不止」。而且每次出遊，必攜家養伎女。一副超凡絕俗、放任自然的樣子。一時間，他幾乎成了高潔隱士的象徵。但這一切躲不過明眼人的眼睛。謝安早年在東山隱居養伎，簡文帝司馬昱說：「謝安一定會出山。他既然能與人同樂，也不能不與人同憂」。其實，連謝安自己也偶爾在玩笑中透露出將來未必不出仕的意思。當初謝安在東山隱居的時候，當年還是平民的兄弟有的已經富貴起來，經常是高朋滿座，權貴接踵。妻子和謝安開玩笑說：「大丈夫難道不應如此嗎？」謝安捏著鼻子笑著說：「恐怕也免不了

「仕隱兼修」：相容「名教」、「自然」的雙重人生態度

吧！」這裡的「免不了」，除了自己未必不出仕的意思外，主要還有憚於時勢、不得不出的意思。不過此時謝安之所以不想出仕的真正奧祕並不在於他想不想出，而在於謝氏家族中「兄弟已有富貴者」。家族中已經有了足以支撐門面的官宦，謝安就可以放心地高臥東山，盡享瀟灑之樂。然而到了穆帝昇平年間，謝尚和謝奕先後謝世，謝萬受命北伐，兵潰單騎逃歸，廢為「庶人」。此時陳郡謝氏家族的社會地位受到威脅，如果再無人出世，則有「門戶中衰」之危。而以謝安之名聲出世，又最為合適。所以謝安肩負家族重託，終於出山。果然，在一代梟雄桓溫的壓力下，他出任桓溫手下司馬。

更有甚者，當謝安改變隱居形象，就任桓溫司馬後，當時有人送給桓溫一些草藥，其中有一味藥叫做「遠志」。桓溫就把「遠志」拿來問謝安：「這種藥又名叫『小草』，為什麼同一種東西卻有兩個名字呢？」謝安沒有馬上回答，旁邊有個叫郝隆的應聲答道：「這很好解釋。隱處山中就是『遠志』，出了山中就是『小草』」。謝安聽了深感慚愧。桓溫看著謝安笑著說：「郝參軍的解釋的確不壞，也意味深長啊！」這種草藥的根部稱為「遠志」，是主要的藥用所

〔清〕郭詡〈東山攜伎圖〉

第五講　魏晉玄學

在，葉部稱「小草」。根埋在土中為處，葉生在地上為出，這正象徵著謝安先隱後出的所為。郝隆的話語義雙關，擊中謝安要害，所以令其面有愧色。

儘管由於各種原因，仕隱兼通、身名雙修的人生態度在東晉已經為許多士族文人所奉行，但多數人似乎還沒有從理論上清楚地意識到它的意義和道理所在。所以謝安出世一事連謝安自己也不能把道理說得十分明白。從單向的人生態度角度看，隱逸和出仕兩者是非此即彼、水火不容的。桓溫的明知故問，郝隆的語義雙關，乃至謝安本人的「甚有愧色」，事實上都是以非此即彼的單向人生態度作為既定前提的。這不僅意味著對其隱居生活的否定，也招來了很多士人的諷刺、挖苦和揶揄。據《世說新語・排調》，謝安當初在東山隱居時，朝廷屢次要他出世，都被他拒絕。後來出任桓溫手下的司馬，上任前要從新亭出發，朝廷官員都來送行。當時有個叫高靈的中丞也來送行，他喝了些酒後就趁著醉態對謝安開玩笑說：「你屢次違抗朝廷命令，高臥東山。大家都經常議論說謝安不肯出來做官，將如何面對百姓？如今百姓又該怎麼面對你呢？」謝安笑著不回答。有意思的是「謝笑而不答」五個字，《晉書》本傳作「安甚有愧色」。幾個字的差異，實際上反映出謝安本人對於自己的人生道路選擇的評價和態度。「甚有愧色」言其心虛和內疚，「笑而不答」則寫其自信和肯定。具體來說，「笑而不答」中包含對自己過去的隱居和現今的出世所有人生選擇的肯定。該條劉孝標注所引《婦人集》桓玄與謝道韞的問答，為謝安此舉作了圓滿的雙重解釋：

　　桓玄問王凝之妻謝氏曰：「太傅東山二十餘年，遂復不終，其理云何？」謝答曰：「亡叔太傅先正以無用為心，顯隱為優劣，始末正當動靜之異耳」。

「仕隱兼修」：相容「名教」、「自然」的雙重人生態度

謝道韞答語令人費解。從全句語意蠡測，「顯隱為優劣」似為「顯隱無優劣」之訛。倘若如此，則全句文意暢通。所謂「以無用為心」，就是張湛所講的「以無為心」、「不居知能之地，而無惡無好，無彼無此，則以無為心者也」。張湛還說：「泛然無心者，無東西之非己」。這就是說，人生的真諦和樂趣不在於現實世界的具體存在本身的差異，而在於對現實世界的種種存在（甚至是矛盾對立的存在）有一種自覺圓滿的理解和適應，使精神獲得最大的解脫和滿足。「都無所樂，都無所知，則能樂天下之樂，知天下之樂，而我無心者也」。從這個觀點出發，謝安的顯（出仕）與隱（隱居）並無優劣之分；其前隱後仕不過是一種性質事物的動與靜的變化而已。這樣，謝安的前隱後仕就不再是令人不可思議的矛盾現象，而是同一性質事物的兩種表現形態而已。張湛的雙重人生態度思想在這裡也得到了圓通的詮釋。

東晉士人的雙重人生態度之所以能夠得以產生和實踐，有兩個基本的前提和動因。其一，從現實的社會地位和利益擁有程度來看，東晉時期的門閥士族已經在政治上取得了足以控制和掣肘王權的統治地位，形成了王導、庾亮、桓溫、謝安、桓玄等幾個門閥士族控制朝政的連續局面。這使得士族階層有力量、有可能體認和品味既追求高官厚祿、聲名美譽，又放浪形骸、放任自然的雙重人生追求。其二，從社會的思想潮流來看，受佛教等思想的影響，東晉士人對社會和人生的認知在相當程度上有了超越和審美的取向。張湛認為：「群有以至虛為宗，萬品以終滅為驗」。這個「至虛」境界，就是張湛及東晉士人所虛構和嚮往的人生最終歸宿。首先，張湛認為蕓蕓萬千的現實世界都是暫時和相對的，只有超現實的「至虛」才是永恆和絕對的存在，所以生生滅滅的「群有」從根本上說都要回到「至虛」，即所謂「反本」、「出無入有，散有反無」。其

143

第五講　魏晉玄學

次,「群有」是有始有終、有生有滅、有聚有散的,而「至虛」則沒有這些。「生於此者或死於彼,死於彼者或生於此,而形生之生,未嘗暫無。是以聖人知生不常存,死不永滅,一氣之變,所適萬形。萬形萬化而不化者,存歸於不化」。這就是說,具體的事物都是暫時的,而「至虛」之本體則是永恆的。如果能夠了解到這一點,那麼就可以超出生死的限制,達到解脫的境界,即所謂「俱涉變化之途,則予生而彼死,推之至極之域,則理既無生,亦又無死也」。聖人能明白生死的來龍去脈,因而對於生死既無歡愉,也無悲戚。而凡人不明此理,過分執著於生死或悲戚之一隅,這就是「私其身」。人們之所以迷惑煩惱,蓋因「私其身」所致。一旦拋棄背離「私其身」,意識到「神惠以凝寂常全,想念以著物自喪」,就可以超越生死,得到解脫了。再次,誰能得到解脫,誰就是「乘理而無心」的聖人和至人。因為他放棄了對生死悲歡的執著,就可以「無東西而非己」、「常與萬物遊」。「至於至人,心與元氣玄合,體與陰陽冥諧;方圓不當於一象,溫涼不值於一器,神定氣和,所乘皆順,則五物不能逆,寒暑不能傷。謂含德之厚,和之至也,故常無死地,豈用心去就而復全哉?踏水火,乘雲霧,履高危,入甲兵,未足怪也」。張湛所描繪的至人境界,恰好是佛教所倡導的虛無境界;它也正是謝安等人所嚮往和努力實踐的泯滅入仕(名教)與隱逸(自然)兩者矛盾對立的雙重人生態度。

從以上內容可以看出,王弼、何晏的「貴無」思想先是被嵇康、阮籍等竹林名士運用於人生態度領域,成為他們放達人生態度的理論基石;嗣後元康名士又將竹林放達之風推演到極致,產生許多社會問題,從而暴露出「貴無」思想在人生態度領域一旦被推崇至過分地步後所產生的弊端。裴頠和郭象的「崇有」論正是糾正扭轉這一弊端的產物。其在人生態

度方面的表現便是向秀、山濤等人的強調入世和入仕的人生選擇；然而他們在強調入仕入世精神的同時，卻又忽略了作為士族文人根本屬性的個體精神的超越問題，所以東晉時期的士族文人試圖將入世與逍遙統一與融合起來，於是便有了張湛協調融會兩者的「貴虛」理論和王導、謝安等人仕隱兼通、身名雙修的人生態度。這個過程充分說明，儘管玄學關於「有」、「無」問題的討論是以形而上的抽象玄理作為探究追求的終極目標，但這些形而上的抽象玄理始終與士族文人的人生態度密切相關。它既是士族文人人生體驗的理論總結，又反轉過來給予士族文人的人生實踐以強大的精神推動力量。從《世說新語》的內容來看，魏晉士族文人在人生態度上從追求自然到重視名教，再轉入和上升到融合自然與名教，超越現實人生的過程，恰好是玄學關於「有」、「無」思想觀點的作用產物和形象演示。同時，這個過程也是玄學從一種政治哲學變而為士人人生態度的轉化過程。它象徵著玄學的「有」、「無」政治論從理想君王的設計轉而為士人自身的人生態度選擇。

第五講　魏晉玄學

第六講

魏晉名士的審美

第六講 魏晉名士的審美

從《世說新語》及相關史料的分析可以看到，魏晉士族文人立身處世的行為之中，受到玄學名理之辨的啟示，並受到「得意忘言」的思想方法的影響，表現出注重生活和人生的真實意蘊，忽略生活末節，進而將人生上升到審美觀照層次的審美人生態度和人生觀念。

■言意、名理之辨從何而來？

　　先秦以來的名理之辨和有關言意關係的探討，為魏晉玄學的言意之辨在許多方面都提供了直接或間接的啟示。其基本走向就是由認識論引申至方法論，從政治論引入人性論和人生論。

　　春秋後期，隨著社會政治、經濟和文化的急遽動盪，作為新舊社會交替時期意識形態落後於社會現實的反映，許多原有的事物現象與指代它們的稱謂之間出現了互不吻合的矛盾。這種「名實相怨」的現象引起了許多人的關注並試圖加以解決。孔子的「正名」理論從政治論的角度強調君臣、父子名實相符的重要。稷下學派則從認識論的角度入手，強調先有事物的形體，後有事物的名稱，名稱要與事物相符合。並指出正確的認識應是「循名而督實，接實而定名；名實相生，反相為情」，並將認識的社會效果歸結為「名實當則治，不當則亂」。顯然，這與孔子從政治角度探討名實關係的初衷是一致的。後來名家學派的代表人物惠施和公孫龍則將名實的探討引入純粹概念的遊戲中，使名實之辨暫時脫離了與社會政治相關的軌道。

　　漢代儒家思想的盛行，造成了人們為「名教」而犧牲「自然」，以至於為求名而不惜一切的情況。這就使得由此作為選拔人才依據的選舉制度出現了嚴重的名實不符。針對這種弊端，漢末以來的清議活動提出了人物品評活動中考核名實的必要性。這就使人對這樣名實脫節的選舉辦法產生懷疑。魏明帝就說：「選舉莫取有名，名如畫地作餅，不可啖也」。所以吏部尚書盧毓便建議明帝恢復考績之法。所以名理家劉劭《人物志》反覆提醒人們，要想真正準確地識鑑人物，就必須透過人們的言行，去認識人物表面現象後面的真實面目。因為這些「尤虛之人，碩言瑰姿，內實乖反」。作為曹操「唯才是舉」思想的代言人，劉劭的觀點當然帶有

第六講　魏晉名士的審美

相當的政治色彩。不過他以認識人的內在精神世界為目的提出的一系列以形徵神、以外知內的認識過程，卻作為一種有效的認識方法在人物品評活動中得到了廣泛的應用。《抱朴子·清鑑》：「區別臧否，瞻形得神。存乎其人，不可力為。自非明並日月，聽聞無音者，願加清澄，以漸進用，不可頓任」。今人湯用彤也在〈言意之辨〉一文中說：「聖人識鑑要在瞻外形而得其神理，視之而會於無形，聽之而聞於無音，然後評量人物，百無一失」。

　　作為哲學史上的重要範疇，「言」能否盡「意」的問題很早就受到了古代哲人的注意。先秦時期儘管有人肯定了「言」在一定程度上是可以「盡意」的，但多數人還是認為「言不盡意」。其中對於魏晉玄學言意之辨的討論具有直接影響的是老莊道家哲學和《易傳》中的有關論述。《易傳·繫辭上》：「子曰：『書不盡言，言不盡意。』然則聖人之意，其不可見乎？子曰：『聖人立象以盡意，設卦以盡情偽。』」這就是說，雖然「言」不能「盡意」，但聖人透過「立象」這種辦法，使「言」和「意」之間有了一個上承下接的中間環節。「立象」的具體作用是，一方面它使只可意會、不可言傳的「意」有了一個形象化的演示，使之有形可感；另一方面，它又使「言」的表述有了描述和形容的形象依據。可見《易傳》的作者在「言」和「意」之間又增加了一個「象」的概念，希望兩者得到協調。從大的前提下說，莊子認為語言雖然可以在一定程度上表達義理，但從根本上說是言不盡意的。從這個前提出發，莊子強調的是得意忘言。《莊子·外物》中說：「筌者所以在魚，得魚而忘筌；蹄者所以在兔，得兔而忘蹄；言者所以在意，得意而忘言」。這種觀點到了秦漢時期又被進一步闡明。

　　很多哲學史論著都提到「言意之辨」起於人物識鑑，但沒有具體說明兩者的內在關聯。唯有湯用彤〈言意之辨〉簡略地談到人物識鑑「可以意

會,不能言宣(此所謂言不盡意)。故言意之辨蓋起於識鑑」。實際上,「以形徵神」的認識方法要用外形可見的形體或舉動來解釋或演繹其內在精神,而同一形體或舉動在不同人的感覺中很可能會形成不同的認知,所以也就產生了依據形體或舉動對人物內在精神世界的解釋是否準確和窮盡的問題,即「言」是否能夠「盡象」、「象」又能否「盡意」的問題。於是由此也就出現了「言意之辨」的理論探討。到了漢魏六朝時期,人們又根據人物識鑑的具體需求和玄學的本體建構對於「言」、「意」之間這種複雜關係進行了進一步的深入探討。先秦以來有關「名」與「實」、「言」與「意」關係的各種說法在六朝時期得到了會合,並有了一定的繼承和發展。

■王弼的「得意忘象」說

就「言意」關係而言,魏晉玄學大體上分為「言盡意」和「言不盡意」兩派,但「言不盡意」仍然是其主導方面。王弼的「得意忘象」說為其代表。王弼一方面肯定和繼承了《易傳・繫辭》中「聖人立象以盡意」的觀點,同時又吸收了《莊子・外物》中「得意忘言」的觀點:「意以象盡,象以言著。故言者所以明象,得像而忘言;象者所以存意,得意而忘象。猶蹄者所以在兔,得兔而忘蹄;筌者所以在魚,得魚而忘筌者也」。(《周易略例》)表面看來,王弼似乎是要在對儒道二家關於言意之見進行調和的基礎上為玄學尋找理論的出路。然而連繫到魏晉時期的社會文化背景和玄學的時代意義,就不難發現他的「得意忘象」學說與此前的「言不盡意」說和漢代的易學有著重要區別。

應承認,王弼的基本觀點與莊子的得意忘言說是一致的。但不同的是,莊子由於強調「得意忘言」而完全否定「言」的作用,而王弼卻藉用

第六講　魏晉名士的審美

《易傳‧繫辭》中「盡象莫若言」和「盡意莫若象」的觀點來肯定「言」在盡象和「象」在「盡意」方面的必要作用。如同老莊「聖人體無」說必然導致出「聖人無情」說的道理一樣，莊子因強調「得意忘言」也就必然導致出「聖人無言」的觀點，從而在根本上否定了「言」和「象」的任何意義。如果將「言」、「象」、「意」的關係對應為人生的現象與意蘊的關係，那麼「聖人無言」的觀點就會導致出因追求人生意蘊而無視人生的現象和過程的結論。這對於大多數難以割捨貴族地位和人生享樂的士族文人來說，是無法接受的。從這個意義上說，王弼「盡意莫若像」的觀點不僅為其「體用如一」的哲學思想找到一個理論支點，而且也為士族文人將人生意蘊落實到穿衣吃飯的生活過程的人生態度，尋找到一個有力的理論依據。

然而王弼與莊子在言意問題上的相同點要遠遠大於不同點，相反，在此問題上他與漢代易學更有著本質的區別。唐代李鼎祚在〈周易集解序〉中指出王弼的新易學與鄭玄的舊易學的根本區別：「自卜商入室，親授微言，傳注百家，綿歷千古，雖競有穿鑿，猶未測淵深。唯王鄭相沿，頗行於代。鄭則多參天象，王乃全釋人事。且易之為道，豈偏滯於天人者哉！致使後學之徒，紛然淆亂，各修局見，莫辨源流。天象遠而難尋，人事近而易習，則折楊黃華，嗑然而笑，方以類聚，其在茲乎！」儘管李鼎祚的話中明顯帶有褒鄭玄貶王弼的傾向，但他對兩者易學各自特點的掌握卻是相當準確的。確如其言，鄭玄的舊易學以乾坤十二爻左右相錯，與十二辰相配，然後再配以十二律、十二月、二十四節氣、二十八星宿，構成一個天象學的模式。雖然鄭玄剔除了漢代孟喜、京房、《易緯》諸家卦氣說中若干陰陽災異的神學色彩，但其中由天象以窺探人事的基本思路卻沒有變化。這就是李鼎祚所說的「多參天

象」。這種方法把《周易》中的爻辭和卦象看成是反映天象變化的象數模式，然後再將其與人事的吉凶福禍牽強比附，做出神祕的預言。其最終歸宿就是所謂「存言（卦爻辭）忘象（卦象）」、「存象（卦象）忘意（意義）」。說到底，他們是把《周易》看成一部卜筮之書，故而將卦象置於首要之位。

王弼的易學則主張《周易》是一部哲理之書，故而將對其義理的理解置於首位。為此，他提出「忘象以求其意」的口號，主張用一個能夠貫穿所有卦象爻辭的義理來統攝《周易》全篇。從這個前提出發，他在肯定「言」和「象」的必要作用的基礎上，主張要「尋言以觀象」、「尋象以觀意」。也就是說，「忘象以求其意」，並不是像莊子所說的那樣完全廢棄「言」和「象」，而是把「言」和「象」作為認識和掌握「意」的工具和方法，而把「意」作為認識的真正目的。一旦目的達到，手段的意義也就因其實現而告結束。

王弼之所以要將易學注重卦象轉變到注重義理，其根本原因即如李鼎祚所說，是要將漢易的「參天象」轉而為「釋人事」。不過在王弼看來，「釋人事」並不像李鼎祚說的那樣「人事近而易習」，相反，他認為人事的複雜變化遠非像「漢易」那樣以研究天文曆法的數學方法的計算所能預測。這種將易學的天象巫術研究轉入人事哲理轉變，不僅從根本上扭轉了漢代易學乃至整個經學「只見樹木，不見森林」的痼疾，將學術視點由局部的章句之學轉入整體的義理掌握方面，而且還使得王弼的《周易》研究成為魏晉士族文人人生哲學的主要依據之一。

作為魏晉玄學中「言意之辨」的最高成就和代表學說，王弼的「得意忘象」說無論是對於當時的社會思想，還是對以後的文化發展，都產生了巨大的影響。對此，學者們從不同的角度，談到這一學說的深遠影

第六講　魏晉名士的審美

響。值得注意的是，湯用彤先生〈言意之辨〉認為王弼「得意忘象」的學說在魏晉時期的影響主要表現在四個方面：一是改變了解釋經典的方法角度；二是與玄學貴無的宗旨相通；三是融會了儒道二家；四是對魏晉名士立身行事的影響。總體看來，前三個方面已經為人說了不少，唯獨第四點尚未引起人們注意。這也正是王弼「得意忘象」的學說對魏晉士人人生態度的影響所在。

　　從總體上看，因為「得意忘象」的說法強調忽略事物的個別意義而強調其宏觀和總體的意義，所以這一學說成為魏晉時期士人十分普遍的認識方法和慣性思維：九方皋以相馬著稱的故事卻起於秦漢時期的《呂氏春秋》、《淮南子》以及魏晉時期的《列子》。人們對這個故事關注的就是其中「得意忘象」的思想方法。《列子・說符》篇首唐人盧重玄解：「本篇去末明本，約形辯神。立事以顯真，因名以求實；然後知徇情之失道，從欲以喪真。故知道者不失其自時，任能者不必遠害」。所以在九方皋相馬的故事後，盧重玄又解道：「皋之相馬，相其神，不相其形也。形者，常人之所辯也。伯樂嘆其忘形而得神，用心一至於此，自以為不及皋之無數倍也。故穆公以為敗，伯樂以為能也」。可見這是魏晉時期十分普遍的思考方法。到了兩晉時期，隨著佛教的廣泛流行，佛教玄學化成為大勢所趨。人們希望在儒、道、佛三家背後尋找其共同的聯結點，於是「得意忘象」之說，大派用場。湯用彤說：「東晉佛徒釋經遂與名士解儒經態度相同。均尚清通簡要，融會內外，通其大義，殊不願執著文句，以自害其意。故兩晉之際有名僧人，北方首推釋道安，則反對格義；南方傾倒支道林，則不留心文句」。可見支道林就是東晉時期以採用「得意忘象」方法解釋佛教的代表人物。《支遁傳》云：「遁每標舉會宗，而不留心象喻，解釋章句，或有所漏，文字之徒，多以為疑。謝安石聞而善

之,曰:『此九方皋之相馬也,略其玄黃而取其雋逸。』」謝安對支遁的肯定,正說明名士與佛徒在思想方法上的暗合之處。實際上這種「得意忘象」的觀念在當時知識階層十分普遍。盧諶〈贈劉琨詩〉第十六章:「纖質實微,衝飈斯值。誰謂言精,致在賞意。不見得魚,亦忘厥餌。遺其形骸,寄之深識」。陶淵明〈飲酒〉詩第五首:「此中有真意,欲辨已忘言」。這也就是嵇康在〈兄秀才公穆入軍贈詩〉第十四首所描繪的境界:「俯仰自得,遊心太玄。嘉彼釣叟,得魚忘筌。郢人逝矣,誰可盡言?」

當「得意忘象」成為魏晉時期士族文人階層普遍的認識方法和慣性思維後,它進一步成為士人人生態度的指南和圭臬,也就是水到渠成的事情了。辨而析之,《世說新語》中這種「得意忘象」的人生態度大約有以下幾層含義:

首先是社會的層次。經過漢代社會思想、政治乃至道德的馴化,人們已經逐漸將自己的人生價值,定位於社會角色的實現,並以此取代個人的快樂和享受。過去學界對此否定得過於徹底,以至於形成了幾乎一無是處的壓倒性傾向。從士人(或西方所謂「知識分子」)的基本屬性上看,如果能將士人的社會壓力轉變為社會責任,使其關心社會,關心人類的命運,即士人所謂「天下興亡,匹夫有責」,也未嘗不失為一種有益的人生價值。從這個意義上說,從漢末清議運動到竹林名士與司馬氏政權的抗爭,都是漢代社會文化氛圍造就而成的士人關心社會的參與意識的集中反映。然而隨著漢代一整套社會價值觀念的倒塌,人們開始對人生價值中社會價值與個人價值兩者孰輕孰重的問題發生了懷疑;尤其是隨著夏侯玄、李豐、何晏、嵇康等司馬氏反對黨的慘遭殺害,士人關心社會政治的積極性受到極大的打擊。人們從這些事件中猛然意識到與其熱衷社會政治人生,不如關心一下自己的個性價值。於是,以及時享樂

第六講　魏晉名士的審美

為核心的人生快意說取代了以關心社會為目的的人生責任說。

從這種人生態度與玄學的邏輯對應關係上看，所謂人生快意，就是強調肯定人的自然心性，反對代表社會意志的名教對它的束縛和統治；而以王弼等人為代表的主流玄學家認為自然即「無」（無限），名教即「有」（有限）；王弼等人又認為「無」為「本」、「有」為「末」，並主張「崇本息末」。這樣，這種以及時享樂為核心的人生快意說也就成了應推崇的立身行事之「本」，是作為人生終極價值的「意」，而那種以關心社會為目的人生責任說則變成了需要節制熄滅的「末」，是作為人生過程現象的「象」或「言」。《列子·楊朱》：「則人之生也，奚為哉？奚樂哉？為美厚爾！為聲色爾！而美厚不可常厭足，聲色不足常玩聞，乃復為刑賞之所禁勸，名法之所進退，遑遑爾競一時之虛譽，規死後之餘榮；偊偊爾順耳目之觀聽，惜身意之是非，徒失當年之至樂，不能自肆於一時。重囚累梏，何以異哉！太古之人知生之暫來，知死之暫往，故從心而動，不違自然所好；當身之娛非所去也，故不為名所勸。從性而遊，不逆萬物所好；死後之名非所取也，故不為刑所及。名譽先後，年命多少，非所重也」。盧重玄解：「舉太古之人者，適其中也。夫有生有死者，形也；出生入死者，神也。知死生之暫來暫往也，則不急急以求名；知神明之不死不生也，則不遑遑以為道。故從心而動，不違自然所好也；娛身而已矣，何用於名焉？故從性而遊，不逆萬物所嗜也；適意而已矣，何懼於刑焉？是以名譽、年命非所料量也。娛身適意者，動於道合，非溺於情也」。

正始之後士族文人的生活行為，完全印證了這種人生態度。前文列舉的張翰所謂「使我有身後名，不如即時一杯酒」的說法，可謂《列子·楊朱》中及時行樂觀點的例證和注腳。當時張翰之流漠視名譽的實質，

在於按照「得意忘象」的觀點，漢代以來的求名風氣，是將概括和稱呼人的內在實質的外在之名視為生命的首要意義，而完全忽略和丟棄了作為生命本質意義的自然心性。這是本末倒置的「存象忘意」。所以他們這樣做的目的，就是要將被求名者丟棄的作為人生之「本」的自然心性找回，並恢復其「本」和「意」的決定性地位。他們的初衷是「得意忘象」，但事實上卻是因為得到了「意」而並未失去「象」。明代王世懋評曰：「季鷹（張翰）此意甚遠，欲破世間啖名客耳。渠亦那能盡忘？本謂忘名，乃令此言千載」。說的就是張翰為得人生自然真意卻並未失去外在之名。這是典型的以放誕不羈作為體現自然心性「意」和「本」，以取代將社會名譽視為生命之「本」的「得意忘象」人生態度。

　　有了這種人生態度，就會將體現人生自由的「適意」作為人生的終極目標。張翰在洛陽就任齊王司馬冏的東曹屬官時，見到秋風起，便想起家鄉吳中的蒓菜羹和鱸魚膾，說：「人生貴得適意爾，何能羈宦數千里而要名爵？」於是讓人駕好車馬返回家鄉。不久齊王司馬冏敗死，時人都認為張翰有先見之明。只要稍加留意，就不難發現，魏晉士人在將「適意」強調為人生意蘊之「本」的同時，始終伴隨以對於「名」的否定。這種對於「名」的厭惡情緒，一方面是出於他們從理論的高度，對於「得意忘象」這一玄學思想的體認和實踐，同時也是對漢代名實相異的普遍情況造成惡果的深惡痛絕。然而更為現實的原因是，在政治風雲變幻莫測的魏晉政局當中，「名」的福禍作用也是完全難以預料的，因而確乎是不可執著的「象」或「言」，而絕不是「意」。清人文廷式《純常子枝語》說：「季鷹真可謂明智矣。當亂世，唯名為大忌。既有四海之名而不知退，則雖善於防慮，亦無益也。季鷹、彥先皆吳之大族。彥先知退，僅而獲免。季鷹則鴻飛冥冥，豈世之所能測其淺深哉？陸氏兄弟不知此義，而

第六講　魏晉名士的審美

乾沒不已,其淪胥以喪,非不幸也!」明代陸樹聲《長水日抄》也就此事說:「不知翰方逃名當世,何暇計身後名耶?」無論是明智還是無奈,張翰的長處就在於當世人還在為得到虛名而沾沾自喜的時候,他已經預感到晉室諸王的政治角逐中,虛名既可為某一派別所利用而一時飛黃騰達,也隨時可能因其覆亡而招來災難。齊王的慘敗證明了他預見的正確,也用事實說明「名」作為「末」與「本」相對立而應受到輕視的地位。

〔五代〕佚名〈神駿圖〉

　　當「名」作為「末」而受到輕視,而及時行樂作為「本」而受到重視的時候,將這種認知作為「得意忘象」學說的一種人生實踐也就十分自然了。畢卓說:「一手持蟹螯,一手持酒杯,拍浮酒池中,便足了一生」。顯然是「得意忘象」觀念指導下的人生態度。正是這位大名鼎鼎的吏部郎畢卓,曾經因為飲酒而丟了官職。據《晉中興書》,他鄰居人家釀了好多酒,畢卓喝醉後,夜裡跑到人家的酒窖裡偷酒喝。主人以為是小偷,就抓起來捆了起來。點燈一看,才知道是大名鼎鼎的畢卓,就解開了繩索。畢卓拉起主人,就在酒窖裡面又喝了起來,大醉而去。

　　其次是哲理的層次。玄學本身就是形而上之學,這就決定它對於事物哲理層面的關注是理所當然的。從哲理的角度出發,魏晉士族文人往

往善於在日常紛繁的現實生活中去尋找和品味生活的內在意蘊和趣味,以體現「得意忘象」的人生態度。人生的真諦蘊含於紛紛攘攘的大千世界的凡人瑣事中,發現它對任何人都是機會均等的,但很多人卻與之失之交臂,無動於衷。這是因為碌碌世事分散了人們的注意力,實用的屏障遮住了人們的理性目光。從這個意義上說,人生的意蘊屬於發現它們的人。魏晉士人便堪屬此類。《世說新語‧言語》:「劉尹與桓宣武共聽講《禮記》。桓云:『時有入心處,便覺咫尺玄門。』」能夠對日常瑣事時時入心,才可能將其進行形而上的判斷,並進而感受其內在意蘊。「他們用自己的眼睛去看別人見過的東西,在別人司空見慣的東西上能夠發現出美來」。(尼采《悲劇的誕生》(*The Birth of Tragedy Out of the Spirit of Music*))

晉簡文帝入華林園,顧謂左右曰:「會心處不必在遠,翳然林水,便自有濠、濮間想也。覺鳥獸禽魚自來親人」、「會心」二字,點出他們對現實生活之所以能夠「得意忘象」的訣竅所在。

確如司馬昱所言,他們往往善於在日常生活細節中去會心出其哲理的意蘊。支遁曾養了好多匹馬,有人說和尚養馬並不風雅。支遁說:「貧道重其神駿」。支遁還喜歡養鶴。他住在剡縣東面的岇山時,有人送他一對幼鶴。不久,幼鶴的翅膀長成,就想要飛起來。支遁因捨不得牠們飛走,就剪短了牠們的翅膀。鶴張開翅膀卻飛不起來,於是回頭看著自己的翅膀,低下頭來,看上去好像有些懊喪的意思。支遁幡然醒悟說:「既

第六講　魏晉名士的審美

有凌霄之姿，何肯為人作耳目近玩？」於是就悉心餵養牠們，到鶴的翅膀再次長成後，就放牠們飛向廣闊的天空。馬的基本功用是供人騎乘，鶴的實用價值是供人賞玩。然而支遁畜養牠們的目的全不在此。《許玄度集》：「遁……常隱剡東山，不遊人事，好養鷹馬，而不乘放，人或譏之，遁曰：『貧道愛其神駿。』」顯而易見，從駿馬馳騁的神姿中體會出俊邁神逸的含義，從仙鶴的「凌霄之姿」中體會出人生自由的意義，便是支遁蓄養這兩種動物的「會心」之處。支遁所愛重的「神駿」，正是蓄養馬、鶴二事的「意蘊」之所在；而他所忽略的二物乘騎賞玩之用，正是二事的「言」、「象」所在。這樣的哲理品味在《世說新語》中不乏見到。桓衝不喜歡穿新衣服，每次洗澡後，妻子故意送去新衣服給他換。桓衝非常生氣，催促僕人趕快拿走。妻子又讓人再次把新衣服拿來，並傳話跟桓衝說：「衣服不經過新的，怎麼會變成舊的呢？」桓衝聽後大笑，穿上了新衣服。桓衝對妻子化怒為笑，是因為他從開始對衣服實用角度的好惡，轉變為對妻子關於衣服新舊之間關係辯證過程看法的認可。這正是在穿衣這個問題上由注重外在之「象」向注重哲理之「意」方面的過渡和昇華。一旦得到「意」，過去曾經執著的「象」也就自然被忽略不計了。

　　在此價值取向的規定作用下，「得意」者往往要比「得像」者受到更高的評價。王戎與和嶠同時喪母，兩人都因為非常盡孝而受到世人好評。王戎骨瘦如柴，和嶠哀痛哭泣，禮儀周全。晉武帝司馬炎對劉毅說：「你去看望過王戎、和嶠嗎？聽說和嶠過於悲傷，超出了禮法的限度，真讓人為他擔憂」。劉毅說：「和嶠雖然禮儀周全，但精神並沒有受到損傷；王戎雖然禮儀不周，可悲痛得已經傷了身體，只剩下一把骨頭。我以為和嶠是生孝，王戎是死孝。陛下不應該為和嶠擔憂，倒是應該為王戎擔憂」。（見《世說新語·德行》）

王戎與和嶠雖然均以孝著稱，但他們當中一個追求的是外表的孝子形象，所以處處按禮制的要求行事，「量米而食」，然而卻「神氣不損」；一個雖然外表「不拘禮制，飲酒食肉」，然而卻是「雞骨支床」、「哀毀骨立」。顯而易見，在「孝」的問題上，和嶠是「存象忘意」，而王戎卻是「得意忘象」。因此時論所肯定的是王戎的「死孝」，而對於和嶠的「生孝」不無微諷。

　　王戎的「死孝」精神所奉行的，正是老莊道家所提倡的「大象無形」和「得意忘言」之旨趣。《莊子・大宗師》：「行名失己，非士也。（郭象注：善為士者，遺名而自得，故名當其實，而福應其身。成玄英疏：矯行求名，失其己性，此乃流俗之士，非為道之士。）亡身不真，非役人也。（郭象注：自失其性而矯以從物，受役多矣，安能役人乎？成玄英疏：夫矯行喪真，求名亡己，斯乃受人驅役，焉能役人哉！）」莊子舉出的例子是，子桑戶、孟子反、子琴張三個人相互約定，要做能夠相交出於無心，相助不著形跡，超然物外，出入無極之中那樣的朋友。後來子桑戶死了，還沒有下葬。孔子聽說後就讓子貢去協助處理喪事。子貢看見一個人在編歌曲，一個人在彈琴，兩個人合唱著：「桑戶啊桑戶啊！你已經歸還本真了，而我們還寄跡人間啊！」子貢趕上去問他們：「請問對著屍體歌唱，合乎禮嗎？」二人相對一笑說：「他哪裡懂得禮的真意！」子貢回去把所見告訴孔子，說這些人不用禮儀來修飾德行，而把形骸置之度外，還對著屍體唱歌，簡直不可思議。孔子說：「他們是遊於方域之外的人，而我們是遊於方域之內的人。兩者彼此不相干，我卻讓你去弔唁，這是我的固陋！他們這些人與造物者為友，遨遊於天地之間。他們把生命看成是氣的凝結和變化，不去深究和執著其具體的形態。他們安閒地神遊於塵世之外，逍遙於自然的環境裡，怎麼能拘守世俗的禮節，

第六講　魏晉名士的審美

表演給世人看呢！」看來雙方對於「禮」的含義有著截然相反的理解。子貢理解的是「禮」的形式（象），而孟子反和子琴張理解的卻是「禮」的內涵（意）。如同郭象所言，抓住了禮的「意」，就是抓住了事物的本質和母體，這樣也就不會失去形式和子體（象）；反之，只注意禮的外在形式（象），就會為形式所箝制，為形式而形式，以至於虛假做作，走向以虛假的喪禮形式欺騙親人的境地，從而成為「禮」的異己行為。

莊子的這種思想到了東漢後期又重新開始抬頭。據《後漢書‧戴良傳》，戴良小時候就放誕不羈，他的母親喜歡聽驢叫，戴良就經常學驢叫，讓母親高興。後來母親去世了，哥哥戴鸞按禮教規矩住在守喪的棚廬中喝粥。戴良則照舊喝酒吃肉，到悲哀難過時才痛哭。兄弟二人都顯得哀傷憔悴。有人問戴良這種居喪是否合乎禮法，戴良毫不猶豫地加以肯定：「禮是用來抑制情的過分氾濫的，如果情不過分，那麼要禮還有什麼用處？到了悲哀難過得連吃到嘴裡的酸甜苦辣都感覺不到，那麼吃什麼還有什麼區別呢！」問話的人無言以對。

這種追求「禮」的真實內涵（意），忽略「禮」的煩瑣形式（象）的做法，此後蔚然成風。阮籍的母親去世，裴楷前往弔唁。阮籍正喝醉了酒，披頭散髮，伸開兩腿坐床上，也不哭。裴楷來到之後，跪在座墊上就行哭泣禮，弔唁完畢就走了。有人問他按弔唁的禮儀規矩，應該主人先哭，客人才能行禮。怎麼阮籍還沒哭，你倒自己哭了呢？

裴楷就用《莊子》裡面的話說：「阮籍是遊於方域之外的人，所以不尊崇禮制；我們都是世俗中人，所以自己要遵守禮法」。當時人們很讚賞他的話，認為對雙方的理解都很到位。不僅如此，在母喪期間，阮籍和司馬昭一起吃飯時竟然公然喝酒吃肉，被何曾當面向司馬昭進讒言說阮籍違犯禮法，要把阮籍流放海外。幸虧司馬昭的維護才倖免於難。母

親發喪的時候，阮籍蒸了一隻小肥豬，喝了二斗酒，然後向母親遺體訣別，只是大叫：「完了！」總共只號哭了一聲，接著口吐鮮血，神情萎靡沮喪了好久。

裴楷所說的「方外」、「方內」，就是上文孔子所講的莊子那樣的「遊方之外者」和孔子自己那樣的「遊方之內者」。所謂「方外」、「方內」之別，就是關於「禮」的問題上「得意忘象」和「存象忘意」之別。《禮記·曲禮上》規定：「居喪之禮，毀瘠不形，視聽不衰。升降不由阼階，出入不當門隧」。孔穎達疏：「此一節明孝子居喪，此先明居喪平常之法也。『毀瘠不形』者，毀瘠羸瘦也。『形』，骨露也。骨為人形之主，故謂骨為形也。居喪乃許羸瘦，不許骨露見也。『升降不由阼階』者，『阼階』，主人之階也。孝子事死如事生，故在喪思慕，猶若父在，不忍從父阼階上下也」。顯然，阮籍沒有按照這些禮制的形式規定（象）來做。但這並不能說明阮籍對親人沒有親情，或者完全無視禮制的初衷（意）。因為禮制的初衷是既要讓為子者盡表哀思，又不致因此而傷害身體，丟掉盡孝的最基本條件。《禮記·曲禮上》：「居喪之禮，頭有創則沐，身有瘍則浴。有疾則飲酒食肉，疾止復初。不勝喪，乃比於不慈不孝」。孔穎達疏：「『不勝喪』，乃比於不慈不孝者，結所以沐浴酒肉之義也。『不勝喪』謂疾不食酒肉，創瘍不沐浴，毀而滅性者也。不留身繼世，是不慈也；滅性又是違親生時之意，故云不孝」。搞垮了自己的身體，違背了死者生前的意願，那才是真正的不孝。從戴良、阮籍，到王戎，正是按照禮制的這一原則和初衷來行事的。所以儘管他們在形式（象）上沒完全按禮教的規定行事，但就其初衷（意）來說，是完全符合禮制的。司馬昭對於阮籍的維護，除了私人的感情因素外，這一行為沒有從根本上違背禮制，也是重要原因。那種外表上作出符合禮教姿態的行為，實際上未必

第六講　魏晉名士的審美

在骨子裡認同禮制。據《語林》載，和嶠諸弟食其園李，皆計核責錢。所以余嘉錫云：「孝友之道，關乎天性，未有孝於其親而薄於骨肉者。……若和嶠之視兄弟如路人，雖不得遽謂之不孝，而其所以事親養志者，殆未能過從其厚矣」。這就是（存象）者未必（得意）的關節所在。

再次是審美的層次。將擺脫社會名教束縛的人生快意說與「得意忘象」的人生哲理說相結合，就自然形成了魏晉士族文人的審美人生觀。人生快意說的實質在於人對於社會的超越；人生哲理說的實質在於人的意識中形而上對於形而下的超越；而人生審美說的實質則是人對於自身的超越。這三個遞進的層次完成了魏晉士族文人將「得意忘象」的玄學命題轉變為士族的人生態度的出色貢獻。

從前面兩點提到的情況來看，魏晉士人如果僅僅將對人生過程「得意忘象」的理解停留在適意對於社會名教的超越和哲理對於現象的超越的層次的話，那還無法獲得根本的解脫。只有將以上兩種超越歸於審美的層次，才有可能得到根本的解脫。叔本華（Arthur Schopenhauer）認為，人生的悲劇根源於人的行為及其動力的意志，而意志來源於人的需求和缺乏。人的需求永遠不會滿足，人生的悲劇也就永不終止。如果能把意志和需求變成藝術創造和藝術欣賞的對象，那麼人就可以由受苦的狀態轉入審美的境界，藝術家或欣賞者都可能沉浸「自失」在觀審之中，而擺脫意志（欲念）的桎梏。這時，那「永遠尋求而又永遠不可得的安寧就會在轉眼之間自動光臨，而我們也就得到十分的怡悅」。這時，「或是從獄室，或是從王宮中觀看日出，就沒有什麼區別了」（叔本華《作為意志和表象的世界》(*The World as Will and Representation*)）。也就是說，人生的煩惱來源於演戲，人生的解脫則在於看戲。這一點，尼采闡述得更為明確：「只有作為一種審美的現象，人生和世界才顯得是有充足理由

的」。（尼采《悲劇的誕生》）魏晉士族文人所努力尋找的，正是這樣一種藝術化人生的解脫。

　　朱光潛先生說過，人生好比是一齣戲劇，「世間人有生來是演戲的，也有生來是看戲的。這演與看的分別主要地在如何安頓自我上面現出。演戲要置身局中，時時把『我』抬出來，使我成為推動機器的樞紐，在這世界中產生變化，就在這產生變化上實現自我；看戲要置身局外，時時把『我』擱在旁邊，始終維持一個觀照者的地位，吸納這世界中的一切變化，使它們在眼中成為可欣賞的圖畫，就在這變化圖畫的欣賞上面實現自我。因為有這個區別，演戲要熱要動，看戲要冷要靜」（朱光潛《看戲與演戲》）。如果把儒家的人生態度比作演戲的話，那麼以老莊為代表的道家的人生態度則是看戲。這裡所謂看戲的對象不僅指他人，也包括看戲者本身。道家這種看戲者的人生態度，來源於莊子藝術化、審美化的人生態度。

　　關於莊子藝術化、審美化的人生態度，人們已經說過不少。這裡著重要談的，是莊子這種人生態度與作為魏晉士人「得意忘象」人生態度表現的審美人生觀之間的關聯，以及「得意忘象」作為一種審美人生態度的具體表現。

　　從審美的角度看，當人們將自己置於看戲者的位置時，他對於審美對象的審視也就由對普通客觀現象的觀察變成了對於審美客體的藝術欣賞。這實際上就是一個「忘象」的過程。「忘象」是一種超越、一種昇華。沒有它，也就沒有藝術欣賞和藝術創造。如果沒有在理解自然基礎上對於自然景物細節的超越，也就沒有人們對於自然的審美；如果沒有在理解社會基礎上對於社會現象的掌握和超越，也就沒有人們對於社會的審美；同樣，如果沒有在理解自我基礎上對於自我存在的超越，也就

第六講　魏晉名士的審美

不會有人生的自我審美。從現實的情況來看，人們對於自然的超越已屬不易。沒有千萬次觀察和揣摩，就不會有藝術家的「胸有成竹」。徐悲鴻筆下的馬和黃冑筆下的驢之所以能夠得其神韻，也是完全了解了馬和驢的生理結構和運動規律的結果。然而更為困難的是人對於社會、人生乃至自我的審美。

審美人生的最大障礙是人對於人生過程功利和實用的取向。康德《判斷力批判》(Critique of Judgment)說：「一個審美判斷，只要是摻雜了絲毫的利害計較，就會是很偏私的，而不是單純的審美判斷。人們必須對於對象的存在持冷淡的態度，才能在審美趣味中做裁判人」。如果以功利實用的人生態度為價值取向，那麼就要以犧牲審美人生態度為代價，這實際上就是「存象忘意」；如果以審美為價值取向，那麼就要拋棄功利實用的目的，則便是「得意忘象」。莊子曾描繪出一株巨大的「櫟社樹」的美，認為它之所以能「如此其美」，恰好因為它是不能用來製作任何東西，沒有任何實用價值的「散木」，因而沒有被砍伐，並長得高大、美妙。莊子還舉出惠施有一棵大樹，「人謂之樗，其大本擁腫而不中繩墨，其小枝捲曲而不中規矩，立之塗，匠者不顧」(《莊子·逍遙遊》)，完全沒有實用價值。但莊子卻說：「今子有大樹，患其無用，何不樹之於無何有之鄉，廣漠之野，徬徨無為乎其側，逍遙乎寢臥其下。不夭斤斧，物無害者，無所可用，安所困苦哉！」這就是說，這棵沒有實用價值的大樹，其作用在於它能給予人自由的比擬和美的享受，使人逍遙無為，得到精神愉悅。如果超越了實用功利目的，那麼無用就可以變為有用，並且有「大用」。(《莊子·人間世》)這個「大用」即在於它能使人遨遊於無限的人生境界，不受任何事物的羈縛，無比自由和愉悅，這便是「得意」的境界。相反，那些為利害得失(象)斤斤計較的人，卻只能「與物相刃

相靡,其行盡如馳,而莫之能止,不亦悲乎」(《莊子‧齊物論》)。人,如果不把自己從外物的束縛羈絆中解放出來,就不可能達到能夠支配宇宙和自我的絕對自由的精神境界(得意)。魏晉人則往往努力向這一目標靠近。

孫綽祖父名「楚」,高柔曾用「楚楚」來取笑孫綽,並暗示孫綽和松樹一樣,只求美觀,並無實用。高柔祖父名字失考,但孫綽的話中肯定含其名字。不過孫綽話中更要表現出他與高柔價值觀念的不同。他對松樹有無「棟梁用」毫無興趣,而熱衷追求松樹的美好姿態,並從中寄託自己的人生審美理想。在他看來,松樹能否成為棟梁之材,即人是否對社會有用,都無關緊要。重要的是能夠進入「俯仰自得,遊心太玄」的境界,從「帶長阜,倚茂林」、「坐華幕,擊鐘鼓」中獲得人生的享樂和意趣。

拋棄實用功利的人生態度,並不意味著離開現實的人生,而是忽略對其是非的計較,即以平常、虛靜之心來對待任何事物。換句話說,就是「忘象」而不「丟象」。莊子十分強調忘卻和淡漠是非榮辱,在《莊子》一書中多處使用「忘」字,以表達這種思想。如「忘年忘義」、「相忘以生」、「魚相忘乎江湖,人相忘乎道術」、「不如相忘於江湖⋯⋯不如兩忘而化其道」等,都是以「忘己」、「喪我」的態度,「以與世俗處」。在〈齊物論〉中,莊子反覆將人與人的關係,從世俗意義上的是非、利害等死結中解開,而提出「因是」、「寓諸庸」的觀念。所謂「因是」,係指自己的虛靜之心超越和擺脫了世俗以自己的「成心」為準則的是非和紛擾,而發現了人皆有為他人無法干涉和改移之「是」,所以便因各人之是而是之;「寓諸庸」則指自己的虛靜之心超越和擺脫了世俗以自己的才知為「用」、為「成」,超越和擺脫了以一時一地的結果為「用」、為「成」,而發現了每人、每物皆有其自用、自成。且無用於此者或有用於彼,毀於此者或成於彼,所以便將自己對人、對物的態度,寄託(寓)於各人各物自用自

第六講　魏晉名士的審美

成之上。從美學角度看，無論審美客體本身是善惡抑或是美醜，都可能具有審美價值。莊子頻頻提出「忘」的主張，目的也是在於使人忘卻功利實用目的，泯滅是非，以虛靜之心對人生過程全然持審美的態度：「死生存亡，窮達富貴，賢與不肖毀譽，飢渴寒暑，是事之變，命之行也。日夜相代乎前，而知不能規乎其始者也。故不足以滑和，不可入於靈府。使之和豫通而不失於兌（悅）；使日夜無郤，而與物為春，是接而生時於心者也」。有了「通而不失於兌（悅）」和「與物為春」的人生態度，生活的各種現象就不再是作為滿足功利欲望和需要加以占有的對象，而應是觀照、欣賞的審美對象：

> 王子猷居山陰，夜大雪，眠覺，開室，命酌酒，四望皎然。因起彷徨。詠左思〈招隱詩〉，忽憶戴安道。時戴在剡，即便夜乘小船就之。經宿方至，造門不前而返。人問其故，王曰：「吾本乘興而行，興盡而返，何必見戴？」（《世說新語·任誕》）

文中王徽之（字子猷）共有五個行為，一為睡覺，二為飲酒，三為賞雪，四為詠詩，五為訪友，不過這五個行為都沒有被王徽之作為世俗實用意義上的行為來操作。他完全是以審美的心態來對待這每一個行為過程。尤其是「雪夜訪戴」一節，更把這種審美心態推向了極致。為專程訪友，經過一夜的雪中奔波，這對於朋友來說，可謂是一筆不小的感情投資。以世俗之見，它將換來朋友的好感、信任乃至各種利益，也都是難以估量的。然而對於王徽之來說，這些都是多餘甚至是鄙俗的東西，是「象」，應忘掉。他所追求的，只是〈雪中吟詩賞雪圖〉和〈雪夜訪友圖〉這兩幅充滿詩情畫意的人生審美境界。難怪明代王世懋評道：「大是佳境」。凌濛初也說：「讀此令人飄飄欲飛」。可見王徽之所精心繪製的人生圖畫已經得到了後人的意會和欣賞。

〔明〕佚名〈雪夜訪友圖〉

第六講　魏晉名士的審美

「忘象」的結果不但泯滅了利害得失和是非功過的界限，而且也泯滅了物我之界限。它使魏晉士人能夠以超然的態度對人生進行審美的觀照，這個層次的「得意忘象」是主體對客體有距離的有自覺意識的審美活動。它與二十世紀初瑞士美學家愛德華·布勞（Edward Bullough）所主張的審美心理距離說不謀而合。布勞（或譯作布洛）主張在任何審美對象和審美主體之間，都保持一定的心理距離。這種距離「介於我們自身與我們的感受之間」（布洛〈作為一個藝術中之要素與美學原理的「心理距離」〉）。實現它的前提是排除功利的實用目的。布勞說：「是距離使得審美對象成為『自身目的』。是距離把藝術提高超出各人利益的狹隘範圍之外，而且授予藝術以『基準』的性質。⋯⋯尤其是距離提供了審美價值的一個特殊標準，以區別於實用的（功利的）、科學的或社會的（倫理的）價值。」「它的目的則在於實現審美價值。美，最廣義的審美價值，沒有距離的間隔就不能成立」。這個認知不僅適用於藝術現象，而且也適用於人生。布勞曾以霧海行船的例子來解釋他的「心理距離」概念：人在霧海行船時，常常因擔心被大海吞沒而為命運擔憂。這就是未能超越功利實用認知的緣故。相反，如果人們「忘掉那危險與實際的憂悶，把注意力轉向『客觀地』形成周圍黑色的種種風物」、「把寧靜與恐怖離奇地糅和在一起，人們可以從中嘗到一種濃烈的痛楚與歡快混合起來的滋味」。（布洛〈作為一個藝術中之要素與美學原理的「心理距離」〉）這兩種不同的處理方式，其根源就在於是「存象忘意」，還是「得意忘象」，即所謂主體與客體之間是否保持了審美距離。無獨有偶，東晉士人也有一個與此非常類似的故事：

謝太傅盤桓東山時，與孫興公諸人泛海戲（劉注引《中興書》：安先居會稽，與支道林、王羲之、許詢共遊處，出則漁弋山水，入則談說屬

文，未嘗有處世意也)。風起浪湧，孫、王諸人色並遽，便唱使還。太傅神情方王，吟嘯不言。舟人以公貌閒意說，猶去不止。既風轉急，浪猛，諸人皆喧動不坐。公徐云：「如此，將無歸？」眾人即承響而回。於是審其量，足以鎮安朝野。(《世說新語‧雅量》)

謝安與眾人的區別，正是布勞所說霧海行船時的兩種截然不同的反應。孫綽和王羲之雖然也是大詩人和藝術家，但當時彼地他們藝術家的細胞已經被危險和恐懼沖刷得一乾二淨，完全陷入和貼近現實的生死憂慮，故而驚惶失措，返歸心切。而謝安則忘掉了這些危險，把自己寧靜的目光，投向波濤洶湧的大海，從那壯觀的氣勢中得到一種強烈的審美快感，所以他能在危險的環境中仍然鎮定自若，神采飛揚，沉浸於審美的愉悅之中。與之相類，前文所述支遁養鶴畜馬的故事，也是與生活對象保持審美距離，以達到「得意忘象」境界的例證。

從以上三個層次的描述分析可以看到，在魏晉玄學「得意忘象」這一命題的規定影響之下，魏晉士族文人將其運用於人生領域，不僅使人生的煩惱和痛苦得到相當程度的解脫，而且還為人們對於「得意忘象」這一深奧玄學命題的理解，提供了形象的例證。作為一種人生態度，「得意忘象」的最大特點是它為處於苦悶和煎熬中的士族提供了以愉悅的態度面對人生的有效手段。如果說「得意忘象」的社會層次給士人帶來的是感性的快樂，哲理層次給士人帶來的是理性的愉悅的話，那麼審美層次給他們帶來的則是藝術和審美的愉悅。在戰亂頻仍，人們普遍苦悶無聊的社會環境裡，士族文人能夠苦中求樂，「得意忘象」這一玄學命題在人生領域的運用應是決定性的因素。

第六講　魏晉名士的審美

第七講

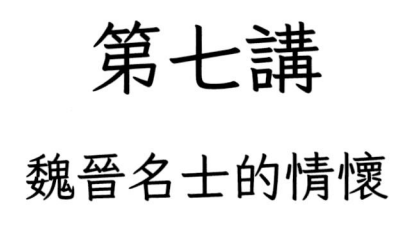

魏晉名士的情懷

第七講　魏晉名士的情懷

歷代文化的核心，是以封建帝王專制和等級制度為中心，以儒、道、釋三教為思想基礎，以官僚和文人的言行為主要載體的封建式文化。但在看到帝王文化的主導意義的同時，也要看到與之相互對立又相互吸引的隱士文化。而魏晉時期名士的隱逸生活是隱逸文化的一個重要階段，有許多隱逸文化的新亮點和新特色，也是魏晉風度中的重要畫廊之一。

■名士歸隱的政治蘊含

　　隱士活動的政治內涵，突出表現在他們與皇權的關係上。隱士形成有兩個基本要素：一是士人的獨立意識，即「道」優於「勢」的信念；二是皇權所希望的隱士的社會使命，即在皇權與社會的矛盾中有協調作用。這就決定了隱士與皇權間無所不在的緊密關係：皇權一方面既要用隱士來裝潢門面，又要避免隱逸之風可能產生的不安定因素；隱士一方既要追求獨立意識，又不得不承認為人君之臣民的現實，即儘管「道」優於「勢」，可又不得不服從「勢」的絕對統治。於是，雙方如同一對命裡注定的冤家，互相排斥，而又互相吸引。

經過前代的教訓，魏晉時期的皇權與士人都開展了對雙方關係相處方式的思考與研究。其活的標本，便是「竹林七賢」。《世說新語‧任誕》為我們描繪了這個隱逸族群的產生概況：

陳留阮籍，譙國嵇康，河內山濤，三人年皆相比，康年少亞之。預此契者，沛國劉伶，陳留阮咸，河內向秀，琅邪王戎。七人常集於竹林之下，肆意酣暢，故世謂「竹林七賢」。

讀過嵇康〈與山巨源絕交書〉的人不免要有這樣的疑惑：既然七賢是一個親密無間的隱退族群，為什麼嵇康還要把山濤罵得狗血噴頭，並且與之絕交呢？明白了這個問題，我們也就明白了竹林七賢在隱逸文化史上的真正意義。

魏晉時期皇權與士人在處理相互關係上比較務實。在不斷的選擇和揚棄中，他們逐漸找到了雙方不得不接受的相處方式。七賢中對皇權的三種不同態度，便是這種選擇和揚棄的過程。

第一種為對抗式，只有嵇康一人。嵇康繼承了東漢以來逸民隱者的疑君和無君思想，他不僅公開唱出「非湯武而薄周孔」的論調，還在行為上付諸實施，傲視王侯。這種處世方式的危險性被山林中真正的隱者看得清清楚楚。據《世說新語‧棲逸》載，一次嵇康在汲郡（治所在今河南汲縣西南）漫遊，遇見了道行高深的道教徒孫登，便和他一起交往遊樂。臨別時，孫登對嵇康說：「你的才能很高，但卻缺少保全自身的辦法」。《文士傳》記載孫登還用火與光的關係來開導嵇康：「子識火乎？生而有光，而不用其光，果然在於用光。人生有才，而不用其才，果然在於用才。故用光在乎得薪，所以保其燿；用才在乎識物，所以全其年。今子才多識寡，難乎免於今之世矣！子無多求！」但嵇康並沒有聽進這些話，繼續公開與司馬氏政權對抗。直到被捕入獄，嵇康才意識到孫登的

第七講　魏晉名士的情懷

先見之明，寫詩自責：「昔慚下惠，今愧孫登！」實際上已經違心地否定了自己的處世之道。這種方式儘管很崇高，很悲壯，但不現實。

與此相反的方式是投靠式。其中山濤明白得最早。他儘管在竹林與嵇康等人遊玩隱逸，但心裡早就盤算著怎樣才是保身之道。四十歲時他便做了趙國相，入晉後又歷任要職。所以才遭到嵇康的怒斥。其實山濤的投靠正是隱士與皇權關係中的一種適應，目的是全身，而不是出賣靈魂。所以儘管被嵇康罵得難堪，但山濤仍沒有忘記這位老朋友的後代。嵇康遇難後，山濤仍然舉薦嵇康的兒子嵇紹擔任祕書丞。嵇紹向山濤諮商是否就任及出世入世的道理，山濤說：「我為你思考很久了。天地四季，尚且有消長盈虛，何況是人呢！」山濤的話等於是他的處世宣言，即人的處世要順應時勢，能屈能伸，以保全自己。這種方式不久也為向秀所效法。嵇康被殺後，向秀拿著本郡的各種文書簿冊來到洛陽朝廷，司馬昭問他：「聽說你有隱居的志向，為什麼又來到這裡呢？」向秀回答說：「巢父、許由這些拘謹自守的人是不值得效法稱羨的」。司馬昭聽了，大為讚賞。按《莊子・逍遙遊》篇「堯讓天下於許由」一段郭象注曰：「夫能令天下治，不治天下者也。故堯以不治治之，非治之而治者也。今許由方明既治則無所代之，而治實由堯，故有『子治』之言。宜忘言以尋其所況，而或者遂雲治之而治者堯也；不治而堯得以治者許由也。

斯失之遠矣。夫治之由乎不治，為之出乎無為也。取於堯而足，豈借之許由哉？若謂拱默乎山林之中，而後得稱無為者，此莊老之談所以見棄於當塗。當塗者自必於有為之域而不反者，斯由之也」。這段話的中心意思，是強調隱逸與為政並無二致。這是對莊子原意的歪曲。余嘉錫《世說新語箋疏》說：「莊生曳尾塗中，終身不仕，故稱許由，而毀堯、舜。郭象注《莊》，號為特會莊生之旨。乃於開卷便調停堯、許之間，不

以山林獨往者為然,與漆園宗旨大相乖謬,殊為可異」。清人姚範《援鶉堂筆記》認為郭象這段注實取自向秀,他說:「郭象之注,多本向秀。此疑鑒於叔夜菲薄湯武之言,故稱山林、當塗之一致,對物自守之偏徇,蓋遜避免禍之辭歟?」向秀歪曲莊子原意的動機,與前面故事中所敘他對巢父、許由歪曲否定是完全一致的。這是對傳統隱逸理論的重大修正,即隱逸應服從並迎合皇權的絕對統治為前提。

這種思想在魏晉間並非空谷足音,王昶在〈誡子書〉中也說:「夫人為子之道,莫大於保身全行,以顯父母。欲使汝曹立身行己,遵儒者之教,履道家之言,故以玄默沖虛為名。欲使汝顧名思義,不敢違越也。夫能屈以為伸,讓以為得,弱以為強,鮮不遂矣。若夫山林之士,夷、叔之倫,甘長飢於首陽,安赴火於綿山,雖可以激貪勵俗,然聖人不可為,吾亦不顧也」。(見《三國志・魏志・王昶傳》)又據《晉書・劉毅傳》載,司馬昭開始闢劉毅為相國掾時,劉毅以疾而辭,多年不就。後來有人傳說劉毅辭官是因為心懷曹魏,劉毅就嚇得趕忙應命為官。可見這些人的投靠為官,主要是全身之道所致。

第三種方式是矛盾式,以阮籍為代表。阮籍在很多方面與嵇康是一致的。如嵇康提出要「非湯武而薄周孔」,阮籍就乾脆提出「無君論」的思想,甚至講出「無君而庶物定,無臣而萬事理」這種犯忌的話來。在目無禮法、行為放達方面,兩人也是如出一轍。但兩人的下場卻截然相反,其中的關節就在於誰能有全身之道上。嵇康把心裡所想的東西和盤托出,因而招來殺身之禍。而阮籍卻善於把對外界的褒貶藏在心裡,因而能夠得到司馬昭的賞識,如李秉在〈家誡〉中說,他曾經和三位長史覲見司馬昭,辭行之前,司馬昭問他們:「為官者應清廉、謹慎、勤勉,做好這三點,還有什麼治理不好的?」三人唯唯受命。司馬昭又問:「如

第七講 魏晉名士的情懷

果實在要在三者當中保留一個，應該保留哪一個？」有人說應以清廉為本，又來問李秉，他回答說：「清廉和謹慎是相輔相成的。逼不得已，謹慎才是最重要的」。司馬昭表示同意，又問能否舉出近來堪稱謹慎的典範人物。李秉就舉了太尉荀景倩、尚書董仲達、僕射王公仲等人。司馬昭說：「這些人每天從早到晚都小心翼翼，確實算是謹慎。但天下之至慎者，非阮籍莫屬！每次和他說話，他總是說些雲山霧罩的話，也從不評論時事，評價人物。他才是最謹慎的人啊！」在司馬昭看來，士人做不做官，做官清不清廉，勤不勤政，都無關緊要。最要緊的，是聽不聽話，嘴巴老不老實。而且他十分注意觀察士人，看誰最符合這個標準。他親自樹起的服從典型，便是阮籍。所以，司馬昭對阮籍冒犯禮法的舉動，便視為枝節小事，不足一提。當有人以此為藉口，對阮籍落井下石時，司馬昭竟能予以保護。如阮籍遭遇母喪的時候，公然在司馬昭那裡飲酒吃肉。當時司隸也在座，趁機向司馬昭進讒言說：「陛下正在提倡以孝治天下，可阮籍卻在重喪期間公然在陛下面前飲酒食肉，應該把他流放到海外，以正風教！」司馬昭說：「阮籍痛苦成這個樣子，你為什麼不能與他分憂？況且有病的時候飲酒食肉，本來也是符合禮教規定的！」阮籍在旁邊照飲照吃不誤，神色自若。司馬昭與阮籍之間完成了一筆交易，阮籍付出的是服從和忍耐，換來的是承認和保護。這筆交易在高潔之士看來不免有些骯髒，但我們必須看到這筆交易在隱逸文化史上的意義：它以雙方自我調節的方式，把皇權與隱士之間的相處方式，調到了最佳位置。司馬昭屢次保護了阮籍性命，阮籍也在司馬昭即將上臺前夕，受人之託寫了勸進表。真是你來我往，互通有無。宋人葉夢得《避暑錄話》說：「阮籍既為司馬昭大將軍從事，聞步兵廚酒美，復求為校尉。史言雖去職常遊府內，朝宴必與。以能遺落世事為美談。以

吾觀之，此正其詭誘，佯欲遠昭而陰實附之。故示戀戀之意，以重相諧結。不然，籍與嵇康當時一流人物也，何禮法之士疾籍如仇，昭則每為保護，康乃遂至於殺身？籍何以獨得於昭如是耶？至勸進之文，真情乃見」。葉氏可謂找到了嵇、阮二人舉止相同而下場各異的原因。這一點連嵇康也看到了，「阮嗣宗口不論人過，吾每師之，而未能及。至性過人，與物無傷，唯飲酒過差耳。至為禮法之士所繩，疾之如仇，幸賴大將軍保持之耳」（〈與山巨源絕交書〉）。

說阮籍這種方式矛盾，是指它雖然能保全性命，而且也沒像向秀、山濤等人那樣認真地做官，但它畢竟在相當程度上損害了隱士的赤誠、高潔之心。所以阮籍保全生命的代價除了自己的「至慎」外，還有內心極度的痛苦：

王孝伯問王大：「阮籍何如司馬相如？」王大曰：「阮籍胸中壘塊，故須酒澆之」。（《世說新語·任誕》）

阮籍隱逸之心未泯，所以才十分在乎自己為保全性命所付出代價的昂貴。他的生命如果受到威脅，可以由司馬昭來保護，但由此而產生的內心極度煎熬，卻是任何人都無法洞悉、無法分擔的：「終身履薄冰，誰知我心焦！」（〈詠懷詩〉）《魏氏春秋》云：「阮籍常率意獨駕，不由徑路，車跡所窮，輒痛哭而反」。與阮籍相似的，還有七賢中的劉伶和阮咸。

竹林七賢以試驗田的方式，向後人展示了各種與皇權相處的方式。從此便使隱士與皇權關係的調整，進入了自覺的階段。

皇權一方面在隱士不抗拒其統治的前提下，盡量予以優容，甚至親密無間。這可以晉簡文帝司馬昱為代表。《世說新語》中記載了很多他與諸位名士、隱者揮麈談玄，遊弋山水，相濡與共，親密無間的故事。

第七講　魏晉名士的情懷

如果不是帝王的身分，他本人或許就是一位名士或隱者。

在隱士一方，仕隱兼通逐漸成為時髦的風氣。在山濤、向秀之後，郭象、張華、石崇、潘岳、陸機，以及東晉時期謝安、戴逵、王羲之、孫綽、謝靈運等人無不志在軒冕而又棲身江海。《世說新語》中，留下了很多他們或仕或隱的生動故事，其中可以謝安為代表。

謝安從四歲起到弱冠止，就從當時幾位地位顯赫的大族那裡得到極高評價。但謝安並沒有急不可待地出來表演、做官，他採取了欲揚故抑、欲仕故隱、待價而沽的辦法。司馬昱已經看出謝安出山的必然，說明皇權對招攬隱士的自信。其實，連謝安自己也偶爾在玩笑中透露出將來未必不出仕的意思。妻子和謝安開玩笑說：「大丈夫難道不應如此嗎？」謝安捏著鼻子笑著說：「恐怕也免不了吧！」這裡的「免不了」，除了自己未必不出的意思外，主要還有憚於時勢，不得不出的意思。果然，在一代梟雄桓溫的壓力下，他出任桓溫手下司馬。這不僅意味著對其隱居生活的否定，也招來了很多士人的諷刺、挖苦和揶揄。

這也是謝安一類仕隱兼通的形象寫照，也說明了隱士文化內涵的修正和擴大。

嵇康　　　　　　劉伶

名士歸隱的政治蘊含

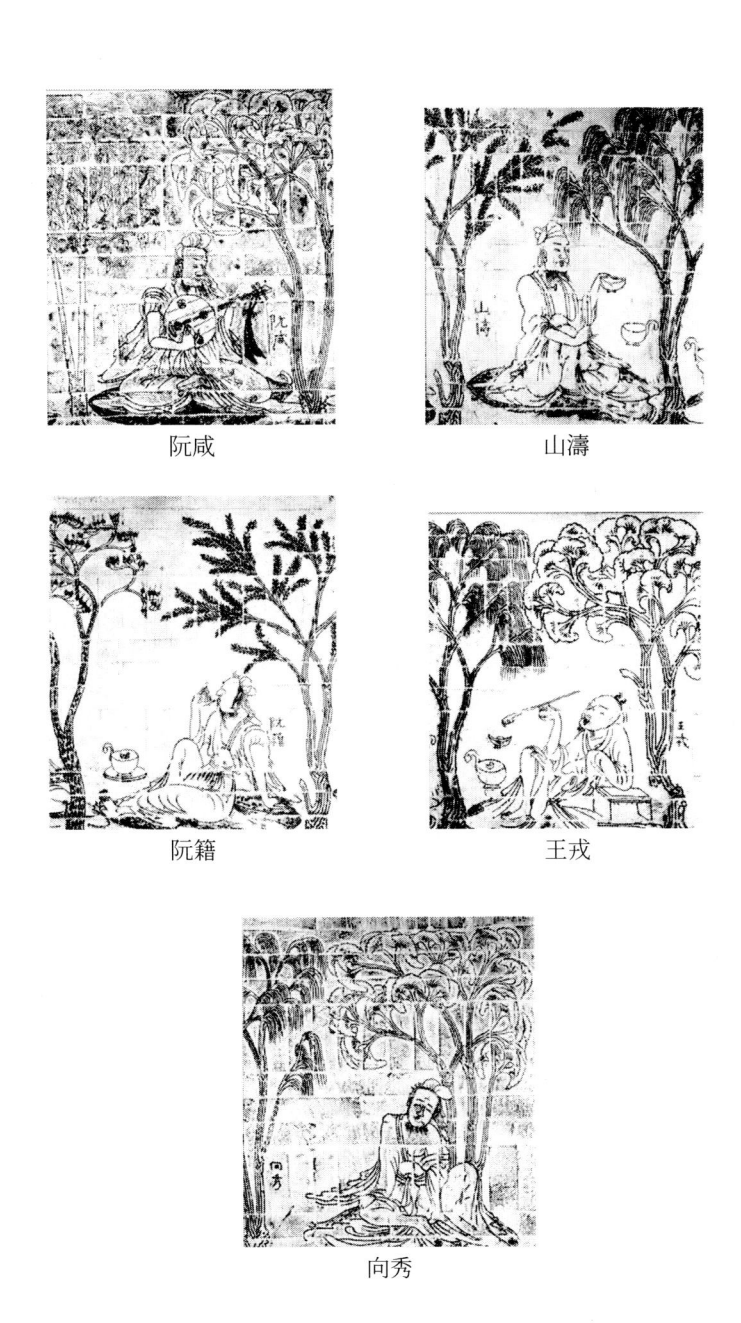

阮咸

山濤

阮籍

王戎

向秀

第七講　魏晉名士的情懷

■名士歸隱的思想指歸

　　人們一般把儒、道、釋三家視為傳統思想的三大支柱，並以「儒道互補」來概括歷代文人的常規心理。而隱士的政治態度和社會角色，決定了他們必然傾向於道家一面。魏晉時期的隱士多為名士，名士們以莊解儒、崇尚虛無的思想，不僅當然地代表了隱士的思想，而且也集中體現了古代隱士的基本思想特徵。

　　莊子的崇尚虛無，主要表現了憎惡文明社會弊端的人對自然的傾倒和回歸自然的願望。魏晉玄學家則運用這一基本的核心，來建構理想的人格本體。

　　率先將「無」與人的品格相連繫的，是魏初時刑名家劉劭。劉劭在《人物志》中，從政治學說的角度出發，特別推崇具有「中庸之德」和「中和之質」的君主，反對那種只具有某一方面才能的「偏至之材」。因為偏至之材皆一味之美，不能和解和統馭五味；而「中和之質，必平淡無味，故能調成五材，變化應節」。後來的玄學家便在此基礎上明確提出「以無為本」的觀點。何晏和王弼認為：「天地萬物，皆以無為本。無也者，開物成務，無往不存者也。陰陽恃以化生，萬物恃以成形，賢者恃以成德，不肖恃以免身。故無之為用，無爵而貴矣」。具體來說，他們一方面看到「有」與「無」之間的辯證關係，即有限是無限的表現，無限存在於有限之中（何晏〈無名論〉。嚴可均輯《全三國文》卷三九，一九六一年影印本）。另一方面，他們又推測無限高於有限的價值。即無限雖不能用它確指某一可名的單個事物，但卻可以用一切可能的名稱去稱呼它。它不受某一確定事物的限定，卻可以包羅一切可能的有限事物。王弼又進一步把無限視為包括「帝王」、「聖人」在內的最高人格理想的本體。聖人掌握了無限，也就不會失去一切有限（《王弼集校注·老子指略》，一九八

〇年版)。這樣,王弼就在理論上完成了人格理想本體論的建構任務(參見李澤厚、劉綱紀主編《中國美學史》第二卷,一九八七年版)。

「貴無」思想的確立,奠定了玄學的理論宗旨。同時,它也深深作用於包括隱士在內的士人的思想和生活行為方式之中,成為他們生活行為方式的潛在槓桿。如:

> 王輔嗣弱冠詣裴徽,徽問曰:「夫無者,誠萬物之所資,聖人莫肯致言,而老子申之無已,何邪?」弼曰:「聖人體無,無又不可以訓,故言必及有;老、莊未免於有,恆訓其所不足」。(《世說新語‧文學》)

在王弼生活的魏初,人們還常把「有無」作為話題來談,在此以後,「貴無」便主要滲透在人們的行為過程中。其具體表現,是推崇具有「中和之質」和「平淡之味」的人物。而隱士的品格正是這樣的味道:

> 時人道阮思曠:「骨氣不及右軍,簡秀不如真長,韶潤不如仲祖,思致不如淵源,而兼有諸人之美」。(《世說新語‧品藻》)

這位兼有諸人之美的阮裕,即為著名的隱士。《世說新語‧棲逸》載他在東山隱居時,經常悠閒自得地把腳捧在懷中。有人問王羲之,王羲之說:「此君近不驚寵辱,雖古之沈冥,何以過此?」

然而更為瀟灑的,還是隱士們在生活行為中對「貴無」理論的靈活運用和對無限境界的追求。如一次支遁出於隱逸的興趣和對自然的喜好,打算買下剡山之側的沃洲小嶺,欲為幽棲之所。但另一位隱士兼僧人竺法深說:「想幽棲來這裡便罷了,沒聽說巢父和許由這些古時隱士還要買山而隱」。聽了這話,支遁便慚愧地作罷。買山是為了隱居,隱居是一種瀟灑、曠達的行為,是玄學家和僧人們共同追求的虛無境界。但用金錢買山而隱,卻與「虛無」二字大相逕庭,是有在無先的表現。又如:

第七講　魏晉名士的情懷

　　竺法深在簡文坐，劉尹問：「道人何以遊朱門？」答曰：「君自見其朱門，貧道如遊蓬戶」。（《世說新語・言語》）

　　朱門的有無並不在於它是否存在（有），而在於你是否去感覺它（無）。只要內心虛無了，也就沒有朱門與蓬戶的區別，在朝在野也就無所謂了。而劉惔問話的失誤，就在於他先有兩者的區別，並不符合無在有先的思想。所以《高逸沙門傳》也說竺法深雖「升履丹墀，出入朱邸，泯然曠達，不異蓬戶也」。

　　謝安曾評價褚季野（裒）「雖不言，而四時之氣皆備」。說明四時之氣這一無限的精神境界比起有言來要重要得多，所以謝安本人就十分追崇這樣的境界。謝安夫人在教育孩子時，有時責備丈夫不教育孩子。謝安的回答是：「我每天都在教育孩子，只是你看不出來就是了」。的確，教育的最高境界，應該是看不出教育的痕跡。這樣的教育不僅可以完成教育本身的任務，其本身也是一門優美的藝術。謝安就是這樣一位天才。兒子謝玄小時候喜歡把紫羅香囊搭在手上，謝安不喜歡這種做法，卻又不願意傷害孩子的自尊，便假裝與兒子相賭，贏得後便立即燒掉香囊。謝據曾上屋頂燻鼠，遭到兒子謝朗的嘲笑，並沒完沒了地逢人便說。

　　謝安知道後就對孫子說：「聽說外面有些中傷你爸爸的話，連我也被中傷了」。謝朗聽了，十分慚愧，懊惱得竟一個月沒出家門。只有洞曉「有」、「無」關係的底蘊，才能達到如此運斤成風、揮灑自如的境界。

■隱逸生活的自由境界

　　人生活在社會當中，就不可避免地要面臨如何處理個人與社會的關係問題。是把個人交給社會，還是傲然獨立於社會，這是每個人都無法迴避的。由於各種因素的制約，人們不外從入世和出世兩個方面考慮自

己的選擇。於是很早便有了孔夫子的「立德、立身、立言」和老莊清靜無為的主張。不過在秦統一以前,人沒有固定的君王,個人與社會的矛盾還不那麼明顯,所以個人問題也沒有那麼突出。自秦統一以後,個人第一次要面對一個帝王,而且要在各方面服從皇權的絕對意志。人的個性受到了極大的壓抑與窒息。所以從東漢起,隨著門閥世族的興起,個人的願望和利益開始受到重視。

從隱士自身的特點看,隱士從產生那天起,就是作為游離於社會之外的間離物而出現的。清高孤介、潔身自好這些隱士的基本特徵儘管在不同時代不同隱士身上的比重不同,但沒有它即不可稱為隱士。尤其在世族興起、個人意願高蹈的漢末至魏晉間,隱士的這種基本素養更是如魚得水,迅速膨脹,大有一發而不可收之勢。

重個人、輕社會的風氣與漢末以來名教與自然的矛盾與危機互為因果。君臣之倫的危機表現在君權思想與君臣關係的淡漠,對君權已從懷疑而走向否定,隨之而來的便必然是臣民觀念的動搖;另一方面,儒家所提倡的名教禮法至東漢後期變得更加虛偽和高度形式化,也遭到了很多人的唾棄,並追求符合人的自然心性的人倫關係。於是人們逐漸從名教的束縛中掙扎出來,徜徉於自然的境界之中。

眼前酒與身後名

率先舉起張揚自我、反對名教、蔑視社會旗幟的旗手是嵇康和阮籍。嵇康在〈與山巨源絕交書〉中談到辭官的理由時,舉了「七不堪,二不可」,全部是從做官如何妨礙個人自由的角度來拒絕為官,最後說:「統此九思,不有外難,當有內病,寧可久處人間邪?又聞道士遺言,餌術黃精,令人久壽,意甚信之;遊山澤、觀魚鳥,心甚樂之;一行作吏,

第七講　魏晉名士的情懷

此事便廢，安能捨其所樂而從其所懼哉！」這可視為他「越名教而任自然」思想的具體陳述。阮籍也明確提出「禮豈為我輩設也」的口號，並且在行動上毫無顧忌地與禮教唱反調。就連他的兩次做官，也是與名教開的玩笑。因為知道他放達不羈，不願做官，司馬昭也就不勉強他。可一次阮籍主動提出去作東平太守，司馬昭趕忙答應。可阮籍上任後唯一的政績便是讓手下人把官府的牆壁全部打通，使內外可以相望。然後便整天無事可做，待了十幾天，便騎驢而去。後來又聽說步兵校尉廚中有存酒數百斛，又要求任步兵校尉。來到官府後，便只顧大飲，不問政務。傳說他就是在酒廚中與劉伶痛飲並醉而死的。

西方浪漫主義的個人主義理論認為：「人的一切社會成功都意味著他作為個人的失敗，而表面看來是失敗的東西其反面卻是成功」。（〔俄〕伊戈爾‧科思（Igor Kon）《自我論》，一九八六年版）從社會的角度看，嵇康和阮籍是失敗者；但從個人角度看，他們卻是成功者。在這兩面旗幟影響下，許多魏晉間的隱士放棄了社會權貴富庶的誘惑，去品嘗那個人之果的稀奇味道：

張季鷹縱任不拘，時人號為「江東步兵」。或謂之曰：「卿乃可縱適一時，獨不為身後名邪？」答曰：「使我有身後名，不如即時一杯酒！」（《世說新語‧任誕》）

張翰的話已經把他們對名利富貴與個人自由的看法，說得清澈見底，真不愧是阮籍第二、「江東步兵」。就是這位江東步兵，在洛陽齊王手下任東曹掾時，一次見秋風乍起，便想起自己家鄉的美味蓴菜羹和鱸魚膾，說：「人生最寶貴的就是自由快樂，怎麼能為了官爵把自己拴在這千里之外受罪呢？」於是便辭官回到家鄉。這與陶淵明的不肯為五斗米而折腰向鄉里小兒的舉動完全一樣，表現了這些隱士們在這個問題上的

清楚認知。又如：

李廞是茂曾第五子，清貞有遠操，而少羸病，不肯婚宦。居在臨海，住兄侍中墓下。既有高名，王丞相欲招禮之，故闢為府掾。廞得箋命，笑曰：「茂弘乃復以一爵假人！」（《世說新語・棲逸》）

既然人生貴在適意自由，那一頂烏紗怎能換去如此寶貴的東西？又如驃騎將軍何充的五弟何準也是一位高潔隱士，當何充勸他出來做官時，何準說：「我雖然排在老五，卻不比你這個驃騎將軍差！」把隱士之樂，看得高於做官。有了這種價值標準，仕途之人才被隱者視如糞土：

南陽翟道淵，與汝南周子南少相友，共隱於尋陽。庾太尉說周以當世之務，周遂仕，翟秉志彌固。其後周詣翟，翟不與語。（《世說新語・棲逸》）

是什麼使兩位舊友反目呢？是對仕隱、名教與自然的不同看法。又如：

孟萬年及弟少孤，居武昌陽新縣。萬年遊宦，有盛名當世，少孤未嘗出，京邑人士思欲見之，乃遣信報少孤，云：「兄病篤」。狼狼至都。時賢見之者，莫不嗟重，因相謂曰：「少孤如此，萬年可死」。（《世說新語・棲逸》）

可見那些崇尚自然的隱士，比起效力於名教的官人，更容易得到世人的青睞。拋棄了名教的束縛後，隱士們所獲得的，便是個人行為的極大自由：

王子猷居山陰，夜大雪，眠覺，開室，命酌酒，四望皎然。因起彷徨。詠左思〈招隱詩〉（劉孝標注：《中興書》曰：「徽之任性放達，棄官東歸，居山陰也」。左詩曰：「杖策招隱士，荒途橫古今。巖穴無結構，丘中有鳴琴；白雪停陰岡，丹葩曜陽林」），忽憶戴安道。時戴在剡，即

第七講　魏晉名士的情懷

便夜乘小船就之。經宿方至，造門不前而返。人問其故，王曰：「吾本乘興而行，興盡而返，何必見戴？」（《世說新語・任誕》）

王徽之在夜深人靜之際的舉止，完全憑隨心所欲、興之所至的意念驅使。這種自由，是蠅營狗苟、碌碌為官者所不敢想的。有了這樣的自由，才可以去遍嘗那人生中真正的快樂。「王右軍既去官，與東土人士營山水弋釣之樂。遊名山，泛滄海，嘆曰：『我卒當以樂死！』」（見《晉書・王羲之傳》）有了這樣的自由，才會有那種氣吞宇宙、俯視群小的氣度。

劉伶恆縱酒放達，或脫衣裸形在屋中，人見譏之。伶曰：「我以天地為棟宇，屋室為褌衣。諸君何為入我褌中？」這種境界如同尼采所說：「對於時代的、合時宜的一切，全然保持疏遠、冷淡、清醒；作為最高的願望，有一雙查拉圖斯特拉（Zarathustra）的眼睛，從遙遠的地方俯視人類永珍——並看透自己⋯⋯為這樣一種目的——何種犧牲、何種自我克服、何種自我否定會不值得？」（尼采《瓦格納事件》（*The Case of Wagner*）、《悲劇的誕生》，一九八六年版）嵇康詩：「息徒蘭圃，秣馬華山。流磻平皋，垂綸長川。目送歸鴻，手揮五絃。俯仰自得，遊心太玄。嘉彼釣叟，得魚忘筌。郢人逝矣，誰與盡言！」說的也是這種境界。

——「何可一日無此君」

人們的衣食住行雖多不經意而為，但卻好比是一面折射鏡，能夠反映出一個人的生活態度和生活品味。隱士的各種思想觀念、社會態度等，均程度不同地在衣食住行中有所反映。

〔明〕文徵明〈蘭亭修禊圖〉

　　古代的隱者多是在貧困、簡樸的生活中去表達一種高潔的志趣。如巢父以樹為巢，伯夷、叔齊採薇而食等。到了魏晉時期，這種山林隱士的高潔之風仍不乏其人。如嵇康在汲郡山中所見到的孫登，「無家，於汲郡北山土窟住，夏則編草為裳，冬則被髮自覆」。阮籍在蘇門山所見到的隱者，也是只有「竹實數斛，杵臼而已」。但隨著魏晉時世族的興起和很多世族文人仕隱兼通格局的出現，隱士們的生活開始出現了貴族化的趨勢。但這並沒有改變隱士們在生活上追求高雅情趣的基本核心，反而把這種情趣更加明確和具體化了。王羲之〈蘭亭集序〉所描寫的蘭亭，可以說是這種新的隱居環境的代表，「此地有崇山峻嶺，茂林修竹，又有清流激湍，映帶左右，引以為流觴曲水，列坐其次。雖無絲竹管絃之盛，一觴一詠，亦足以暢敘幽情」。《世說新語》中也記載了隱士們對這種高雅環境的營造：

　　康僧淵在豫章，去郭數十里立精舍。旁連嶺，帶長川，芳林列於軒亭，清流激於堂宇。乃閒居研講，希心理味。庾公諸人多往看之。觀其運用吐納，風流轉佳。加已處之怡然，亦有以自得，聲名乃興。（《世說新語・棲逸》）

第七講 魏晉名士的情懷

又如：

孫綽賦〈遂初〉，築室畎川，自言見止足之分。（劉孝標注：〈遂初賦敘〉曰：「余少慕老莊之道，仰其風流久矣。卻感於陵賢妻之言，悵然悟之。乃經始東山，建五畝之宅，帶長阜，倚茂林，孰與坐華幕擊鐘鼓者同年而語其樂哉！」）齋前種一株松，恆自手壅治之。高世遠時亦鄰居，語孫曰：「松樹子非不楚楚可憐，但永無棟梁用耳！」孫曰：「楓柳雖合抱，亦何所施？」（《世說新語・言語》）

由於移情作用，隱士們對那些山水田園中的激流湍水、松柏修竹似乎有特殊的興趣，因為他們可以從中寄託自己的志趣，觀照自己的人格。所以他們很注意隱居之所地點與環境的選擇。除了環境幽雅，山水靈性這些自然因素外，還十分注意環境的修飾。康僧淵在軒庭中搞上一片芳林，孫綽在房前種上一棵松樹，王徽之連暫時借住別人的房子，也要趕快種上竹子，說：「何可一日無此君？」這些都反映了隱士們這種高潔雅興。

比起前代的隱士，魏晉隱士們似乎生活環境顯得優厚了，但與很多當時貴族相比，他們仍顯得清貧。而且他們沒有丟掉古代隱士們的精神核心，仍然以貧潔為榮，倚貧而凌富：

阮仲容、步兵居道南，諸阮居道北。北阮皆富，南阮貧。七月七日，北阮盛晒衣，皆紗羅錦綺。仲容以竿掛大布犢鼻褌於中庭。人或怪之，答曰：「未能免俗，聊復爾耳」。（《世說新語・任誕》）

面對貴族們藉晒衣的機會大肆炫耀家財的庸俗之舉，阮咸針鋒相對地挑起了粗布圍裙。在這強烈的反差對比中，阮咸以貧為榮的自信和對貴族們的蔑視，已經呼之欲出。更有意思的是許詢。他在永興隱居時，住在洞穴之中，卻經常接受四方達官貴人所贈送的各種禮物，有人問

他:「聽說隱居之人並不這樣貪心!」許詢卻振振有詞地說:「比起堯讓給許由的天子之位來,這又算得了什麼呢!」這個巧妙的回答不僅表明了隱士之初衷未變,而且也為當時隱士們生活條件的部分改變找到了一個再好不過的藉口。

第七講　魏晉名士的情懷

第八講

魏晉名士的飲酒

第八講　魏晉名士的飲酒

　　從阮籍到劉伶,「竹林七賢」等魏晉名士留給後人的深刻印象就是爛醉如泥、酒氣熏天的酒鬼形象。如何評價這種飲酒行為,成為歷代人們熱衷的話題。道學家認為魏晉名士飲酒不僅耽誤了國家大事,而且那種酒氣熏天的樣子實在不成體統。但從明末王學左派,到魯迅和王瑤先生,卻對魏晉名士的飲酒給予很高的評價。可見價值觀念的不同,會導致對同一問題的相反看法。

　　時過境遷,今天我們對於魏晉名士飲酒行為的認知,也許不必在是非問題上強分軒輊,而是從學理和科學的角度,從認知的方面了解其飲酒形態變異情況,尤其是其飲酒行為背後所隱藏的文化演變軌跡。

■生活無處沒有酒

　　酒一旦進入人們的社會生活，其作用也就超出人們的設定和想像，無所不在地表現在生活的各個方面。有人乘著醉意，說出一些平日不敢說出的話。晉武帝不顧太子司馬衷的愚鈍，堅持要傳位給他。眾朝臣多以此為憂。衛瓘總想直諫武帝，勸其廢掉太子衷，但一直不敢說出。一次，武帝在陵雲臺設宴，衛瓘喝得大醉，跪在武帝面前，說：「臣欲有所啟」。武帝說：「公所言何耶？」衛瓘幾次欲言而止，最後撫摸著龍床，嘆息道：「此座可惜！」意思是說不該傳給司馬衷。武帝聽出了他的意思，卻也假裝糊塗地說：「公真大醉耶！」衛瓘知道武帝主意已定，遂不再提及此事。兩個人的意見針鋒相對，又事關國家命運，卻能在調侃的氣氛中和風細雨地解決。很顯然，酒在這裡有著緩衝和調和的作用。酒，還有些意想不到的效果。當蘇峻作亂時，庾氏家族紛紛逃散。庾冰當時任吳國內史，隻身出逃。周圍百姓和官吏都跑了，只有府中一個差役用小船載著他逃到錢塘江口，用蓆子遮蓋著他。當時蘇峻懸賞捉拿庾冰，叮囑各地搜查，形勢非常急迫。那個差役把小船丟在市鎮的港口邊，自己跑到市裡喝得酩酊大醉而歸。差役來到小船前，還醉醺醺地揮舞船槳對小船說：「何必到處去找庾冰，他就在船裡啊！」庾冰聽到這話嚇得戰慄不止而又不敢動彈。那些搜捕者見到小船狹窄，以為差役酒後胡說，就放過他們走了。差役把庾冰送過浙江，寄住在山陰魏家，庾冰這才得免。後來叛亂平定，庾冰想要報答那個差役，問他有什麼願望要求。差役說：「我出身賤役，不慕名譽官位，只是自小苦於當差，常以酒解憂，所以和酒很有感情。如果後半輩子能喝足酒就足夠了」。庾冰就建了一座大房子給他，買了奴婢，存上上百斛的酒一直供養他到死。

　　又如桓溫十分喜歡豪飲之士，衛永在他手下任長史，深受器重。桓

第八講　魏晉名士的飲酒

溫經常提著酒肉找衛永，兩人箕踞相對飲酒幾天不止。可這些酒鬼有時也使桓溫躲避不及。桓溫為徐州刺史時，謝奕為晉陵太守，桓溫對謝奕和對一般人沒有什麼兩樣。後來，桓溫遷任荊州刺史、安西將軍，希望能讓謝奕跟隨自己西行，便對謝奕十分熱情。不久，桓溫便引薦謝奕為司馬。可是謝奕是個大酒鬼，以前在剡縣當縣令時，有位老翁犯法，謝奕不忍嚴用處罰，竟罰他喝酒，灌得老翁大醉。這次在桓溫手下上任，仍與桓溫以布衣之交相處，經常在桓溫的公衙內吟詩吹口哨，被桓溫稱為自己的「方外司馬」。後來，謝奕總是喝得爛醉如泥，並且與桓溫舉動輕狎，還總跟著桓溫。桓溫有些撐持不住，只得躲進老婆的房間裡避難。桓溫平時很少與夫人親熱，夫人見丈夫因此而來，高興地說：「君無狂司馬，我何由得相見！」

〔明〕董其昌〈酒德頌〉

■進入靈魂逍遙世界的媒介 —— 酒

從早期的文獻記載來看，酒的出現幾乎和中華文明同步。但早期先民造酒的首要目的是為了祭祀鬼神和祖先。從殷墟出土的眾多酒器來看，殷人以好飲酒著稱。殷人飲酒的主要目的是祭祀。今文《尚書》中的〈酒誥〉一篇，是古代最早專門闡述酒的政治文化意義的文章。在這篇誥文中，鑒於殷王朝縱酒亡國的事實，周公以周成王名義釋出命令，嚴禁違章飲酒。他的基本邏輯是，上天造出酒來，並不是給人享用，而是為了祭祀鬼神和祖先。但殷紂王等人忘記了這一點，荒淫縱酒，所以導致國家的滅亡。既然如此，為了避免重蹈殷朝覆轍，保持國家昌盛，就要

嚴格禁止「群飲」、「崇飲」，違者處死。〈酒誥〉上說：「祀茲酒，唯天降命，肇我民，唯元祀。天降威，我民用大亂喪德，亦罔非酒唯行」。孔氏傳：「唯天下教命始令，我民知作酒者唯為祭祀。……天下威罰使民亂德，亦無非以酒為行者。言酒本為祭祖，亦為亂行」。這裡很清楚地強調出用酒祭神和祭祖的初衷所在。這一點，從青銅時代那些造型莊重而恐怖的酒具功用上，便可以得到證實。故而《春秋元命苞》上說：「酒旗主上，尊所以侑神也」。

飲酒的這一宗教祭祀目的在先秦典籍中可以得到具體的描述。其中尤以《詩經》中的〈雅〉、〈頌〉為多。《詩經‧大雅‧既醉》一篇就是描寫周成王在祭祀宗廟時遍飲群臣，使之皆入醉鄉，以使其具有君子之風，並能將此風延續後代。

應說，作為西周時期的作品，周成王的做法已經在一定程度上改變了飲酒祈求神靈的初衷。他實際上是藉助祭祀中的飲酒，來達到他教化臣民的目的。但無論如何，飲酒在形式上的祭祀功能，不僅為周成王所承認和使用，而且直到今天，許多祭祀活動仍然都離不開酒的影子。

如果說殷人以祭祀為目的的飲酒與西周以禮制為目的的飲酒有什麼根本的區別的話，那就在於殷人的以酒祭祀神靈，目的在於藉自己與神靈的親暱關係來告訴民眾自己是神靈的佑護者，達到鞏固其統治的目的；而周人則藉助飲酒這一祭祀神靈的形式來為自己的禮制統治服務。兩者儘管角度不同，但在讓飲酒為其政治統治服務這一點上卻是一致的。換句話說，他們所設計的飲酒活動，主要是社會性的功用，而不是個人的享用。

到了東漢後期，隨著封建政權的分崩離析，那種統治者藉飲酒所維護的政治統治已經漸趨瓦解。飲酒的社會性功用的根基已經徹底動搖。

第八講　魏晉名士的飲酒

同時，士族的力量不斷強大，使得他們的個體意識也不斷增強。

他們不僅把飲酒作為其貴族生活的一部分，而且還努力從中去尋找更高層次的從屬於個體的精神追求。這一精神追求的理性泉源來自他們玄學思想中對《莊子》「逍遙」境界的理解。

從「竹林七賢」開始，士族文人就努力去體會和追步莊子所倡導的不依賴外界的條件而獨自自由馳騁的無限境界。阮籍在〈大人先生傳〉中說：「夫大人者，乃與造物同體，天地並生，逍遙浮世，與道俱成，變化散聚，不常其形。……今吾乃飄搖於天地之外，與造化為友，朝飡湯谷，夕飲西海，將變化遷易，與道周始，此之於萬物，豈不厚哉？」在〈清思賦〉中，他又將進入這種逍遙境界的感受描述為：「夫清虛寥廓，則神物來集；飄搖恍惚，則洞幽貫冥；冰心玉質，則皦潔思存；恬淡無欲，則泰志適情」。支遁也正是從「無待」和自由的境界，來解釋「逍遙」的真正準確含義，反駁向秀和郭象所謂「逍遙」是「適性」的觀點。支遁以「無待」解「逍遙」的觀點，不僅與何晏、王弼以來的玄學思想取得了一致和共鳴，而且也與阮籍等人追求的自由精神境界取得了溝通，並且也使這一觀點成為至今仍為人們普遍採用的關於「逍遙」的解釋。

儘管這一逍遙境界是一種較為純粹的精神追求，但魏晉士人仍然不滿足於此，他們還衷心地希望能夠從感官上對這種逍遙境界有所體會。於是，他們便將飲酒作為能夠進入這種逍遙境界的媒介和導引。這也正是「竹林七賢」中著名的飲酒名士劉伶在其唯一的傳世文章〈酒德頌〉中所描繪的近乎遊仙般的飲酒境界。從文中所表達的思想境界不難看出，他的「意氣所寄」，正是阮籍在〈大人先生傳〉和〈清思賦〉中所描繪的那種令人神往的自由和逍遙境界。所不同的是，劉伶不僅愜意於這種自由的境界，而且還找到了達到這一境界的具體途徑。如果說他所說的「以

天地為一朝,萬期為須臾,日月為扃牖,八荒為庭衢。行無轍跡,居無室廬,幕天席地,縱意所如」是其人生理想境界,如果這種境界與阮籍的自由境界不謀而合,如出一轍的話,那麼接下來「行則操卮執瓢,動則挈榼提壺,唯酒是務,焉知其餘」便是進入這種逍遙境界的具體媒體。文章後半部分更是具體描述了這位大人先生是如何以狂飲爛醉的方式進入那遠離塵世的逍遙境界。這樣,逍遙境界也就不再是絕對虛無縹緲的抽象王國,而是即刻可就的眼前之物;同樣,酒醉後的飄忽狀態也就不再是酒精副作用的呈現,而是自己進入自由和逍遙境界的外化表現。

明白了劉伶這一對飲酒的高深意義的理解,也就不難理解為什麼他對酒情有獨鍾,以致到了「以酒為命」的程度。因為饞酒饞得厲害,劉伶就跟妻子要酒喝。妻子倒掉了酒,砸毀了酒器,哭著勸劉伶說:「先生喝酒太多,不是養生的辦法,一定要把酒戒掉!」劉伶說:「很好,可我自制能力差,只有在鬼神面前發誓戒酒才行。還是把祭祀的酒肉準備好吧」。妻子信以為真,就在神像前擺好酒肉,請劉伶過來發誓。只見劉伶跪下來發誓道:「天生劉伶,以酒為命。一次喝一壺,喝五斗才能解渴。女人的話,千萬不能聽!」於是「引酒進肉,隗然已醉矣」。看過他的〈酒德頌〉,便會自然明白他之所以那麼急於要「引酒進肉」,是因為有「隗然已醉」的目的驅使。因為醉便意味著他已經進入自己嚮往的那種逍遙與自由的境界。值得指出的是,劉伶在這裡所採用的所謂發誓戒酒的形式,正是古代以祈求神靈和宗廟為目的的祭祀形式。這就意味著古代祭祀飲酒那種莊嚴和神聖的色彩在魏晉名士的眼裡已經蕩然無存,只剩下那乾巴巴的外在形式供人們出於不同目的的使用。儘管「以酒解醒」的確是中外均不乏見到的一種解酒方式,但劉伶卻是用這一方式作為自己貪杯的藉口。對於劉伶來說,這貌似莊嚴的祭祀活動卻成了他騙來酒

第八講　魏晉名士的飲酒

肉，再次進入逍遙和自由境界的有效手段。在這具有諷刺意味的小小玩笑當中，已經完全可以透視出飲酒的文化內涵的根本轉變。

從他們飲酒之後進入醉態的表現中，也可以看出他們是如何身體力行地掌握和玩味那「以天地為一朝，萬期為須臾」、「行無轍跡，居無室廬」的逍遙感和自由感。劉伶經常縱酒放達，有時甚至脫衣裸體在屋裡。人家見了難免要批評他，他說：「我把天地當作房屋，把房屋當作衣褲，諸位為什麼要跑到我的褲襠裡來呢？」如果把劉伶這番話和他自己在〈酒德頌〉中說的話以及阮籍〈大人先生傳〉、〈清思賦〉的文章連繫在一起，就會發現劉伶其實並沒有真醉，他實際上非常理智。他之所以要做出那種放達不羈的樣子、說出語驚四座的話語，就是要向人們具體演示一下經過酒的媒介，達到逍遙境界之後究竟是怎樣的一種感覺和形象。

儘管以娛神為目的的飲酒和以娛人為目的的飲酒兩者在神祕和玄妙的外在特徵上有其相似之處，但殷代以祭祀神鬼和祖宗為目的的飲酒和周代以教化為目的的飲酒在本質上都是社會藉助於酒的作用來統轄和規範個人意志。而魏晉名士在飲酒中所追求的逍遙境界正是要在這個根本點上來一個徹底逆轉。他們的逍遙境界實際上就是擺脫社會束縛後的自然和自由。桓溫曾有意向「喜酣暢，愈多不亂」的孟嘉問道：「酒有何好，而卿嗜之？」孟嘉答道：「明公未得酒中趣爾」。又問：「聽伎，絲不如竹，竹不如肉，何也？」答曰：「漸近自然」。其實「漸近自然」未嘗不可以理解為孟嘉沒有明說的「酒中趣」。喝了酒之後可以擺脫社會和塵世的煩擾，進入自然和真誠的境地，豈不是人間一大樂事？

《莊子・漁父》云：「真者，精誠之至也。不精不誠，不能動人。……真在內者，神動於外，是所以貴真也。其用於人理也，事親則慈孝，事君則忠貞，飲酒則歡樂，處喪則悲哀」。這正是他們希望透過飲酒來進入

逍遙境的內在驅動力。

　　作為一群精神貴族，魏晉文人當然不會滿足於僅從純粹感官愉快的角度，去理解醉酒的幸福所在。他們更希望從哲學與審美的高度，從人與自然的契合中，來理解這幸福的體驗。他們把自己視為一件藝術品，置於宇宙的空間。他們衷心地希望，自己能成為宇宙這幅藝術鉅製中的有機部分，能與宇宙對話，與宇宙同在。從自然中走來的人，企盼能夠再回到自然中去，進入一種身與物化、物我兩冥的境界。而酒，恰好能把人們帶入這種境界。在此動力的驅使下，他們往往本能地將飲酒與進入那種離開社會束縛的自然真誠境界緊密地連繫起來。王蘊所謂「酒，正使人人自遠」，就是主動拉開與社會中其他人的距離，漸進自然之境。王薈說：「酒，正自引人著勝地」。說的也是以飲酒為媒介進入這種境界。王忱曾嘆言：「三日不飲酒，覺形神不復相親」。「形神不復相親」就是因為缺少酒的媒介而出現的個體與自然逍遙境界的脫節。這樣的酒中之趣與殷周時期相比，的確是發生了本質的變化。列子曾說：「夫醉者之墜車，雖疾不死。骨節與人同，而犯害與人異，其神全也。乘亦不知也，墜亦不知也，死生驚懼不入乎其胸中，是故忤物而不慴。彼得全於酒，而猶若是，而況得全於天乎？」神全則是形神相親，當酒像酵母一樣，把人發酵到神全之境，人就會超然生死，忘乎所以。這正是劉伶〈酒德頌〉所描繪的與造化同體的近乎遊仙的境界。莊子的至人無待的逍遙境界，物我兩冥的美妙狀態，魏晉玄學的以無為本，在醉意中實現對人生和自我的審美，以及樂論中超乎人世的「應變順和」和文藝學中「芙蓉出水」的境界，在這裡都可以找到最明快的解釋和最酣暢的表現。

　　於是，「在酒神的魔力之下，不但人與人重新團結了，而且長久以來疏遠、敵對、被奴役的大自然也再度昇華並重新慶祝她同她的浪子——

第八講　魏晉名士的飲酒

人類和解。大地自動地奉獻它的貢品，危崖荒漠中的猛獸也變得馴良起來。酒神的車輦滿載著百卉花環，由虎豹駕馭著驅行。若一個人把貝多芬的〈歡樂頌〉化作一幅圖畫，並且讓想像力繼續凝想數百萬人戰慄著匍匐在塵埃的情景，他就多少能體會到酒神狀態了。此刻，奴隸也變成了自由人。此刻，貧困、專斷或『無恥的時尚』在人與人之間構築的僵硬敵對藩籬土崩瓦解了。此刻，在世界大同的福音中，每個人感到自己和其他人團結、和解、款洽甚至融為一體了。馬雅人的面紗好像已被撕裂，只剩下碎片在神祕的太一之前瑟縮飄零。人們輕歌曼舞，儼然是一個更高共同體的成員，陶陶然忘步忘言，飄飄然乘風飛揚。他的神態表明他著了魔。就像此刻野獸開口說話、大地流出牛奶和蜂蜜一樣，超自然的奇蹟也在人身上出現：此刻他覺得自己就是神，他如此欣喜若狂、無所不能，隨心所欲地變幻，正如他夢見的眾神能隨心所欲變幻一樣」（見尼采《悲劇的誕生》第一節）。

達到這種境界，人就可以返回自然，超越一切。東晉太元末，天空出現「掃帚星」（彗星）。按星象家的說法，這種妖星的出現，預示天子死亡，天下大亂。晉孝武帝司馬曜在華林園飲酒時見到此景。他心中雖然不快，卻被酒的神力所沖淡，把他帶入逍遙之境，他舉杯向「掃帚星」祝酒：「長星！勸爾一杯酒。自古何時有萬歲天子？」何等瀟灑！何等曠達！封建社會中至高無上的皇位，竟能拜伏在酒的力量之下。既然如此，酒又何往而能不勝？

■反禮教的銳利武器

從前舉《詩經‧大雅‧既醉》一詩中，已經可以看到到了西周時期，飲酒儘管在形式上還保留著殷代的祭祀的習俗，但在內容上已經為周成

王藉祭祀宗廟的形式來教化臣民的目的所取代。這就是說，西周時期的飲酒活動是其以禮治國、以德化人的政治策略的副產品。王國維認為，「禮」字與用來祭祀的「醴」字均從「豐」字，而「豐」字為行禮之器，所以酒與禮從一開始就有不解之緣（見《觀堂集林·釋禮》）。這一文化內涵到了漢代就被作為飲酒的基本內涵而加以肯定。《說文》：「酒，就也。所以就人性之善惡」。段注：「賓主百拜者，酒也」。從西周開始的許多典籍都強調了這一政治倫理色彩。從酒本身的質地，到酒器的高下之分，再到飲酒時不同的禮節，都表現出強烈的等級觀念和道德倫理觀念。

在西周眾多名堂的官員中，有專門負責飲酒事務的「酒正」和「酒人」。「酒正掌酒之政令，以式法授酒材」（見《周禮·天官·酒正》），可知酒正是掌管飲酒政令和審查造酒方法及原材料的重要官員。而「酒人」則是在酒正領導下負責具體飲酒事務的小官。

從酒的質地上看，周代有「五齊」、「三酒」、「四飲」之分。五齊指：泛齊、醴齊、盎齊、緹齊、沈齊；三酒指：事酒、昔酒、清酒；四飲指：清、醫、漿、酏。其中四飲與水相差無幾，五齊中「醴齊」以上近水，「盎齊」以下近酒，而三酒酒味最厚。但古人卻將味淡的五齊用來祭祀，而將酒味厚的三酒用給人飲。《周禮·天官·酒正》賈公彥疏：「五齊味薄，所以祭；三酒味厚，人所飲」。因為神尊人卑，所以五齊尊貴而三酒卑下（見《太平御覽》卷八四三引《禮記外傳》）。

更能體現出這種尊卑等級意識的是飲酒時的繁文縟節。首先要強調長幼和尊卑秩序。《禮記·曲禮上》：「侍飲於長者，酒進則起，拜受於尊所。長者辭，少者反席而飲；長者舉杯未釂，少者不敢飲」。《禮記·玉藻》：「君若賜之爵，則越席再拜稽首受，登席祭之，飲，卒爵而俟，君卒爵，然後授虛爵」。鄭玄注：「不敢先君盡爵」。其次還要講究飲酒的

第八講　魏晉名士的飲酒

風度儀表，不能失態。《禮記·玉藻》：「君子之飲酒也，受一爵而色灑如也，二爵而言言斯，禮已三爵，而油油以退」。鄭注：「禮，飲過三爵則敬殺，可以去矣」。另一方面，酒過三爵人就難以自持了。今人呂思勉說：「然則古人飲酒，不過三爵。過三爵，則不能自持矣」。（見《呂思勉文集·原酒》）此外，對於酒的使用範圍和禁忌也有明確的規定。比如在喪禮期間，酒可以用來祭祀亡靈，但禁止活人飲用。只有特殊情況例外（見《禮記·曲禮》）。

所有這些規定都體現出一個共同的宗旨和原則，那就是無論是祭祀用酒，還是人的飲酒，都要服從尊卑長幼的秩序和溫文爾雅、道德為先的基本原則。符合這些原則的飲酒可以得到肯定和保護，否則就要受到譴責和否定。《左傳·莊公二十二年》記載，當陳公子完逃難到齊國時，齊桓公將其請到家中，款待以酒。當暮色降臨，齊桓公提出點上照明火，繼續酣飲時，被陳公子明智而策略地婉言謝絕。其理由是：「君子曰：『酒以成禮，不繼以淫，義也。以君成禮，弗納於淫，仁也。』」杜預注：「夜飲為淫樂」。可見人們是如何自覺地遵守和服從這些禮制規定的。

由於這種包括飲酒在內的以禮制為上的風氣在漢代被統治者發揮到了極端的地步，所以從東漢後期開始，作為物極必反的掣肘力量，一股與傳統禮教思想背道而馳的飲酒現象開始出現。《後漢書·戴良傳》記載了戴良和哥哥在母喪期間完全不同的做法。戴良在母喪期間違反禮教的飲酒行為成為魏晉士族文人在飲酒問題上背叛禮教的先驅和先聲。余英時盛讚戴良此舉，認為：「由是觀之，竹林之狂放，其來有自」。（見余英時《士與中國文化·漢晉之際士之新自覺與新思潮》）此外，像仲長統、孔融等人的思想中，都有不少睥睨禮教、嚮往個性的因素。魏晉名士的

包括飲酒行為在內的反禮教活動一方面是東漢戴良等人的延續，另一方面也是當時政治環境作用的產物。漢末群雄割據的局面，刺激了無數政客的政治野心，而使他們將傳統所謂忠君意識和禮讓之德拋在了腦後。他們紛紛不顧禮義廉恥，專權弄國。其中曹操還比較坦蕩，不敢面對禮教，盡量採取迴避的態度；而司馬氏政權卻一面行竊國大盜之實，一面卻又以禮教的名義裝扮自己，號稱以孝以禮治天下。這種行徑當然瞞不過時人的眼睛，所以當時許多士族名士反對禮教的一個重要原因，就是要以此戳穿司馬氏政權賴以欺騙世人的面具。魯迅在〈魏晉風度及文章與藥及酒之關係〉一文中曾說過：「例如嵇阮的罪名，一向說他們毀壞禮教。但據我個人的意見，這判斷是錯的。魏晉時代，崇奉禮教的看來似乎很不錯，而實在是毀壞禮教，不信禮教的。表面上毀壞禮教者，實則倒是承認禮教，太相信禮教。因為魏晉時所謂崇奉禮教，是用以自利，那崇奉也不過偶然崇奉，如曹操殺孔融，司馬懿殺嵇康，都是因為他們和不孝有關，但曹操司馬懿何嘗是著名的孝子，不過將這個名義，加罪於反對自己的人罷了。於是老實人以為如此利用，褻瀆了禮教，不平之極，無計可施，繼而變成不談禮教，不信禮教，甚至於反對禮教。──但其實不過是態度，至於他們的本心，恐怕倒是相信禮教，當作寶貝，比曹操司馬懿們要迂執得多」。飲酒就是他們向禮教開刀的第一炮。

阮籍是以飲酒反對禮教的代表人物。一次阮籍的嫂子要回娘家，按照《禮記‧曲禮》的規定，小叔子和嫂子之間是不能說話的。可阮籍卻出來和嫂子告別。有人譏諷他，阮籍竟然大言不慚地說：「禮豈為我輩設也！」可見阮籍十分清楚自己的行為是如何違背了禮教，他這樣做的目的其實就是為了向禮教挑戰。作為他反禮教行為主要部分是其飲酒活動。阮籍的鄰居有一位開酒館的美麗婦人，阮籍就經常和朋友一起去那

第八講　魏晉名士的飲酒

個酒館喝酒，喝醉了，就睡在該婦人的旁邊。其丈夫開始非常疑心阮籍會有什麼企圖，便經常躲在一旁觀察，但始終也沒有發現有什麼不軌行為。阮籍在這裡的違規之處在於他沒有尊崇儒家禮教對於「男女授受不親」的規定。從大的方面看，「男女之別，國之大節也」（見《左傳·莊公二十四年》），「男女有別，然後夫婦有義」（見《禮記·昏義》）。具體來說，《禮記·曲禮上》明確規定：「男女不雜坐，不同椸、枷，不同巾、櫛，不授親」。鄭注：「皆為重別，防淫亂」。值得注意的是，事實上禮教和鄰婦的丈夫所擔心的「淫亂」事情並沒有發生。可見阮籍的動機並不是從根本上違背禮教，而是反對禮教對人的過多形式上的限制。這也正是戴良所說的「情苟不佚，何禮之論」。而阮籍在破壞禮教規定時所採用的手段，就是以買酒的方式與鄰婦正面接觸，並進而醉臥其側，從而證明禮教繁瑣的規定完全是多餘之物。

　　類似情況還有。當阮籍遭遇母喪的時候，曾在司馬昭那裡喝酒吃肉。當時在場的禮法之士何曾非常看不慣，就對司馬昭說：「應該把他流放到海外，以正風化」。儘管何曾對阮籍的指責更多是出於不同政治營壘的排擠目的，但他的落井下石並非沒有根據。禮教對於為父母一類長輩守喪期間的飲食有著詳細而明確的規定。《禮記·喪大記》：「期之喪，三日不食，食蔬食，水飲，不食菜果。三月既葬，食肉飲酒。期，終喪不食肉，不飲酒。父在，為母為妻。九月之喪，食飲猶期之喪也。食肉飲酒，不與人樂之。五月、三月之喪，一不食，再不食可也。比葬，食肉飲酒，不與人樂之。叔母、世母、故主、宗子，食肉飲酒。不能食粥，羹之以菜可也。有疾，食肉飲酒可也」。「期之喪」是指父母等長輩的一年為期的重喪。在此期間內是禁止食肉飲酒的。所以何曾以此進讒，想置阮籍於死地。

關於為什麼司馬昭說有病可以喝酒吃肉,《禮記・曲禮上》有過具體的解釋:「居喪之禮,頭有創則沐,身有瘍則浴,有疾則飲酒食肉,疾止復初。不勝喪,乃比於不慈不孝」。這就是說,允許你飲酒食肉,是為了讓你養好身體,以盡孝子的職責。身體垮了,就沒有當孝子的本錢了。可一旦身體恢復原貌,還得照舊去喝你的粥。司馬昭正是利用了禮教這一特殊規定來為阮籍開脫。從故事交代的內容看,阮籍並沒有什麼有病的症狀。所以他的飲酒食肉並非像司馬昭說的那樣是因病而補養身體,而是正像何曾說的那樣,完全出於反禮教的目的。這就說明,兒子與母親之間的骨肉親情,並不是用禮教的外在規定所能培育和造就的。它來自母子之間真摯而永恆的親情。從而完全摧毀了禮教橫在生死親人之間的障礙和約束,使兒子的戀母之情能夠順其自然地發洩流露,而不是用禮教加以遏止。因為在阮籍看來,酒精的刺激恰恰可以燃起自己對母親親情熾烈之火,而不是像禮教的設計者所認為的那樣,酒精可以使自己的「情佚」。這就等於宣布了禮教關於喪期飲酒食肉限制的荒唐,為飲酒從作為禮教的附庸到成為反禮教的工具提供了有力的根據。

■及時行樂的便利幫手

從殷人關於酒的「五齊三酒」的劃分上可以看出,五齊係為神而制,三酒則為人而制。為人制酒的主要目的是為了以酒養生。《禮記・射義》:「酒者,所以養老也,所以養病也」。先秦典籍有不少這方面的記載。先看飲酒的養老功用。《周禮・天官・酒正》:「凡饗士庶子,饗耆老孤子,皆共其酒,無酌數」。這是對以酒贍養老人的法律規定。《孟子・離婁上》:「曾子養曾皙,必有酒肉。……曾元養曾子,必有酒肉」。《詩經・豳風・七月》:「為此春酒,以介眉壽」。鄭箋:「春酒,陳醪也;眉壽,

第八講　魏晉名士的飲酒

豪眉也。……又獲稻而釀酒,以助其養老之具」。

《詩經・大雅・行葦》便是一篇具體的向老人獻酒,以祈其長壽的詩篇。毛序云:「《行葦》,忠厚也。周家忠厚,仁及草木,故能內睦九族,外尊黃耇,養老乞言,以成其福祿焉」。詩末云:「曾孫維主,酒醴維醹。酌以大斗,以祈黃耇。黃耇臺背,以引以翼。壽考維祺,以介景福」。鄭箋:「養老人而得吉,所以助大福也」。甚至年齡越長,越可以得到更多的酒的祝福。《周禮・天官・酒正》:「凡有秩酒者,以書契授之」。賈公彥疏:「秩,常也。謂若老臣年九十已上,常與之酒云。以書契授之者,謂酒正授使者酒,書之多少以為契要而與之。故云以書契授之」。

再來看酒的養病功用。前已引述,居喪之禮,頭有創則沐,身有瘍則浴,有疾則飲酒食肉。看來有疾時飲酒食肉並不僅僅是一種臨時的照顧,還是一種有效的治療和保健方法。《禮記・檀弓上》:「曾子曰:『喪有疾,食肉飲酒,必有草木之滋焉,以為薑桂之謂也』。鄭注:「增以香味。為其疾不嗜食也」。可知古人已經明白如何用酒肉的香味來刺激因病無食慾者的食慾,以有利其健康。《周禮・天官・疾醫》:「以五味、五穀、五藥養其病」。同書〈瘍醫〉也說:「以五藥療之,以五味節之」。鄭注:「五味,醯、酒、飴、蜜、姜、鹽之屬」。因為五味中酒屬苦味,而中醫認為苦味可養氣。可見飲酒可以有助於養氣,從而有益於人體健康。另外酒正所掌管的四飲之中,第二項便是「醫」。

這個「醫」正與酒有關。鄭注:「醫之字,從殹從酉者也」。賈公彥疏:「二曰醫者,謂釀粥為醴則為醫」。說白了就是用酒釀來治病。所以呂思勉先生在〈原酒〉一文中猜測「醫」字的本意就是指以酒為養。

此外,古人還認為酒具有養神補氣的作用。《禮記・郊特牲》:「飲,養陽氣也,故有樂;食,養陰氣也,故無聲」。孔穎達疏:「飲是清虛,

養陽氣，故有樂；而食是體質，養陰氣，故無聲」。《周禮・天官・酒正》：「共賓客之禮酒，共後之致」。賈公彥疏：「王致酒，後致飲，夫婦之義者，酒是陽，故王致之；飲是陰，故後致之。是陰陽相成，故云夫婦之義」。這似乎又是在暗示飲酒對於夫婦房事的催情作用。

因為飲酒有以上所說的養生作用，所以古人往往用賭博勝負之法，或爭勝得飲，或禮讓他人。《詩經・小雅・青蠅》：「酒既和旨，飲酒孔偕。鐘鼓既設，舉酬逸逸。大侯既抗，弓矢斯張。射夫既同，獻爾發功。發彼有的，以祈爾爵」。《禮記・射義》釋此云：「祈，求也，求中以辭爵也。酒者，所以養老也，所以養病也。求中以辭爵者，辭養也」。因為酒可養老養病，所以射中者有權將此好處讓給對方。後代飲酒行令，輸者被罰喝酒，其源蓋從此來。此所謂將養生之用讓於他人者。

《戰國策・齊策二》：「楚有祠者，賜其舍人卮酒。舍人相謂曰：『數人飲之不足，一人飲之有餘。請劃地為蛇，先成者飲酒。』一人蛇先成，引酒且飲之，乃左手持卮，右手畫蛇，曰：『吾能為之足。』未成，一人之蛇成，奪其卮曰：『蛇固無足，子安能為之足？』遂飲其酒。為蛇足者終亡其酒」。這個著名的「畫蛇添足」故事，正告訴我們當時人們是如何賭勝爭飲的。可見飲酒的養生作用對人們的行為方式所產生的各種影響。

然而到了東漢後期，社會局勢發生了急遽的動盪。戰亂的頻仍（包括統治者的濫殺無辜）使人們的生命安全受到嚴重威脅，也使人們突然意識到人生的短促和時光的飄忽。這一點，也正是〈古詩十九首〉和建安以來許多詩歌的共同主題。這一基本事實是漢末以來人們較多考慮養生問題的基本前提。但由於人們的思想和社會觀念不同，所以使得他們對養生問題的看法出現了嚴重的分歧。道教主張用服食求仙的辦法去人為

第八講　魏晉名士的飲酒

地延長生命，佛教則用輪迴之說把問題留到來生當中，更多的人則主張放棄對延長生命的追求，而代之以及時行樂。因為佛教的盛行在東晉以後，所以東晉以前這個問題的分歧主要是道教的服食求仙派和及時行樂派的競爭。因為求仙派以服藥為主要行為特徵，及時行樂派又以飲酒為主要行為特徵，所以王瑤先生將兩者稱為「服藥派」和「飲酒派」。服藥的方法集中代表了道教以人為方式延長物質生命的期冀。但這種方法一來收效較晚，服食求仙需要較長的時間長度才能被驗證，這對人的忍耐力要求太高；二來服藥成功的例子實在罕見，而相反失敗者卻大有人在。這就不能不引起人們對服藥這一方法的懷疑。向秀在〈難嵇叔夜養生論〉中就曾針對嵇康在〈養生論〉中關於服藥可以成仙的說法批駁道：「又云導養得理，以盡性命，上獲千餘歲，下可數百年，未盡善也；若信可然，當有得者，此人何在，目未之見。此殆影響之論，可言而不可得」。由對服藥的懷疑，又倒向對飲酒的追慕。〈古詩十九首〉：「人生忽如寄，壽無金石固。萬歲更相送，賢聖莫能度。服食求神仙，多為藥所誤。不如飲美酒，被服紈與素」。這種懷疑服藥而推崇飲酒的觀念甚至一直持續到隋末唐初。王績〈贈學仙者〉：「採藥層城遠，尋師海路賒。玉壺橫日月，金闕斷煙霞。仙人何處在，道士未還家。誰知彭澤意，更覓步兵那。春釀煎松葉，秋杯浸菊花。相逢寧可醉，定不學丹砂」。

當殷周時期人們嚮往的以飲酒來養生的社會環境已經不復存在時，人們便自然開始想到，以酒來養生的可能性還是否存在。倘若答案是否定的，那麼飲酒又該派上些什麼用場？在飲酒派看來，與其以極大的耐心，去等待那成敗難料、並無成功把握的仙境（而且還要冒服藥失敗患病甚至死亡的危險），不如在眼前的瞬間去尋找永恆——及時行樂。他們認為，倘若不能成仙，則人必有一死。況且在漢末以來的社會環境當

中，人的生死難料，朝不保夕。「須臾相背棄，何時見斯人」。（阮籍〈詠懷詩〉第六十二）既然如此，就應加倍珍惜眼前可以實現的快樂。《列子·楊朱》集中代表了這種及時行樂和放縱肆志的思想：「萬物所異者生也，所同者死也。生則有賢愚貴賤，是所異也；死則有臭腐消滅，是所同也。……十年亦死，百年亦死。仁聖亦死，凶愚亦死。生則堯舜，死則腐骨；生則桀紂，死則腐骨。腐骨一矣，孰知其異？且趣當生，奚遑死後？」人生本來就十分有限，即使在這有限的時光裡，真正屬於個人生命的部分又微乎其微，當看破紅塵之後，他們便將及時行樂看得高於一切，「凡生之難遇而死之易及。以難遇之生，俟易及之死，可孰念哉？而欲尊禮義以誇人，矯情性以招名，吾以為此為弗若死矣。為欲盡一生之歡，窮當年之樂。唯患腹溢而不得恣口之飲，力憊而不得肆情於色；不遑憂名聲之醜，性命之危也。且若以治國之能誇物，欲以說辭亂我之心，榮祿喜我之意，不亦鄙而可憐哉？」這正如王瑤先生所說：「因為他們更失去了對長壽的希冀，所以對現刻的生命就更覺得熱戀和寶貴。放棄了祈求生命的長度，便不能不要求增加生命的密度」。（《中古文學史論集·文人與酒》）從這個角度看，無論是酒的味覺刺激，還是醉酒之後所產生的飄渺幻覺，都是及時行樂的最好手段。所以魏晉名士飲酒的一個重要目的，就是在求長生而無望之後，為增強自己的生活品質而採用的普遍方式。

漢末時圍繞曹操禁酒的問題曾出現過一場有趣的鬧劇，這場鬧劇在一定程度上揭開了魏晉名士以飲酒為及時行樂方式的序幕。曹操本人是酒中豪客，其「對酒當歌，人生幾何」的名句盡人皆知。他不僅在飲酒中發現了人生的短促，而且還找到了具體的解決辦法——「何以解憂，唯有杜康」。這說明曹操本人的飲酒是帶有相當的及時行樂色彩的。可正因

第八講　魏晉名士的飲酒

為他本人有過飲酒解憂的切身體驗，所以也就十分明白在天下大亂，造酒的糧食十分緊張的年代，如果天下人都如此飲酒，那麼對於一個國家和社會將意味著什麼。所以他在行使自己的政治權力時便十分果斷地宣布禁酒。可他的政策和自己行為的矛盾當然躲不過世人的耳目，所以他的禁酒令引起了許多人的反對。其中以孔融為代表。孔融也是一位高陽酒徒，常常把「座上客常滿，樽中酒不空」作為自己的生活理想。從他五歲的兒子從其床頭偷酒喝的故事，就可知這位父親的嗜酒程度。曹操的禁酒令直接威脅到他的生活理想，所以他理所當然地反對曹操的禁令。耐人尋味的是，孔融選擇反對曹操禁令的理由，恰恰是曹操用來殺死自己的禮教。據《世說新語》記載，曹操因為年景收成不好，便下令禁酒。孔融認為酒是禮教的重要一部分，不應該禁止，便四處宣揚他的看法，以至於被曹操殺害。他先後寫了兩篇〈難曹公表制酒禁書〉，以調侃不恭的筆調，對曹操的禁酒令發出責難。在第一篇書中，孔融引經據典，列舉眾多事實，說明飲酒在若干重要歷史事件中的正面作用，從而說明「酒之為德久矣」、「酒何負於治者哉」的道理。尤其是他第一次對於歷代文人心目中的人格偶像屈原進行了調侃和揶揄：「屈原不哺糟醨，取困於楚」。這就暗示出作者對於屈原過於追求名節，放棄包括飲酒在內的人生享樂的生活觀念的不同見解。在第二篇書中，他又針對曹操提出的飲酒可以亡國，故須禁止的說法提出反駁。他指出如果因為什麼亡國就禁什麼的話，那麼徐偃王是因為行仁義而亡國，你為什麼不禁仁義？燕噲是因為謙讓而失社稷，你為什麼不禁謙讓？魯國是因為尚文而亡國，你為什麼不禁文學？夏商是因為女人而失天下，你為什麼不禁婚？所以禁酒的真正原因「但疑惜谷耳，非以亡王戒也」。其實孔融的本意也未必就是要維護飲酒的禮教意義，他的真正意圖還是要給士人以自由喝酒來及時行樂的機會，而不是讓禁別人酒的人自己去用杜康來解憂。

及時行樂的便利幫手

孔融雖然因酒被殺了，但他的死卻讓人們看清了曹操禁酒的真實目的。他們越來越毫無顧忌地去飲酒，去及時行樂了，而全然不把飲酒的養生作用放在心上。這一點，已經成為許多魏晉時期士族文人的共識。張翰放任不拘禮節，人稱「江東步兵」，和阮籍相媲美。有人說：「你怎麼能自顧一時的放縱舒適而不考慮死後的名聲呢？」張翰回答說：「與其讓我有死後的名聲，還不如現在來一杯酒！」及時行樂的最大障礙就是它與人的社會名譽的矛盾。其實質是兩種截然不同的人生觀的對立。故事中張翰表述更加明確的是他直截了當地宣布願意用眼前的一杯酒去換來那虛偽的身後之名。這樣，他們也就掃除了攔在及時行樂前的最大障礙，從而無所顧忌地盡情飲酒，盡情享樂。

畢茂世云：「一手持蟹螯，一手持酒杯，拍浮酒池中，便足了一生」。（《世說新語·任誕》）

《晉書·畢卓傳》記此作：「卓嘗謂人曰：『得酒滿數百斛船，四時甘味置兩頭，右手持酒杯，左手持蟹螯，拍浮酒船中，便足了一生矣』。畢卓的話及其被誤認為盜酒者的故事典型地反映出他們以及時行樂為目的的飲酒活動。為此，他們便將飲酒作為生活的主要內容。周「恆大飲酒，嘗經三日不醒。時人謂之『三日僕射』」，桓溫和衛永為一對酒友，溫「每率爾提酒脯就衛，箕踞相對彌日。衛往溫許亦爾」（見《世說新語·任誕》）。這就是他們以飲酒的方式來「欲盡一生之歡，窮當年之樂」。這種及時行樂的觀念在六朝時期眾多的詠酒文學作品中可以得到印證。

晉張載〈酃酒賦〉云：「故其為酒也，殊功絕倫。……備味滋和，體淳色清，宣御神志，導氣養形。遺憂消患，適性順情。言之者嘉其美志，味之者棄世忘榮。於是糾和同好，以遨以遊。嘉賓雲會，矩坐四周。設金樽於南楹，酌浮觴以旋流。備鮮餚之綺錯，進時膳之珍饈。禮儀攸序，是獻是酬。……咸得志以自足，願棲遲於一丘」。

第八講　魏晉名士的飲酒

　　至於古代飲酒的養生作用，在魏晉名士的眼中已經完全淡化。在前述劉伶不顧妻子勸告，以發誓戒酒之名再次騙酒，一飲而醉的故事中，可以看出劉伶妻的勸告完全出於養生的目的。而劉伶的欺騙行為說明他已經全然不把飲酒與養生連繫在一起，甚至是調侃了所謂飲酒的養生作用。類似的情況還有，孔群也喜愛喝酒，王導對他說：「喝酒可沒什麼好處，你沒見酒店裡蓋酒罈的布，時間長了就腐爛了嗎？」孔群說：「錯了。你沒見到用酒糟過的肉，更能耐久嗎？」他還曾經寫信給親友說：「今年田地裡收了七百斛高粱米，還不夠我做酒引子用的呢！」王導是以酒精對酒家覆甌布的腐蝕作用向孔群提出飲酒有害養生的警告，而孔群卻荒唐地以糟肉為喻，說明飲酒不但無害，反而有益。這並非是以嚴肅的態度來探討飲酒的養生作用，而是以玩笑的態度為酒鬼嗜酒尋找理由。所以這與其說是肯定飲酒的養生作用，不如說是對飲酒養生作用的褻瀆和揶揄。後面一句七百斛高粱米尚不夠他做酒引子的話，可謂對其這種初衷的注腳。按酒可爛腸為漢晉間人們的普遍看法。《呂氏春秋‧本生》：「肥肉厚酒，務以自強，命之日『爛腸之食』」。但名士並不以此為戒，不以養生為重，反而以其味美而樂此不疲。葛洪《神仙傳‧王遠》：「方平語經家人曰：『吾欲賜汝輩酒。此酒乃出天廚，其味醇釅，非俗人所宜飲。飲之或能爛腸。今當以水和之，汝輩勿怪也。』乃以一升酒，合水一斗，酒攪之，以賜經家人。人飲一升許，皆醉」。又王嘉《拾遺記》記載，張華做了一種「九醞酒」，味道醇美，但含在嘴裡久了就會使人牙齒鬆動。如果酒後大醉，不會大喊大叫，只是一直傻笑，而且還能令人肝腸糜爛，所以俗稱為「消腸酒」。老百姓流傳的歌謠說：「寧得醇酒消腸，不與日月齊光」。可見不顧養生的以及時行樂為目的的飲酒確乎為當時普遍的社會風氣。這樣，古代飲酒的養生作用在《世說新語》中的魏晉名士眼裡就已經完全被其及時行樂的需求所取代了。

■逃避政治災禍的遮掩面具

　　除了祭祀、禮教和養生之外，古人還在飲酒活動當中發現了它重要的政治性功能。《說文》在解釋了酒能造就人性善惡的功能外，又接著說：「一言造也。吉凶所起造也」。也就是說，它往往是事物吉凶福禍的起因。正是從這個角度，周成王在《尚書‧酒誥》中指出，先民造酒是用來娛神的，不是用來娛人的。殷紂王等人違背了這一初衷，濫飲無度，所以造成國家的滅亡。顯然，周成王十分敏銳地看到了飲酒對於政治興亡的重要作用。所以他要引以為戒，禁止人們「群飲」和「崇飲」。然而問題還並非如此簡單。周成王釋出這篇〈酒誥〉還有其更深一層的政治用意。

　　〈酒誥〉的第一句就是「明大命於妹邦」。這裡首先交代了釋出此誥的地點是在殷的國都「妹」地。孔氏傳：「妹，地名。紂所以都，朝歌以北是」。周人以這種口氣向殷人釋出誥令顯然帶有明顯的震懾和威嚇意味。可疑問也就出在這裡，既然這篇誥令是在殷地國都給殷人看的，而殷人又是那麼酷嗜飲酒，那麼讓殷人自己以此法自取其亡豈不是一件好事？可見此誥另有用意。原來，殷人帶有宗教政治聚會色彩的「群飲」和「崇飲」對周朝的政治新秩序構成了潛在的威脅，所以周人要用禁酒的方式，來切斷殷人可能藉飲酒的聚會進行政治顛覆、捲土重來的可能。這就表明無論是殷人還是周人，都十分清楚地意識到飲酒活動所可能產生的政治作用。所以從此之後，人們對於飲酒對政治興亡所可能引發的作用表現出極大的興趣。從負面看，酒可亡國的道理從〈酒誥〉開始就廣為人知；從正面看，關於酒對於興邦治國的作用，孔融在〈難曹公表制酒禁書〉中所羅列的事例大體已包含在內：

第八講　魏晉名士的飲酒

　　酒之為德久矣，古先哲王，類帝禋宗，和神定人，以濟萬國，非酒莫以也。故天垂酒星之耀，地列酒泉之郡，人著旨酒之德。堯非千鍾，無以建太平。孔非百觚，無以堪上聖。樊噲解厄鴻門，非豕肩鍾酒，無以奮其怒；趙之廝養，東迎其王，非引卮酒，無以激其氣。高祖非醉斬白蛇，無以暢其靈；景帝非醉幸唐姬，無以開中興。袁盎非醇醪之力，無以脫其命。定國非酣飲一斛，無以決其法。故酈生以高陽酒徒，著功於漢。屈原不哺糟歠醨，取困於楚。由是觀之，酒何負於治者哉？

　　孔融列舉的這些事例並非完全是他自己的總結，而是一些歷史傳聞，且有些傳聞人們的看法還不盡相同。據《孔叢子》記載，平原君和子高一起喝酒的時候，強迫子高飲酒說：「過去俗話說『堯舜千鍾孔子百斛。子路嗑嗑，尚飲十榼』。可見古代的聖賢也不能不飲酒，你為什麼要推辭呢？」子高回答說：「我只聽說聖賢用道德來教化人，沒聽說用飲食的」。平原君說：「你這話有什麼根據呢？」子高說：「根據就在於那些酒鬼。那些話不過是酒鬼們自己編出來的讚美酒和詆毀酒的話，並非實際情況」。其實孔融的本意也並非是要認真地以此張揚飲酒的興亡作用，而只不過是想為酒徒們的狂飲找到一個冠冕堂皇的理由而已。但既然《孔叢子》中子高的話與孔融所說大相逕庭，所以它實際上也就隱含著一個對飲酒與興亡榮衰、是非功過等國家大事關係的態度問題。說得形象具體一些，就是「以醒為榮」，還是「以醉為榮」？正是在這一微妙而深刻的問題上，從先秦到《世說新語》中士族名士飲酒的文化內涵發生了實質變化。

　　由於《尚書・酒誥》中已經明確宣布對群飲濫飲的取締，所以以入世為特徵的儒家信徒從「修齊治平」的大業出發，堅決抵制酒精對正人君子的侵蝕。屈原那句名言「世人皆醉我獨醒」可謂是這種觀念的集中代表。如果說屈原這句話還帶有某種象徵意味，或許不宜完全以坐實的態度理

解為具體的飲酒活動的話（但此語顯然也應包含具體的飲酒活動），那麼《孔叢子》中子高的話則完全可以做這種理解。因為如果說孔融所列舉的事例中那些古代傳說中的堯舜乃至子路飲酒的故事都難以落實，可以視為傳聞或嗜酒者的編造的話，那麼其他事例（從樊噲到於定國）卻都是有史可查的。可是無論是那些日旰宵食、勵精圖治的明君，還是那些鞠躬盡瘁、死而後已的賢臣，都不會願意把自己的豐功偉業與那些醉醺醺的酒鬼連繫在一起。所以就只好採取子高的辦法矢口否認。這就明白地顯示出受儒家思想統治規範的人們是以「以醒為榮」的態度來看待飲酒的政治興亡功能的。曹植在〈酒賦〉中虛擬的「矯俗先生」的話很能代表這種觀點：

> 於是矯俗先生聞之而嘆曰：「噫！夫言何容易，此乃荒淫之源，非作者之事。若耽於觴酌，流情縱佚，先王所禁，君子所斥」。

可見曹植本人雖然是一位因政治失意而戀酒的人，但他還是反對飲酒過度，「流情縱佚」。但是這種觀點到了魏晉時期已經不是占主流地位的觀點。這是因為魏晉時期險惡的政治環境所決定的。

漢末以降，儘管世家大族的經濟實力已經有了迅速膨脹，但其政治地位還沒有很快達到與王權對抗的地步。在東晉之前，士族的政治地位還要受到王權的制約。所謂門閥政治也是東晉以後的事情。所以在曹魏和西晉時期，由於曹操和司馬氏政權的強大力量以及他們相互之間的尖銳衝突，使得士人普遍感到政無準的，依違難就。如果像何晏、夏侯玄等人那樣，積極投身於兩派的政治角逐，就會招來殺身之禍；而像何曾、賈充、鍾會那樣，以賣身投靠換來政治地位，又為士人所不齒。所以，從正始時期開始，就有部分文人努力尋求第三條道路，即以泯滅是非、忘卻時事的辦法來迴避現實中的政治是非。他們努力用面紗和煙幕把自己掩蔽起來，使別人看不清自己的真實政治態度。為此，他們少說

第八講　魏晉名士的飲酒

話──出言玄遠，口不臧否人物；但這還不是最根本的辦法，因為人不可能將自己包裹得那麼絕對嚴實，於是他們自然想到了醉。人在喝醉以後，即使說幾句醉話，也會因容易被人諒解而遮掩過去。於是，荒唐的醉鬼形象不再是受到指責和鄙夷的對象，而是成了大家都爭相仿效的跟風者。劉伶在〈酒德頌〉中所講「兀爾而醉，慌爾而醒。靜聽不聞雷霆之聲，熟視不見泰山之形；不覺寒暑之切肌，利欲之感情」，正是當時文人們普遍的希望以醉酒躲避政治是非的心態。晉庾闡〈斷酒戒〉也說：

  蓋神明智惠，人之所以靈也；好惡情慾，人之所以生也。明智運於常性，好惡安於自然。吾固以窮智之害性，任欲之喪真也。於是椎金罍、碎玉碗、破卮觥、捐觚瓚、遺舉白、廢引滿，使巷無行榼，家無停壺。剖樽折杓，沈炭銷鑪。屏中國之竹葉，絕縹醪乎華都。

  庾闡在這裡已經把當時人們以飲酒作為避世手段的道理講得比較清楚了。在他看來，人的智慧和是非觀念雖然是個好東西，但對它不能刻意追求，而應將其融注於自然生活中。因為刻意追求它們，就會落入「窮智害性」、「任欲喪真」的境地。所以要用酒來淹沒這些是非功過，不要讓智慧窮盡。可見庾闡和劉伶的觀點一樣，完全走到了與屈原的「世人皆醉我獨醒」以及子高「以醒為榮」相反的立場上了，代之而起的，自然是「以醉為智」的新的飲酒觀念。

  沈約在〈七賢論〉中曾經對於竹林七賢以飲酒的方式逃避現實之舉的內在原因作過透闢入裡的分析：

  嵇生是上智之人，值無妄之日，神才高傑，故為世道所莫容。風邈挺特，蔭映於天下；言理吐論，一時所莫能參。屬馬氏執國，欲以智計傾皇祚，誅鉏勝己，靡或有遺。玄伯太初之徒，並出嵇生之流，咸已就戮。嵇審於此時非自免之運。若登朝進仕，映邁當時，則受禍之速，過

於旋踵。自非霓裳羽帶,無用自全。故始以餌朮黃精,終於假塗託化。阮公才器宏廣,亦非衰世所容。但容貌風神,不及叔夜,求免世難,如為有塗。若率其恆儀,同物俯仰,邁群獨秀,亦不為二馬所安。故毀形廢禮,以穢其德;崎嶇人世,僅然後全。仲容年齒不懸,風力粗可,慕李文風尚,景而行之。彼嵇阮二生,志存保己,既託其跡,宜慢其形。慢形之具,非酒莫可。故引滿終日,陶瓦盡年。酒之為用,非可獨酌;宜須朋侶,然後成歡。劉伶酒性既深,子期又是飲客,山王二公,悅風而至;相與莫逆,把臂高林。徒得其遊,故於野澤銜杯,舉樽之致,寰中妙趣,固冥然不睹矣。

「慢形」就是塗抹面孔,就是用酒精的作用將自己的真實面孔隱藏起來,以醉酒的方式達到逃避政治是非的目的。以酒作為「慢形之具」,可謂竹林七賢的天才發明。有了它,就可以忘卻現實的是非福禍,「寰中妙趣,固冥然不睹矣」。周顗在過江之後,曾經常大肆飲酒,曾經三天不醒。人稱「三日僕射」。周顗熱衷沉醉不醒,似乎與其「深達危亂」有關;而且他「三日不醒」的事件經常發生。據該條劉孝標注引《語林》,周顗為自己尋找了許多爛醉的理由。姐姐死了要「三日醉」,姑姑死了要「二日醉」。依此類推,生活中各種大小事件均可成為其幾日醉的理由。他沉醉不醒的用意,就是盡可能地躲過政治和政務,打發時光。《語林》還載其「每醉,諸公常共屯守」。以醉酒的藉口,讓別人代替自己理政,豈不是躲過政治是非的最好辦法?他如阮裕得知王敦有篡逆之心,為避免是非,遂「縱酒昏酣,不綜其事」。楊淮「見王綱不振,遂縱酒不以官事規意,消遙卒歲而已」等等。然而以酒為「慢形之具」,以躲過政治是非的最成功者當推阮籍。

沈約關於阮籍以酒為「慢形之具」的分析在《世說新語》等有關故事中完全可以得到印證。《世說新語·任誕》記載,一次王恭問王忱:「阮

第八講　魏晉名士的飲酒

籍比司馬相如怎麼樣？」王忱沒有直接回答，卻說：「阮籍胸中填滿了大石頭，需要用酒來澆灌化解」。說明他是借酒澆愁。但他借酒澆愁的很大功用，卻是遮掩面孔、躲避是非。說明他的飲酒酣醉，在相當程度上是為了離開當時的政治漩渦，尤其是司馬氏的政治迫害。他甚至替別人代筆，向司馬昭寫勸進表。然而他引以為辱，所以他的勸進表寫於酣醉之中。說明他時刻在自己的良知與外在表現，以及環境能容許的程度三者之間尋找最恰當的選擇。但這種選擇是痛苦的。當司馬昭為司馬炎向阮籍提親求婚時，阮籍當然不能同意這樣的親事，但直言拒絕又容易招來禍害。於是，阮籍便大醉六十天，使司馬昭一直沒有開口的機會，終於作罷。那個給嵇康羅織罪名，向司馬氏進讒言，使其被害致死的鐘會，曾三番五次地在阮籍面前丟擲時事的話題，想在阮籍的談話中尋找把柄，致之死罪，但均被阮籍以大醉的方式遮掩而獲免。鐘會以同樣的方法，在嵇康身上獲得了成功，而在阮籍這裡卻毫無收穫。這正說明阮籍以酒避禍的成功。他為酒而求步兵校尉，以及在守母喪時酣飲自若，連何曾在司馬昭面前的中傷竟也不發揮作用，都應歸功於他把酒作為保護自己的煙霧與面紗這樣一種明智的選擇。難怪他的韜晦竟然得到司馬昭的讚賞。阮籍的好友嵇康也對此有過類似的評價：「阮嗣宗口不論人過，吾每師之，而未能及。至性過人，與物無傷，唯飲酒過差耳。至為禮法之士所繩，疾之如仇，幸賴大將軍保持之耳」。（見嵇康〈與山巨源絕交書〉）司馬昭和嵇康兩個視同水火的冤家竟然在對阮籍飲酒及其效果的看法上完全一致，這就清楚地說明阮籍以飲酒為「慢形之具」的確得到了各方面的認可。不過從阮籍的行為上似可得出這樣一點推測，要想真的以酒為「慢形之具」，恐怕不能真醉，因為如果真醉的話也就容易口風不緊，達不到「至慎」的效果了。這也許是阮籍和嵇康均為七賢成員，又同樣嗜酒，然而下場卻迥然不同的原因之一。

第九講

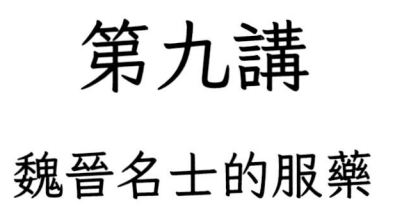

魏晉名士的服藥

第九講　魏晉名士的服藥

歷史上發生過很多這樣的事情：一個社會事物的流行，往往要超出它自身的價值和意義，具有某種社會符號的作用。大約從漢代開始，士人階層風靡一種叫做五石散（又稱寒食散）的藥物。說來奇怪，這種藥物很難說它對某種病有什麼特殊療效，可是大家卻趨之若鶩，爭先恐後地來效法和實踐。到了魏晉時期，這股風潮更是達到了頂點。一時間，人們把服藥看成是門閥士族時髦的外在流行。不服藥，好像今天的人們不會用手機，不會上網一樣俗氣。那麼這究竟是一種什麼藥，人們為什麼對它如此青睞呢？

■趨之若鶩的服藥風氣

　　服藥對社會風氣也產生了廣泛的影響。較早服用寒食散的人，都是些社會名流，何晏、嵇康，以至於後來的王羲之、王恭、謝安等人，莫不屬此。他們的行為在社會上有極大的號召力，人們爭相仿效謝安洛生詠一事，便是明證。而且，服藥往往可以說明一個人的經濟地位。這些藥品多為貴重的上藥，非經濟實力一般者可以經常服用。如梁彥光的父親得了重病，醫生開了寒食散的藥方，卻找不到紫石英一味。梁彥光為此而憔悴。後來感動了上天，讓他在園中拾到一塊。可見紫石英這味藥極難得到。同時，吃藥後要多喝上等酒，多吃好飯菜，處處要人照顧，一般平民顯然負擔不起。所以能服得起寒食散，便意味著一個人屬於上流階層。即使在路旁躺倒散髮，也像今天頸上戴滿了金首飾一般顯得富貴。

　　北魏孝文帝時，王公貴族都服用寒食散。發熱行散，稱為「石發」，有些沒喝過這服湯藥的人也詐稱「石發」，在路上搖頭晃腦，以示自己在行散。有個窮書生躺在鬧市中，輾轉反側，大叫熱得受不了。人們競相圍觀，同伴問他怎麼了，此人答道：「我石發」。同伴問：「君何時服石，今得石發？」答道：「我昨在市得米，米中有石，食之乃今發」。眾人大笑。（見《太平廣記》卷二百四十七引《啟顏錄》）

　　模仿服藥的風氣不僅在北方盛行，南方的士人為了追隨中原文化，也把服藥作為學習中原的方面之一。葛洪在《抱朴子・譏惑》中曾指斥這種現象：「又聞貴人在大哀，或有疾病，服石散以數食宣藥勢，以飲酒為性命，疾患危篤，不堪風冷，幃帳茵褥，任其所安」。這也是北方中原政治上的勝利轉變為風俗方面征服的有力證明。

第九講　魏晉名士的服藥

■服藥與求仙長生的社會心理

　　服藥是魏晉上流社會的流行風俗，對風俗的其他方面也有制約作用。這種藥名五石散，又稱寒食散。五石散的名字是就其藥的原料來說的。唐孫思邈《千金翼方》有五石更生散之方，主要為紫石英、白石英、赤石脂、鍾乳、石硫黃等五石。以這五味藥為主，再配以其他原料，並按不同需求，略加增減，遂有五石更生散、五石護命散、三石散、侯氏黑散、紫石寒食散等方。但主要原料離不開這五味。寒食散的名字是就服用方式而言的。據皇甫謐的《寒食散論》，五石散是一種劇毒藥，服用後伴隨毒力發作，產生巨大的內熱，因此需要一整套極其細微而繁瑣的過程，將藥中的毒力和熱力散發掉，即所謂「散發」。如果散發得當，體內疾病會隨毒熱一起發出；如果散發不當，則五毒攻心，後果不堪設想；即使不死，將終身殘疾，欲死不得。所以散發得當與否是服用五石散的關鍵所在。而散發的重要一點是必須在服藥後多吃冷飯，故稱寒食散。除了吃冷飯之外，還要注意多外出步行運動，稱為「散動」或「行散」。還要注意多喝熱酒、好酒，每天飲數次，使身體「醺醺有酒勢」，即處於微醉狀態。如果飲冷酒或劣質酒會送命或終生殘疾。裴秀就是因服散後飲用冷酒而致命。另外服藥後還要用冷水浴（即便在嚴冬）來將藥的毒力和熱力散發掉，並不能穿過多過暖的衣服。除了這幾條基本原則外，還要注意「六反」、「七急」、「八不可、三無疑」、「十忌」等細則。所以孫思邈說：「凡是五石散先名寒食散者，言此散宜寒食，冷水洗取寒，唯酒欲清，熱飲之，不爾即百病生焉。服寒食散，但冷將息，即是解藥熱」。許孝崇也說：「凡諸寒食草石藥，皆有熱性，發動則令人熱，便冷飲食，冷將息，故稱寒食散」。

　　寒食散的藥方，自漢代已經有了，一般認為發明者是張仲景。皇甫

謐《寒食散論》說:「寒食藥者,世莫知焉,或言華佗,或曰仲景。考之於實,佗之精微,方類單省,而仲景經有侯氏黑散,紫石英方,皆數種相出入,節度略同。然則寒食草石二方,出自仲景,非佗也。且佗之為治,或刳斷腸胃,滌洗五藏,不純任方也。仲景雖精不及佗,至於審方物之候,論草石之宜,亦妙絕於醫」。但現存的文獻史料,極少見到漢人服用寒食散的記載,說明在漢代服用此散者不多。它的廣泛流行是從魏何晏服用見效,後加以推廣後開始的。皇甫謐接著說:「近世尚書何晏,耽好聲色,始服此藥,心加開朗,體力轉強。京師翕然,傳以相授,歷歲之困,皆不終朝而愈。眾人喜於近利者,不睹後患。晏死之後,服者彌繁,於時不輟」。

從此以後,五石散便為魏晉風俗及魏晉文化的主旋律,增加了一個新的聲部。寒食散在漢代已經出現,而服用者寡,是因為在漢代它沒有找到適合自己生長的土壤。這種土壤卻在魏晉時期得以生成。當時社會文化的很多方面,都對寒食散的盛行,產生了程度不同的影響。

無論是帝王服丹、民眾服符,還是士人服石,其源頭均為先秦神話傳說中的不死之藥。一種是神話傳說神醫手中的起死回生之藥,如《山海經・海內西經》中所說六巫「皆操不死之藥」;另一種是神話傳說中的長生不死之藥。如《歸藏》中提到的「昔嫦娥以西王母不死之藥服之,遂奔為月精」。《楚辭・天問》中也有嫦娥竊不死之藥奔月的故事等。從兩種不死藥的功用效果來看,長生不死之藥與嫦娥奔月有關,說明它是早期羌人飛昇神仙觀念的產物;起死回生之藥則表現出稍晚一些時候人們希望保持肉體與靈魂同在的觀念意識。

秦漢時期帝王尋丹服藥的行為,本來是方士為改變自身社會地位而向帝王獻媚的手段。但這一手段不但沒有奏效,反而卻使尋丹服藥的求

第九講　魏晉名士的服藥

仙目的特權化，使早期神仙觀念中人人可以成仙的可能變為帝王獨自享用的特權。同時，隨著帝王成仙希望的破滅，士人與帝王之間的關係也就出現破裂。這就意味著不僅丹藥的享用者孕育著變更的可能，而且「道統」與「勢統」的關係也有產生重新組合的必要。葛洪在《抱朴子·論仙》中透過至道仙法與秦皇漢武遠離仙道的鮮明對比，已經把帝王在尋藥服丹領域的特權徹底取消，從而表現出漢代以後以知識階層為主體的士人在道教服食領域打算對帝王特權取而代之的強烈欲望。葛洪在其《神仙傳》中又以許多神仙故事形象地體現了這種新鮮的神仙思想。

《神仙傳》中故事普遍寫到武帝求仙的失敗，同時還具體點明帝王求仙失敗的原因主要在於其身分地位而使得其求道不成。如〈李少君傳〉寫到李少君指明漢武帝求仙失敗的原因時說：「陛下不能絕奢侈，遠聲色，殺伐不止，喜怒不除。萬里有不歸之魂，市朝有流血之刑。神丹大道未可得成」。不僅如此，一些神仙傳記中還對帝王與神仙（實為方士）的君臣關係提出疑問。〈衛叔卿傳〉中當漢武帝得知衛叔卿為中山人後說：「子若是中山人，乃朕臣也。可前共語」。不想這句話卻引起了衛叔卿的極大反感。「叔卿本意謁帝，謂帝好道，見之必加優禮，而帝今云是朕臣也，於是大失望，默默不應，忽焉不知所在」。

可見方士已經不能接受自己與帝王主僕式的君臣關係。此正如日本學者小南一郎在《中國的神話傳說與古小說》中指出的那樣：「《神仙傳》中李少君所敘述的內容，實際上代表了與襄楷、葛洪等人的神仙思想、初期道教思想有關聯的知識階層的主張。把追求『永生』作為君主特權的古代神仙思想，被這種知識階層的倫理價值觀念否定了；以這種知識分子階層的價值觀為基礎的新神仙思想，在這一時代發展繁榮起來」。於是從漢末開始，隨著漢朝政權的動搖和君權的日益削弱，求仙服藥，以求

長生已經開始成為士人自己嚮往的人生目標。

先秦時期帝王服用丹藥的動機絕不僅僅是為了延長他們個人的生命,而是將服丹與其政運的久長緊密地連繫在一起,從而將其作為革命改制的一部分。漢末以來的民間道教往往都將與道教有關的各種服食等法術可能具有的治病及長生作用作為誘餌,來吸引教徒入道從戎,擴大聲勢。張角自稱「大賢良師」,以治病的方式傳道。據《晉書‧孫恩傳》載,孫恩起義時勢力蔓延如此之大,在相當程度上就是藉助於這種宗教力量。孫恩世奉五斗米道,據會稽後「號其黨曰『長生人』。「長生人」的口號的確投人所好,所以不但徒眾甚多,有的婦女背著孩子不能從軍,便把孩子放在筐中投入水中,對孩子說:「祝賀你先登仙堂,我隨後便到仙堂找你」。直到孫恩失敗,被迫赴海自沉,他的黨羽和妻妾還認為他已成了水仙,「投水死者百數」。張角和孫恩發動的人員對象主要是社會下層民眾,但他們自身的行為目的是為了稱帝。應看到,他們在把以往帝王獨自享用的成仙之術提供給徒眾受用這一點上是與以往的帝王服丹有所區別的,但他們在以長生之術為政治目標服務這一點上卻又與秦皇漢武如出一轍。

顯然,這些長生服藥中的政治動機恰恰就是嵇康所指責的「神躁形喪」的荒謬服藥之舉。相比之下,士族文人所繼承的,正是嵇康所指明的脫離政治動機的屬於士人階層的服藥中的長生願望。陳寅恪先生〈天師道與濱海地域之關係〉一文所列舉的東晉天師道世家的服藥修道行為明顯地體現出嵇康所認定的疏離政治、注重精神修練的服藥宗旨。尤為引人矚目的是王羲之,他不僅與道士許邁等人「共修服食,採藥石」,而且「窮諸名山,泛滄海,嘆曰:『我卒當以樂死!』」、「我卒當以樂死」一句是值得玩味的。如果理解上沒有偏歧的話,那麼在王羲之看來,

第九講　魏晉名士的服藥

「樂」的意義要遠遠超過「不死」，至少可以用「死」來交換「樂」。這也就是說，精神上的安詳和愉悅遠比肉體生命本身的存在重要得多。這種注重士人自身的精神修養的取向不僅與嵇康的倡導遙相呼應，而且也與整個魏晉時期士族文人注重精神養煉的潮流密切吻合。明白了這一背景，也就比較容易理解兩晉士人服藥過程中的精神取向。

再看這樣一個故事：一天，王恭服過寒石散後，到外面行散，在弟弟王爽的門前見到弟弟，便問他：「古詩中何句為最？」弟弟還沒有來得及回答，王恭自己卻吟詠起來「所遇無故物，焉得不速老」，並認為此句最佳。顯然，人生無常、及時行樂，這是王恭一路行散考慮的問題，他認為這是服藥的目的，並用〈古詩十九首〉中的詩句加以表述。而這一問題，正是魏晉整個社會的普遍思潮。漢末以來的社會動亂，直接對人的生命造成威脅，人的平均壽命也普遍降低。而隨著儒家思想地位的動搖，它所宣揚的「未知生，焉知死」的逃避態度也不能為人們所首肯。生的意志呼喚著人們，而人為地延長生命又集中體現了生的意志。人們正是從這個角度來理解服藥的目的的。王充《論衡·自紀篇》說：「適輔服藥引導，庶冀性命可延，斯須不老」。嵇康〈養生論〉也說：「夫神仙雖不自見，然記籍所載，前史所傳，較而論之，其有必矣！似特受異氣，稟之自然，非積學所能致也。至於導養得理，以盡性命，上獲千餘歲，下可數百年，可有之耳」。道教在漢末至魏晉間興盛，就是因為它所鼓吹的服食之法可以有限地延長生命，而成仙之法則可絕對地延長生命。這對希求長生的人們來說無疑具有巨大的號召力。

當時的士大夫也把服藥作為企求長生的重要手段。郗愔「與姊夫王羲之、高士許詢並有邁世之風，俱棲心絕谷，修黃老之術」。（見《晉書·郗愔傳》）這些上層人物主要信奉天師道，像王羲之等人，都是天師道世

家。由對生命無常的感慨想到以服藥等方式人為地延長生命,這是建安至正始間社會各界人士的普遍心理,也是這個時期很多文化現象的重要動因。不僅曹操這樣的雄才大略者要大唱「人生幾何」、「三曹」及建安七子的詩歌中,都可感受到這種格調。阮籍的〈詠懷詩其十〉則最為明確:「焉見王子喬,乘雲翔鄧林。獨有延年術,可以慰我心」。

■服藥的精神境界追求

服藥還與當時士人階層的許多生活和風俗有關,比如人物品評風氣。在第三講中,我們已經了解到,講究儀容之美是人物品評的一個重要標準。而服藥大約對人的面色紅潤、神明開朗,會大有好處。曹操〈與皇甫隆令〉中說:「聞卿年出百歲,而體力不衰,耳目聰明,顏色和悅,此盛事也。所服食施行導引,可得聞乎?若有可傳,想可密示封內」。看來曹操對皇甫隆因服食而和顏悅色、耳聰目明十分羨慕,所以不恥下問地討教方法。在他們看來,服藥是否可以達到長壽的目的,這要由時間去證明,而從現時看,服藥確實可以達到面色紅潤的作用,使人看起來顯得更加青春煥發、更加健康,這也是長壽的一種象徵。所以何晏說:「服五石散非唯治病,亦覺神明開朗」。而他服藥後,其容貌的確征服了世人。據《世說新語‧容止》載,何晏姿儀俊美,皮膚靚白。魏明帝先是懷疑何晏臉上擦了白粉,於是就在一個酷暑的日子把何晏喊來喝滾燙的熱湯。一碗熱湯下肚,何晏臉上大汗淋漓,於是便用紅色的衣袖擦拭汗水,只見臉上還是那麼白淨。《魏略》也說何晏「……性自喜,動靜粉白不去手,行步顧影」。這些對面容的修飾贏來了人物品評的較高評價。人們品目服藥的天師道徒王羲之「飄如遊雲,矯若驚龍」,王羲之見了杜弘治,也嘆曰:「面如凝臘,眼如點漆,此神仙中人」。衛玠也因「玉

第九講　魏晉名士的服藥

人」的美稱而被看殺致死。不能把他們美貌的功勞全歸於服藥，但起碼服藥是重要的因素之一。

　　此外，服藥還與貴族文人的放蕩生活有關。這表現在兩方面：一是他們以服藥美化容貌，以取悅於女人。以何晏為例，這個小白臉整天「行步顧影」與他的好色是分不開的。他雖然娶了曹操的女兒金鄉公主，成為曹魏的女婿，但卻並不安分，經常去勾引別的女人。使得金鄉公主醋意大發，跑到何晏的母親沛王太妃那裡去告狀：「晏為惡日甚，將何保身？」何母笑道：妳大概是在妒忌何晏了吧？從何母的話中，可以看出她對兒子平日的放縱行為是寬容默許的，也是何晏這類行為的說明。而他整天生活在婢妾環繞的圈子裡，過著不能沒有女人的生活，也當然會把取悅女人作為一個注意事項。《宋書‧五行志》說「魏尚書何晏好服婦人之服」就說明了這一點。二是他們把服藥作為房中術的手段之一。房中術本為漢代方士的方術之一，後來便融入了道教之中。道教又將服藥作為房中術之一。《抱朴子‧微旨》言：「凡服藥千種，三牲之養，而不知房中之術，亦無所益也」。《抱朴子‧釋滯》又說：「房中之法十餘家，或以補救傷損，或以攻治眾病，或以採陰益陽，或以增年益壽，其大要在於還精補腦之一事耳。此法乃真人口口相傳，本不書也。雖服名藥，而復不知此要，亦不得長生也。人復不可都絕陰陽，陰陽不交，則生致壅閼之病人；故幽閉怨曠，多病而不壽也。任情肆意，又損年命。唯有得其節宣之和，可以不損」。可見道教是把服藥和房中術其他方法相輔而行的。何晏服用寒食散，正與此有關。皇甫謐的話中，已經明說：「何晏耽情聲色，始服此藥」。可見他服藥與縱慾有關。金鄉公主的告狀，已經說明何晏性關係的複雜。而憑他的白面書生之體，顯然難以從容地應付這些關係，那便要藉助於藥力的作用。所以蘇軾《東坡志林》說：「世有

230

食鍾乳烏喙而縱酒色以求長年者，蓋始於何晏。晏少而富貴，故服寒食散以濟其欲，無足怪者，彼其所為足以殺身滅族者日相繼也。得死於寒食散，豈不幸哉！」余嘉錫〈寒食散考〉也說：「夫因病服藥，人之常情，士安謂之耽情聲色，何也。蓋晏非有他病，正坐酒色過度耳。故晏所服之五石更生散，醫家以治五勞七傷。勞傷之病，雖不盡關於酒色，而酒色可以致勞傷。觀張仲景所舉七傷中有房室傷，可以見矣。晏雖自覺神明開朗，然藥性酷熱，服者輒發背解體，雖亦幸而僅免耳。管輅曰：『何之視候，魂不守宅，血不華色，精爽煙浮，容若槁木，謂之鬼幽，鬼幽者為火所燒。』據其所言，晏之形狀，乃與今之吸毒藥者等，豈非精華竭於內，故憔悴形於外歟？」

所謂「神明開朗」大約是指服用五石散後人的大腦受到藥物的刺激而感到精神上的興奮和舒暢。皇甫謐《寒食散·發候篇》稱服用五石散可以使「心加開朗，體力轉強」。孫思邈《千金要方》卷七三：「人不服石以庶事不佳……石在身中，萬事休泰。」、「所以常須服石，令人手足溫暖，骨髓充實，能消生冷，舉措輕便，復耐寒暑，不著諸病，是以大須服之」。這種功用在漢代服丹術士那裡就已經開始受到注意。《後漢書·方術列傳》：「王真年且百歲，視之面有光澤，似未五十者」。《漢武帝外傳》：「（武帝）斷穀二百餘年，肉色充美，徐行及馬，力兼數人」。魏晉時期也是如此。曹操〈與皇甫隆令〉：「聞卿年出百歲，而體力不衰，耳目聰明，顏色和悅，此盛事也。所服食施行導引，可得聞乎？若有可傳，想可密示封內」。

如果說漢代以來帝王和術士注意的僅僅是服食以後面容的光澤和「充美」的話，那麼到了魏晉士人那裡，這種面容的光澤便與精神世界的內涵連在了一起。何晏所講的「亦覺神明開朗」，指的就是服藥後容光

第九講　魏晉名士的服藥

煥發的外表所體現的內在精神活力。這一點大約是許多士人服藥後的共同感覺。鮑照〈行藥至城東橋詩〉：「開芳及稚節，含彩吝驚春。尊賢永照灼，孤賤長隱淪。容華坐銷歇，端為誰苦辛？」由於服藥後大腦的興奮，所以在行散途中總是以激昂的神情去觀察外界的事物，使詩中的外界景物帶有明顯的詩人主觀感受色彩。

把服丹用藥作為士人內在精神養煉的手段，是魏晉時期道教分化後士族丹鼎教派的一個鮮明特徵。這一點在魏晉時期的煉丹詩中表現得十分明顯。《黃庭內景經》二十四章：「隱景藏形與世殊，含氣養精口如朱」。兩句詩雖然字數有限，卻清楚地描繪出服內丹後的顯著功效：倘若遠離塵世，與世俗相異，撫養內氣元精，則可以精神煥發，口如丹朱。尤為明顯的是該經〈心神章〉：

心神丹元字守靈，肺神皓華字虛成，肝神龍煙字含明，翳鬱道煙主濁清。腎神玄冥字育嬰，脾神常在字魂停，膽神龍矅字咸明，六腑五藏神體精，皆在心內運天經，晝夜存之自長生。

儘管從詩歌藝術的角度看，這首詩的藝術水準很難得到恭維。然而它卻提供了人們一個士人服丹後存想過程的例證和範本。詩中羅列的各種神的名字及其力量描繪，實際上是服丹者存想時精神世界馳騁想像的內容。

按照詩中的說法，身體的各部器官各有所能，均可與「神」相通，以至能「六腑五藏神體精，皆在心內運天經」。道書中很多存想之術的描繪可以與之相證。〈三十九章經〉在談到存想「太微小童」時說：「讀高上虛皇君道經，當思太微小童千景精，真氣赤色，煥煥從兆泥丸（指大腦）中入，下布兆身，舌本之下，血液之府」。該書在談到存想「無英公子」時又說：「讀上皇先生紫晨君道經，當思左無英公子玄元叔，真氣玉光奕

奕，從兆泥丸中入，下布兆左腋之下，肝之後戶，畢微祝曰：『無英神真生紫皇，三氣混合成宮商。招引真氣鎮膀胱，運流三丹會洞房。為我致仙變丹容，飛昇雲館入金墉。』」將這些具體存想的描繪與前面〈三十九章經〉和〈心神章〉的介紹相對照，就可以看到服用丹藥者在所謂存想的過程中是將自己身體的各個部位聯想為神的寄託所在，進而對其神馳遐想，增強自己服藥後的良好感覺。這或許就包含何晏所謂「神明開朗」的意思。

正始名士服藥後注重精神世界的建設還與當時哲學文化思潮中注重形而上對形而下的超越，無限境界對有限境界的超越的主流有關。何晏本人就是正始玄學的開山大師，為「貴無」學說的開創者。這些內容學界及本書已有涉及，茲不贅述。這裡要談的是何晏不僅在理論上大談無限勝於有限，而且還十分自覺地將其理論化為人生實踐，在個人精神與行動上也將「神明」之境作為人格理想。《世說新語·夙惠》：「何晏七歲，明惠若神，魏武奇愛之」。這一點是貫穿他的人生過程始終的。《魏氏春秋》記載：「初，夏侯玄、何晏等名盛於時，司馬景王亦預焉。晏嘗曰：『唯深也，故能通天下之志，夏侯泰初是也；唯幾也，故能成天下之務，司馬子元是也；唯神也，不疾而速，不行而至，吾聞其語，未見其人。』蓋欲以神自況諸己也」。何晏以他玄學家的敏銳感覺和深刻見解看到「唯深」、「唯幾」在境界上與「唯神」的天壤之別。儘管所謂「深」和「幾」是「極未形之理」、「適動微之會」，本身具有形而上的性質，但重要的問題是它們最終的目的是為「天下之功」、「天下之務」服務，又回到了形而下的層次。而「神」的境界卻與它們不同，無論是手段，還是目的，都是超現實，都是形而上的。所以何晏對於「深」與「幾」雖然不無首肯，但他肯定的也只是兩者手段的玄虛性，而不是目的的現實性。因而他對夏侯

第九講　魏晉名士的服藥

玄、司馬師這樣能夠「極未形之理」、「適動微之會」的形而上才能是讚賞的，但卻從根本上鄙薄他們涉身世務的功利行為。他竭力推崇的正是他始終為之嚮往的「至理微妙，不可測知，無象無功於天下之事」的玄遠境界。所以裴松之才會說他「欲以神自況」。

了解何晏對「神」的境界的無限嚮往，也就能夠從更加深刻的背景上體會到他服用五石散後何以會為「亦覺神明開朗」而沾沾自喜。而這種服藥中對於精神層面的追求，恰恰體現了士族階層在服藥領域中取代帝王特權，使之為我所用的士族特徵。

■服藥不當的種種後遺症

人們天真地把服藥作為求長生、求美譽、求享樂的手段，但是由於五石散本身藥物的毒性和散發難度之高，真正收到這些效果的人微乎其微，多數人因為服用方式不當引起各種疾病，甚至死亡。皇甫謐曾論及服藥不當所生之弊：「或暴發不常，夭害年命。是以族弟長互，舌縮入喉。東海王良夫，癰瘡陷背。隴西辛長緒，脊肉爛潰。蜀郡趙公烈，中表六喪，悉寒食散之所為也。遠者數十歲，近者五六歲（言服寒食散後，有至數十年而後死者，有五六年即死者），余雖視息，猶溺人之笑耳。而世人之患病者，由不能以斯為戒。失節之人（謂服散而違其節度者），多來問余。乃喟然嘆曰：今之醫官，精方不及華倫，審治莫如仲景，而竟服至難之藥，以招甚苦之患，其夭死者，焉可勝計哉！」（見巢元方《諸病源候總論》卷六引）

皇甫謐本人就是服藥不當的受害者。他三十五歲時因中風而半身不遂，後來服用寒食散來治療，由於「違錯節度」（散發不當），而落下一身重病：「隆冬裸袒食冰，當暑煩悶，加以咳逆，或若溫瘧，或類傷寒，

浮氣流腫，四肢酸重，於今困劣，救命呼噏。父兄見出，妻息長訣」。甚至「嘗悲恚，叩刃欲自殺，叔母諫之而止」。由於寒食散具有如此危險的後果，所以它對人們的社會生活產生了多種影響。

服藥之後產生的副作用，被一些人用作躲避政治災禍的理由。魏晉時期，統治階級內部矛盾十分尖銳，有些人為了逃避政治漩渦，往往詐稱寒食散症狀發作。因為服寒食散患後遺症者被視為殘疾之人而容易避禍。比如「八王之亂」時，王顒派人遊說成都王司馬穎，準備殺掉齊王冏，齊王冏向王戎請教對策，王戎勸齊王冏：「若以王就第，不失故爵，推權崇讓，此求安之計也」。但齊王冏的謀臣葛旟卻不同意齊王冏放棄權力，準備殺掉王戎。王戎就偽裝藥性發作，掉進廁所茅坑之中，才免除了殺身之禍。殷任南蠻校尉時，其從弟荊州刺史殷仲堪在王恭的慫恿下，準備發動內戰，並動員殷一起參加。殷嚴詞拒絕：「吾進不敢同，退不敢異」。後來殷仲堪舉兵成功，貪得富貴，並記恨殷前言。殷知道殷仲堪將排除異己，任用黨羽，便借服寒食散外出行散，託疾不還。當殷仲堪去看望他的時候，殷因服藥眼睛已經嚴重散光，只能見人半面。這也就是皇甫謐說的「服藥失節度，則目瞑無所見」。殷仲堪難過地說：「兄病殊為可憂」。而殷卻義正詞嚴地說：「我病不過身死，但汝病在滅門，幸熟為慮，勿以我為念也」。後來，殷仲堪在與桓玄的作戰中失利，被逼自殺。殷則因服散致病，憂鬱而卒。

又據《高僧傳》，桓玄征討殷仲堪時，大軍經過廬山，桓玄邀名僧慧遠出虎溪見面，慧遠稱疾不堪，桓玄只好入山去見慧遠。晉安帝自江陵凱旋迴京師，路經廬山，輔國何無忌勸慧遠候迎，慧遠仍然稱疾不行，晉安帝只好派人勞問。慧遠在寫給晉安帝的信中說：「貧道先嬰重疾，年衰益甚，猥蒙慈詔，曲垂光慰，感懼之深，實百於懷。……自遠卜居廬

第九講　魏晉名士的服藥

阜三十餘年,影不出山,跡不入俗。每送客遊履,常以虎溪為界焉」。慧遠在晉義熙十二年(西元四一六年)八月因寒食散藥物發作而病倒,六天後就奄奄一息了。臨終前,弟子耆德等人勸他飲用豉酒解毒,慧遠卻不肯違犯佛教不許飲酒的戒律。請他喝米汁,也是不允許的。又請他喝蜂蜜水,慧遠則命律師查閱經文,看是否允許。律師剛查了一半,慧遠已經合上了眼睛。

此外,如陳敏之亂時詐稱詔書,以賀循為丹楊內史。賀循辭以腳疾,手不制筆,又服寒食散,露發袒身,示不可用。陳敏竟不敢逼。晉武帝幾次詔敦皇甫謐應命,皇甫謐皆以服散患疾相辭,皆屬此類。另外,有些帝王因服藥變得性格暴躁,以致影響政局,則是服藥對政治生活影響的另一種形式。

服藥的副作用還會使人性格變得暴躁無常。服藥以後,如散發不當,會使一個人的性格變得暴躁、驚悸、喜怒無常。皇甫謐言:「服散失節度,或食不復下,晝夜不得寐,愁憂恚怒,自驚跳悸恐,恍惚忘誤」。又言:「凡有寒食散藥者,雖素聰明,發皆頑嚚」。北魏太祖拓跋珪服藥後一直不見效,在他的太醫死後,其後遺症也就更加嚴重,加上災變頻繁出現,其性格變得喜怒無常,經常憂愁、鬱悶、不安,幾天幾夜不吃不睡。猜忌群醫,對誰也不信任。把曾經得罪過他的人通通殺掉。大臣中凡有臉色異常、喘息不均、走路不協調以及說話欠妥的人,都被拓跋珪認定是心懷不滿者,因而遭到拓跋珪本人的親自毆打和殺戮,並陳屍於天安殿前。於是,人人自危,朝廷各部門無法正常工作,社會管理失調,盜賊橫行,全國一片混亂。他連自己的妻子賀氏也不放過──將她囚禁於幽宮,並準備殺掉她,只是因為天色已晚才沒有執行。賀氏祕密地向兒子拓跋紹求救。紹連夜帶人闖入禁宮,殺死了父親,救出了母

親。後秦的帝王姚興，也是因為服藥後身體不好，喜怒無常，而引起了國內的動亂。還有的人因遵循服藥規則而忘乎所以，以致犯人家諱，得罪於人。如前文所述王忱服用了五石散後帶著醉意去看望桓玄。桓玄以酒宴相待，沒想到王忱服用五石散後不能喝冷酒，就頻頻告訴侍從說：「溫酒來！」王忱雖然已經喝得醉醺醺的，但他只記得自己服了藥，不能喝冷酒，卻忘記了桓玄的父親名字叫桓溫，他反覆讓人「溫」酒，正是犯了桓玄家諱，如果不是桓玄通達，顯然又要不歡而散。除此之外，前面所舉若干文人的暴躁、怪癖事例，如王述食雞子，王忱和王恭在宴席上大打出手等，恐均與服藥有關。

第九講　魏晉名士的服藥

第十講

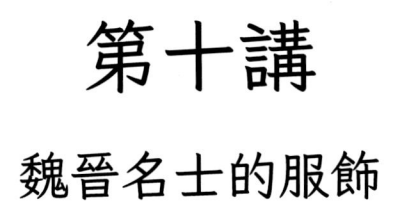

魏晉名士的服飾

第十講　魏晉名士的服飾

服飾是一個社會文化潮流的外化折射反映之一。

魏晉時期服飾風俗發生了很大的變化，其顯著特徵是：第一，人們在穿著服飾方面尊崇禮制的色彩不斷淡化，而反禮教的叛逆色彩不斷增強。第二，人們在穿著服飾物質層面的需求不斷淡化，而精神層面的需求不斷增強。對於這兩點，魏晉名士在服飾的各方面都有充分的表現。

■從「服妖」看禮教的頹壞

人類對於服飾的認知，經歷了一個從切身的物質需求到文化因素不斷增加的精神需求的過程。遮羞和禦寒是人類對衣服的直接和基本的需求原因。它被賦予社會和文化的色彩，大約是從黃帝時期開始。從西周時期開始，隨著社會政治文化的進步發展，服飾的禮制禮儀色彩幾乎被渲染到無以復加的地步。在這樣的觀念作用下，服飾不僅是政治統治的手段，同時不同的服飾也是人們身分地位的象徵。為此，統治者還制定

了許多繁文縟節和清規戒律。《禮記·玉藻》:「以帛裏布,非禮也。士不衣織。無君者不貳採。衣正色,裳間色。非列採不入公門,振、不入公門,表裘不入公門,襲裘不入公門」。這樣的規定儘管在早期儒家的經典中每每可見,但偶爾破例犯禮的現象還是時有發生。不過在先秦時期,這種違規破禮的現象不僅極為罕見,因而被視為洪水猛獸和妖異徵兆,而且還往往受到正統主流輿論的嚴厲譴責,認為它是可與天災人禍相提並論的「服妖」行為(見《尚書大傳》)。從《漢書》開始,歷代正史〈五行志〉都將「服妖」行為收入其中。班固說:「風俗狂慢,變節易度,則為剽輕奇怪之服,故有服妖」。從班固的話中可以看出,凡是違反了社會的一般禮儀規定和習慣風俗,其穿戴與自己的身分、地位、場合不符,或用今人話語稱之為「奇裝異服」者,均屬「服妖」行為,均在貶斥之列。不僅如此,人們還將這種「服妖」行為視為天下興亡、時代變遷的徵兆。這反映了漢代以陰陽五行和天命學說為基礎的大一統思想作用下社會對個體越軌行為的否定和歧視。

然而到了東漢後期,這種「服妖」行為在社會上不再是少數的個別行為,而是比較普遍的社會潮流,大有越演越烈之勢。東漢王符《潛夫論·浮侈》中列舉了許多這種現象。所以學者張亮采在《中國風俗史》中說:「可知當日衣服之好尚矣。然漢末王公名士,多委王服,以幅巾為雅。今觀鄭康成、韋彪、馮衍、鮑永、周磐、符融及逸民韓康等傳可知。蓋輕視冠冕,以灑脫為高,不但開陶靖節角巾之一派,亦魏晉清談輕脫之雛影也」。這個說法看出了東漢後期的「服妖」行為和魏晉名士以灑脫任誕為特徵的服飾行為之間的連繫,很有見地。

魏晉時期的社會風俗發生了極大的變化,「服妖」即為其中一端。

《晉書·五行志》快班車「服妖」一項,收錄魏晉時期的「服妖」現

第十講　魏晉名士的服飾

象，並將其與社會衰亡之象相連繫。《世說新語》所記述的服飾故事往往在態度上與《晉書·五行志》背道而馳，對其違反禮制的服飾行為及其內在精神寄託給予了肯定甚至是讚美。如「帢」是曹魏時出現的一種改良的帽子，它曾作為「服妖」，被時人及《晉書》的作者指責為「凶喪之象也」、「劫殺之妖也」。然而在《世說新語》中，這種新奇的帽子卻受到另外一種禮遇。山濤的大兒子山該戴上「短帢」這種便帽，倚在車中。晉武帝想見見他，山濤不敢推辭，就去問兒子山該，可山該卻拒絕了。當時人們認為山該的骨氣勝過了山濤。

這裡山濤為何不敢辭，兒子為何拒絕，時論又為何認為兒子勝過其父？據《晉書·山濤傳》及《世說新語》有關內容，可知山濤雖為「竹林七賢」之一，但在政治上卻投靠司馬氏政權，故為嵇康及時論所不齒。這裡所謂「山公不敢辭」，正是這種政治態度的表現。至於山該不肯行的原因，實際上就是兒子山該以著帢見天子不合禮制為藉口，拒絕與司馬昭見面。這正是時論讚美山該勝過其父的真正原因，也是作者將其列入「方正」一門的意義所在。著帢在這裡不僅沒有受到任何指責，反而卻成了讚美的對象，成了魏晉人表達政治意識的一種工具。但顏帢這種難以為傳統人士接受的新潮玩意在東晉某些更先鋒的名士眼中竟然已經過時，毫無新鮮感可言。據《世說新語·輕詆》，代表新學思想的支道林對保守人物王坦之說：「著膩顏帢，（糸翕）布單衣，挾《左傳》，逐鄭康成車後，問是何物塵垢囊！」表面上看，支道林也對著顏帢深為不滿。但他的指責角度與傳統人士及《晉書》作者截然相反。他不是指責著顏帢新潮和違反禮制，而是嫌它已經過於落伍。因為入晉以後顏帢經過改造後成為最新潮的「無顏帢」，而且也被視為「服妖」之列。在支道林看來，有了「無顏帢」這樣的最新潮的帽子你不佩戴，卻還依舊戴著油膩骯髒的

老式顏帢，自然是陳腐不堪了。其實支道林真正看不慣的，還不是王坦之的衣著，而是他思想觀念的陳腐保守，衣著保守只是其思想保守的外包裝而已。

不穿外衣，只穿單衣單衫也被視為「服妖」行為。《晉書‧五行志》：「孝懷帝永嘉中，士大夫竟服生箋單衣。識者指之曰：『此則古者穗衰，諸侯所以服天子也。今無故服之，殆有應乎！』其後遂有胡賊之亂，帝遇害焉」。但只服單衣單衫的行為在魏晉君臣中都不乏見到。晉孝武帝司馬曜十二歲的時候，到了冬季白天不穿袷衣，只穿五六件單衣。晚上卻蓋上厚厚的被褥。謝安進諫說：「聖上應該保持恆溫，白天過冷，夜裡過熱，恐怕不是養生之道」。司馬曜卻說：「晝動夜靜」。原來，《老子》中有過「躁勝寒，靜勝熱」的說法。顯然，少年司馬曜在穿衣問題上不是以禮制的規定為前提，而是把先哲的哲理運用於生活實踐當中，讓穿衣問題充滿理性和精神的色彩。至於魏明帝為了檢驗何晏臉上是否擦了粉而讓他在酷暑之際喝熱湯，何晏以朱衣自拭的故事，則表現出士族文人平日衣著的隨便和自由。他們並不在意衣著是否符合禮制，而是求其自由灑脫。

魏晉時期士族文人的很多服飾行為之所以被視為「服妖」，其根本原因就是他們隨心所欲，排除禮教的約束控制，將服飾行為作為抒張個性的工具和途徑。如王濛和劉惔一起在桓子野家中暢飲，正趕上謝尚為叔父謝裒送葬回來。王濛想請他過來一起喝酒，就問劉惔是否可行。劉惔自信地說：「謝尚是性情中人，一定會來！」果然，開始謝尚考慮到自己還在喪期，不便前往，所以婉言謝絕了。但卻待在那裡不動。等到人家再次來請的時候便欣然前往了。進門之後，只是去了頭巾，戴著便帽就入座痛飲。吃到中途，才發覺尚未脫去孝服。劉惔可謂看透了謝尚骨

第十講 魏晉名士的服飾

髓。他絕對不會因尊奉禮制而犧牲個人的自由灑脫。事情的發展完全證實了劉惔的預見。文中謝尚有兩處違反禮制：晉代名士多以「越名教而任自然」為榮，在喪葬方面的表現就是「居喪無禮」。謝尚於其叔謝裒葬後三天便到朋友家去痛飲，即為「居喪無禮」的表現，此其一。其二，他喝酒喝到一半，才發現自己竟然是穿著喪服在喝酒。可見禮教所規定的一切，對他都沒有任何約束意義，衣著只是其中之一。對於士族名士來說，作為衣著身分地位意義的禮制色彩已經淡化到趨近於無。謝安在桓溫手下任司馬的時候，一天桓溫去看謝安，正碰上謝安在梳頭。見到桓溫來了，謝安趕忙去取衣服。桓溫說何必麻煩！於是兩人就一起說話到天黑。離開謝家，桓溫對左右說：「見過這麼灑脫的人嗎？」即便是在今天，上下級之間見面時如果肢體沒有遮掩，也是不大雅觀的行為，何況是在禮教嚴格的古代。然而桓溫所讚美的，也正是謝安這種不拘小節的放達之舉。尤其令人驚訝的是，《世說新語》的編者竟然將這樣一個細微的生活小節放在「賞譽」一門中，這就明顯地表現出編者的思想觀念和精神追求與魏晉名士是何等相似，而與《晉書》的編者又是何等大相逕庭。

■寬衣大袖何以成為流行風尚？

從前面司馬臒冬日加穿練單衫的故事和南朝磚刻壁畫〈竹林七賢與榮啟期〉中已經可以看出這種寬大衣著的風采迷人之處。不過這種博大的衣裳也被視為「服妖」之舉，並被認為是劉宋代晉的徵兆。魯迅〈魏晉風度及文章與藥及酒的關係〉一文曾經從服藥容易擦傷皮膚的角度來解釋當時名士喜著寬大衣服的原因。實際上這只是名士穿著寬衣大袖的客觀原因，其主觀原因還是因為寬大的衣著可以表現出名士灑脫高逸的風采。如孟昶沒有顯達時，曾看見王恭乘坐一頂高高的車輿，身上披著一

件華貴的鶴氅裘。在微微初雪當中，孟昶在籬笆之間窺視王恭那迷人風采，不禁感嘆道：「真是神仙中人！」（見《世說新語・企羨》）裘原為毛皮製成的禦寒服裝，但至魏晉間士族多用來修飾儀表。裴啟《語林》載，謝萬向謝安乞討皮裘，說是為了禦寒。謝安說：「胡說！你是為了擺闊顯貴。如果是為了禦寒，沒有比棉花更暖和的了」。於是就給了他三十斤棉花。從閻立本〈歷代帝王圖〉所畫陳文帝身著皮裘，坐於榻上的形象來看，皮裘確能給予人狀貌堂堂的感覺。陳文帝所穿為白狐皮裘，毛在外，以示雍容華貴。為進一步增強皮裘的裝飾感，人們又以鳥羽製成裘衣。因所取鳥羽不同而分別稱為「雉頭裘」、「孔雀裘」、「鸕鶿裘」。其形制寬大者稱為氅。文中王恭所服「鶴氅裘」即以其光彩照人的效果，使得寒族士人孟昶五體投地，讚嘆不已。其實王恭被孟昶看重的，並非僅僅是其門第，其神姿風采在相當程度上要得力於他那寬大博敞的鶴氅裘。那個謝萬雖然在謝安那裡碰了釘子，但他還是想方設法拿到了一件鶴氅裘，並且穿著它演出了一場十分精采的鬧劇：

　　謝萬與安共詣簡文。萬來無衣幘可前。簡文曰：「俱袒前，不須衣幘」。即呼使入。萬著白綸巾、鶴氅裘，履板而前。既見，共談移日方出。大器重之。（見思賢講捨本《世說新語》佚文）

　　謝萬所說的「無衣幘」，是指沒有符合禮制要求謁見帝王的禮節性衣帽。這實際上是一個有意的試探。因為按照常理，既然約定與帝王見面，準備好禮服是理所當然的事情。他之所以如此，是因為他深知簡文帝司馬昱也是一位清談健將、名士中人，所以未必應以禮制之俗與其見面。所謂有意試探的潛臺詞是：我們是按照禮制規定的君臣之禮相見呢，還是按照瀟灑名士的朋友關係相見？如果是前者，謝萬實際上已經拒絕了這樣的見面；倘若是後者，則需要得到你的許可。司馬昱對謝萬踢過

第十講　魏晉名士的服飾

來的皮球當然心領神會，於是趕忙答應以後者的禮節相見。這裡雙方都把服飾衣著作為觀念意識和精神家園的外化體，以衣著的雅俗傳達其精神的主旋律。巾本來是士庶之別的象徵。但從東漢開始，戴巾不僅不是地位低微的象徵，反而成了高雅的象徵。傅玄《傅子》載：「漢末王公，多委王服，以幅巾為雅，是以袁紹、（崔豹）、（崔鈞）之徒，雖為將帥，皆著縑巾」。東漢清議領袖郭泰因途行遇雨，臨時折巾遮雨。竟然為眾人仿效，人稱「林宗巾」。同時，戴巾成為士人表示自己布衣在野的非官員身分的象徵。東漢末豫章太守華歆著巾出迎孫策，表示自己已經放棄太守官職，而以士大夫身分迎接孫策。西晉征南大將軍羊祜在給從弟信中說以後「當角巾東路，歸故里」，又是指致仕還鄉。上引《世說新語》佚文中謝萬有意不穿禮服，而著白綸巾和鶴氅裘，就是有意強調自己的布衣身分和高雅情調。從他此舉收到的滿意效果中，可以推想他的這身衣著產生的作用大約著實不小。可見鶴氅裘在兩個方面滿足了士族文人的精神需求，其一是其寬大的形制很好地體現出士族文人飄逸瀟灑的風韻；其二則是那羽光閃閃的效果又為其貴族身分增加了分量。至於它是否符合禮制，是全然不為他們所重的。這才是寬大衣服得以流行的主觀原因。若單純從服藥角度考慮，儘管皮裘寬大，但皮革和羽毛質地較硬，均易劃傷皮膚。恐為服藥者所不取。

〔唐〕閻立本〈歷代帝王圖〉
（陳文帝區域性）

■木屐中的人生境界追求

木屐也是名士衣著明顯的一項特徵。關於木屐的形狀，過去一直認為它與近代的木屐相似。它以木製成，上面繫帶與腳連結，底部有突出的部分，稱為足或齒。但文學家沈從文先生的《中國古代服飾研究》中認為屐齒並非指朝下的兩齒，而是指鞋前向上翹起的齒狀物。理由是「在大量南北朝畫刻上，還從未見有高底加齒的木屐出現」。所以沈從文認為宋人臨摹顧愷之的〈斫琴圖〉中持杖隱士所穿高齒履就是高齒屐。這個說法恐怕難以成立。因為沒見過的東西不等於沒有。

〔南宋〕馬遠〈寒山子圖〉

木屐也是傳統和主流輿論認為是「服妖」的一項。《晉書‧五行志》：「初作屐者，婦人頭圓，男子頭方。圓者順之義，所以別男女也。至太康初，婦人屐乃頭方，與男無別。此賈后專妒之徵也。……舊為屐者，齒皆達楄上，名曰露卯。太元中忽不徹，名曰陰卯。識者以為卯，謀也，必有陰謀之事。至烈宗末，驃騎參軍袁悅之始攬構內外，隆安中遂謀詐相傾，以致大亂」。其實他們真正討厭的，倒是名士腳蹬木屐所表現出來的瀟灑飄逸的氣度，以及這種氣度中所包含的對於傳統禮教精神的鄙薄

第十講　魏晉名士的服飾

和揶揄。王獻之兄弟是郗愔的外甥，由於畏懼郗愔的兒子郗超的權勢，見了郗愔都規規矩矩地穿上履，行外甥之禮。可當郗超死後，王氏兄弟便如出籠之鳥，都穿上了高齒木屐，儀容傲慢。郗家人請他們坐下，他們一個個都趾高氣揚地說：「忙呢，沒功夫！」便揚長而去。氣得郗愔憤憤地說：「使嘉賓（郗超）不死，鼠輩敢爾！」王氏兄弟前恭後倨，固然有勢利之嫌。但他們以著屐示其輕慢，倒的確是對傳統禮制的褻瀆。按禮制規定，正式場合必須著履。《釋名》：「履，禮也。飾足所以為禮也」。正因為如此，魏晉六朝時期許多反禮教之士都把棄履服屐作為放達灑脫的行為而競相追隨。《顏氏家訓‧勉學》：「梁朝全盛之時，貴遊子弟⋯⋯無不薰衣剃面，傅粉施朱，駕長簷車，跟高齒屐，坐棋子方褥，憑班絲隱囊，列器玩於左右，從容出入，望若神仙」。就跟高齒屐一項來說，魏晉六朝的情況大致如此。王獻之兄弟就是一例。貴遊子弟的驕奢風氣，使他們視禮教為糞土，穿屐也成了自然而然的習慣。這對王氏兄弟曾同住一室，房上突然起火。王徽之慌忙外逃，竟來不及穿上木屐。王獻之則神色恬然，徐徐呼喚左右，不異於常。人們一下子分出了二人的高下。王徽之來不及穿屐說明屐是他們每天必穿之物。因為腳蹬木屐，身穿寬衣，正是標準的名士氣派。

　　與穿寬衣一樣，穿屐也與服藥有關。魯迅〈魏晉風度及文章與藥及酒的關係〉說：「吃藥之後，因皮膚易於磨破，穿鞋也不方便，故不穿鞋襪而穿屐」。作為魏晉時期的天師道世家，王羲之父子均醉心服食採藥之事。他們以穿屐為習，定然與服藥有關。

　　當然，還有些人好屐是出於一種精神的寄託。據《世說新語‧雅量》載，東晉祖約好財，阮孚好屐，兩人都嗜好成癖，共成負擔。人們難以分其得失。一天有人拜訪祖約，見他正在清理錢財。客人來到之後，祖

約來不及收拾，剩下兩只放錢的小竹箱，只好藏在自己身後，並傾斜身子擋住竹箱，臉色也未能平心靜氣，有些局促不安。又有人去拜訪阮孚，見阮孚正在往木屐上塗蠟，使其滑潤。見到客人，阮孚神色自若地說：「未知一生當著幾量屐」。人們以此斷定阮孚的氣量勝過祖約。如果單從嗜好一類的角度，好財和好屐兩者的確高下難分。但魏晉品題人物重在以形徵神，從人物的外在行為挖掘和體會其精神內涵和氣質風度。在未得其神髓之前，其外在行為本身並沒有什麼高下之別，故而「未判其得失」。而一旦從精神角度，得知兩者當中一方為錢財而局促尷尬，一方則投入自己的人生理想而流連忘返，自然高下自現。一句「未知一生當著幾量屐」，飽含阮孚對木屐所體現的高遠境界和曠達氣質的愜意與自得。

■裸袒行為是否一概荒唐？

　　從人類文明的歷史發展來看，人類以衣服告別蒙昧時期的赤身裸體，是人類進步文明的象徵。從這個意義上看，文明社會中的裸袒行為無疑是一種文明的退化。但問題又並非如此簡單。因為裸袒的初衷不同，所以文明社會中的裸袒行為的社會價值判斷也呈現出較大的差異。

　　從文獻記載來看，魏晉以前的裸袒行為大致有三種情況。一是文明社會的華夏民族對仍然處於蒙昧野蠻時期沒有身體羞恥意識觀念的落後民族的認知。這主要指傳說中的裸國裸民，如有關禹入裸國的傳說。二是權貴階層驕奢淫逸生活的一個側面。如相傳商紂王窮奢極欲，「以酒為池，懸肉為林」，使男女赤身裸體，追逐其間。又如漢靈帝還專門修建了供自己縱慾享樂的裸遊館。從商紂王到漢靈帝，從曹洪到洛陽令，他們喜歡裸袒行為又是少數貴族尋求感官刺激的醉生夢死之舉，是人性倒退

第十講　魏晉名士的服飾

甚至異化的表現。三是某些叛逆人士對抗禮教的一種方式。在以上三種裸袒行為中，第一種已經成為人類生活歷史的活化石，人們只能將其作為一面鏡子，照出自己的過去，以確認文明進步的意義。所以它並無現實的社會意義。後兩種裸袒方式的社會影響幾乎是背道而馳的。然而卻對後代，尤其是魏晉時期的裸袒行為產生了直接的作用和影響。不過這兩種水火不容的裸袒行為在魏晉六朝時期的許多文獻中並沒有得到清楚的區分和客觀的評價，而幾乎是眾口一詞地對其進行了全面的否定和謾罵，其中以葛洪和裴頠為最。葛洪、裴頠兩人的共同之處在於，他們一方面從維護禮教的角度來責難裸袒行為，另一方面又把何晏、阮籍的放誕行為與西晉時期王衍等貴族名士的驕奢淫逸之舉相提並論。與他們的口徑相一致，《晉書》等正史中對於這類裸袒行為的記載也是一種籠而統之的否定態度。如王隱《晉書》：「魏末，阮籍有才而嗜酒荒放，露頭散髮，裸袒箕踞……其後貴遊子弟阮瞻、王澄、謝鯤、胡毋輔之之徒，皆祖述於籍，謂得大道之本。故去巾幘，脫衣服，露醜惡，同禽獸。甚者名之為通，次者名之為達也」。

真正將反禮教的裸袒和窮奢極欲生活方式的裸袒進行區分並以不同的態度加以表現的文獻是《世說新語》。首先，《世說新語》的編者對於王澄、胡毋輔之等人那種作為驕奢淫逸生活方式的裸袒行為也同樣持否定態度：

　　王平子、胡毋彥國諸人，皆以任放為達，或有裸體者。樂廣笑曰：「名教中自有樂地，何為乃爾也！」（《世說新語・德行》）

　　從表面上看，樂廣的話也是從儒家禮教的角度來責難王澄等人的裸體行為。但實際上他的話外音是與其沒有任何精神寄託和社會意義的縱慾式的裸袒，還不如回到儒家禮教的規範中來。因為這種沒有意義的縱

縱慾式裸袒上承商紂王的驅奴裸逐,下接漢靈帝和曹洪的裸遊館和裸袒酒會,完全是人性的倒退和異化,毫無肯定價值。完全不能同阮籍等人的裸袒同日而語。對此,當時以氣節和人格著稱的戴逵,儘管不滿於清談玄風,但他對於正始名士和元康名士的內在差異和高下之分,還是頗有灼見的。他在《竹林七賢論》中對樂廣的話表示了深深的理解和共識。這就是說,像王澄等人那樣,沒有阮籍那些人的遙深境界和精神寄託,只是出於感官刺激而追求裸袒時髦,是應堅決抵制和摒棄的。他在〈放達為非道論〉中還表達了同樣的觀點:「然竹林之為放,有疾而為顰者也;元康之為放,無德而折巾者也」。這種客觀允當的看法是當時對於反禮教和縱慾式兩種截然不同的裸袒之風的內在差異最為敏感的認知和最為明快的表述。

正因為如此,《世說新語》的編者對於桑扈和趙仲讓式的具有反禮教色彩的裸袒行為給予了肯定和讚美。而且對此類故事的細微差別也給予了必要的區分。一種是帶有政治色彩的裸袒。如:

禰衡被魏武謫為鼓吏,正月半試鼓。衡揚枹為〈漁陽摻撾〉,淵淵有金石聲,四坐為之改容。孔融曰:「禰衡罪同胥靡,不能發明王之夢」。魏武慚而赦之。(《世說新語‧言語》)

作為〈言語〉篇的故事,編者意在表現孔融的辭令之妙。胥靡指古代服刑者,此指殷相傅說。意謂禰衡與傅說具有同樣的才華和處境,但傅說被武丁慧眼相識,用為殷相;而禰衡卻沒有這樣的幸運。編者在這裡省略的正是禰衡裸袒擊鼓、羞辱曹操的故事。劉孝標注所引《文士傳》彌補了這一內容的細節:「融數與武帝箋,稱其才,帝傾心欲見。衡稱疾不肯往,而數有言論。帝甚忿之,以其才名不殺,圖欲辱之,乃令錄為鼓吏。後至八月朝會,大閱試鼓節,作三重閣,列坐賓客。以帛絹製

第十講　魏晉名士的服飾

衣，作一岑牟，一單絞及小褌。鼓吏度者，皆當脫其故衣，著此新衣。次傳衡，衡擊鼓為〈漁陽摻撾〉，蹋地來前，躞踥腳足，容態不常，鼓聲甚悲，音節殊妙。坐客莫不忼慨，知必衡也。既度，不肯易衣。吏呵之曰：『鼓吏何獨不易服？』衡便止。當武帝前，先脫褌，次脫餘衣，裸身而立。徐徐乃著岑牟，次著單絞，後乃著褌。畢，復擊鼓摻槌而去，顏色無怍。武帝笑謂四座曰：『本欲辱衡，衡反辱孤。』至今有〈漁陽摻撾〉，自衡造也」。《後漢書·禰衡傳》所記此事與此基本相同，范曄當取自《文士傳》。《世說新語》雖然沒有正面直接表現禰衡裸袒辱曹的細節，但從故事的傾向上不難看出編者的肯定態度。這一傾向的核心，就是將禰衡的裸袒行為與其桀驁不馴和疾惡如仇的人格精神融為一體。所以這種裸袒行為不僅沒有受到任何指責詆毀，反而成為以忠斥奸、大快人心的一件好事。可見裸袒行為一旦成為政治鬥爭的一種工具時，政治的觀點好惡便成為評價裸袒事件本身是否可取的砝碼。正因為如此，禰衡裸袒罵曹的故事便成為千古佳話，成為忠義之士值得驕傲的榮耀。明代著名的禮教叛逆者徐渭正是以禰衡自況，寫下了《狂鼓史漁陽三弄》雜劇。劇中曹操和禰衡正是作者自己和權奸嚴嵩的化身。而以裸袒行為羞辱權奸這一觀念的形成，《世說新語》及劉注等有關史料提供重要的傳承作用。

從上文劉注引王隱《晉書》中，可以得知阮籍也曾有過裸袒行為。對此，《世說新語》雖然沒有正面表現，但從前引戴逵對正始和元康放誕之風的區分上可以看出正始時阮籍等人的裸袒和元康諸貴族名士裸袒行為的差異。何況，《世說新語·任誕》所載阮籍自謂「禮豈為我輩設也」的話中，分明可以看出作為他一系列任誕放達行為，其裸袒行為雖然不像禰衡政治色彩那麼強，那麼劍拔弩張、針鋒相對，但反禮教的初衷卻是

十分鮮明的。蓋因司馬氏及其黨羽本為陰險卑劣的竊國大盜,又窮奢極欲、揮霍無度,卻大力以禮教名教相標榜,號稱以孝、以禮治天下。阮籍等人所要反對的並非完全是禮教本身,而是司馬氏一夥假借禮教維護統治的假禮教。更為重要的是,阮籍等人包括裸袒在內的放誕之風,有著更高層面的形而上的精神意義。當時一個禮法之士伏義曾針對阮籍的放誕行為致書予以指責教訓。

對此,阮籍從玄學人生觀的高度予以回敬:「夫人之立節也,將舒網以籠世,豈樽樽以入罔?……從容與道化同由,逍遙與日月並流,交名虛以齊變,及英祇以等化,上乎無上,下乎無下,居乎無室,出乎無門,齊萬物之去留,隨六氣之虛盈。……徒寄形軀於斯域,何精神之可察?」(〈答伏義書〉)這一思想來自他對莊子「齊物」思想的繼承和發揮。在阮籍看來,世間萬物的各種形態,不過都是自然的不同存在形式而已。它們的共同本體就是自然。從這個意義上說,人體本身也是自然的一部分,因而具有與自然相同的屬性:作為自然的一部分,人體本身也沒有什麼生死、大小、是非可言。任何分裂人體的整體的企圖都是錯誤和徒勞的。從這個觀點出發,人只有本著「循自然,小天地」的宗旨和思想觀點,才能進入掌握自然和人體自身的「寥廓之談」的境界。否則,倘若拘泥和執著區域性,「守什伍之數,審左右之名」,就會出現「殘生害性」、「斷割肢體」、「禍亂作而萬物殘」的不幸結局。按照這個邏輯繼續推衍下去,不僅裸袒箕踞這樣的灑脫之舉可以得到高妙的哲學解釋,而且竹林名士所有的放誕行為都與元康名士的東施效顰之舉理所當然地拉開了距離。戴逵所說元康名士所缺少的那份「玄心」,或即指此。

七賢中劉伶的裸袒之舉及其裸袒宣言,可以說是阮籍這一理論的形象和具體演示。劉伶飲酒後以天地為棟宇、以房屋為衣褲的故事,其言

第十講　魏晉名士的服飾

行乍一看似乎十分荒唐。然而只要讀過阮籍的文章，了解了七賢名士的玄學要義和精神境界，就會驚嘆劉伶的言行與阮籍思想的默契和一致。所謂「以天地為棟宇，屋室為褌衣」，堪稱氣吞宇宙，概括洪荒。它是對「毀質以適檢」的反動。它將讀者的注意力從那裸形的具體形象轉移到正始名士那恢宏的氣魄和博大的精神世界之中。於是，那裸袒本身造成的不雅印象不但得到了化解和超越，而且也使人們對正始名士貌似荒唐的放誕行為有了一定嚴肅內涵的認知和更為本體的掌握。

■塵尾在名士精神文化生活中的特殊作用

作為衣冠的附件，飾物在服飾文化中也占有重要位置。古代飾物主要分公、私兩種。公者指官員朝服的附件，如綬帶、笏、佩劍等。私者指普通人可以佩戴使用的飾物，如如意及女子的釵釧之類。與朝服飾物相比，私人飾物受到的限制較少，所以在使用上比較自由。從《世說新語》的記載來看，士族名士往往須臾不離的，是如意和塵尾。如意多隨手用來觸動正在操作關注的事物對象。如王恭用如意熨平殷仲堪送其友人所作賦，以示輕慢；王敦每次喝完酒，就一邊吟詠曹操的詩歌，一邊用如意打唾壺；石崇又用鐵如意將王愷的珊瑚樹打個粉碎。可見如意的確為士族名士的生活增添了許多「如意」的內容。不過相比之下，最能體現出士族文人的精神氣質和文化素養的飾物還是作為清談玄學代稱的塵尾。

塵尾與拂塵之類的清掃用具不同，它是清談活動中居主導地位的重要名士手中的清談道具。至於它何時起源，何以為眾名士清談所喜用，在清談活動中究竟又有怎樣的作用，還需進一步分析。

敦煌壁畫（區域性）

　　麈尾起源的具體時間尚難以斷定。在六朝以前的文字中只有「麈」，而沒有「麈尾」的記載。進入六朝以後，〈歷代帝王圖〉中的孫權和〈高逸圖〉中的阮籍都手持麈尾。但兩畫的作者閻立本和孫位都是唐代人，還不能作為三國和魏末已經出現麈尾的根據。石窟及壁畫中的麈尾形象也在北朝以後。從現存文獻來看，出現最早和頻率最高的有關麈尾的記載是《世說新語》中有關魏晉士族文人清談活動使用麈尾的內容。換句話說，《世說新語》是目前人們從文獻記載角度考察麈尾使用情況及其文化精神的主要文字依據。

　　麈尾的實際功用雖然是消暑和拂塵，但魏晉名士之所以對它偏愛備至的原因，絕不僅限於此。而是因為麈尾更具有一種增加佩戴者氣質等級，使之在清談活動中能夠表現出一種清虛瀟灑、高雅飄逸的風采，從而體現出魏晉士族文人注重文化精神取向的時代特徵。王導〈麈尾銘〉

第十講　魏晉名士的服飾

載：「道無常貴，所適唯理。誰謂質卑，御於君子。拂穢清暑，虛心以俟」。這就是說，不要看麈尾的質地普通，重要的是看它為誰使用。因為君子是「道」和「理」的化身，所以麈尾在君子手裡不僅具有拂穢清暑的功能，而且能夠協助君子平心靜氣地去思索和探究「道」的所在。所以陳代徐陵〈麈尾銘〉也附和說：「拂靜塵暑，引飾妙詞。誰云質賤，左右宜之」。麈尾這種精神世界的作用在《世說新語》中表現得十分清楚。

　　從《世說新語》的記載來看，有關麈尾的內容幾乎伴隨士族文人整個清談活動的全過程。既然執麈尾有領袖群倫之義，所以清談的領袖均把麈尾作為清談的必要道具。如一次殷浩來到京都，丞相王導為他舉行集會。很多名流都應邀而至，王導起身解下掛在帳帶上的麈尾，對殷浩說：「我今天要和大家一起談論、辨析玄理」。清談結束後，已經到了三更時分。王導和殷浩來回辯難，其他各位名流全然沒有牽涉進去。因殷浩的談鋒十分銳利，所以王導十分重視，想與其一決雌雄。為此他不僅召集了當時最有名的清談好手，而且還特地帶上自己時刻掛在帳中的麈尾，以為自己壯膽打氣。《世說新語》還有另一記載，說王導將自己時刻珍藏的那柄麈尾意味深長地送給了殷浩。這可能是一事兩傳，但都反映出王導清談領袖的身分和他對麈尾在清談中作用的重視。《世說新語·賞譽》還載：「何次道往丞相許，丞相以麈尾指坐，呼何共坐曰：『來！來！此是君坐。』」這裡沒有交代是否要開始清談了，但從中可見麈尾是王導隨身攜帶的飾物。正如徐陵〈麈尾銘〉所說「出處隨時」。清人趙翼《廿二史劄記》說：「六朝人清談，必用麈尾。……蓋初以談玄用之，相習成俗，遂為名流雅器，雖不談亦常執持耳」。

　　當然，麈尾的真正用途，還是在清談活動過程中的輔助引導作用。

　　一次，王濛和劉惔一起去聽支遁宣講。只見支遁一邊舉著麈尾，一

邊侃侃而談，都是妙語連珠。在座的一百多人都聽得聚精會神。王濛聽了幾句便說：「這個人很厲害！」又聽了一會又說：「這人可以稱得上佛門中的王弼和何晏啊！」因為支遁的講演之所以能夠達到這樣的效果，其中很重要的作用是用麈尾比劃。這是演講學中重要的一環，也是徐陵〈麈尾銘〉中提到的「用動舍默」、「揚斯雅論」的作用。

這種用法在清談中使用最多，有時甚至可以發揮語言難以達到的作用。如有位客人向尚書令樂廣請教「旨不至」是什麼意思，樂廣也不解釋原話的字句，直接用麈尾柄敲擊小几桌問道：「碰到沒有？」客人回答說：「碰到了」。樂廣馬上又舉起麈尾說：「如果碰到了，怎麼又能離開呢？」於是客人不但明白了樂廣的深刻含義，而且也深深折服他言簡意賅的表達方式。像文中談客提出的問題，語涉玄妙，只可意會，難以言傳。但沒有一定的語言媒介，又無法使對方得到意會的啟示。這就需要一種「辭約而旨達」的高超語言藝術。樂廣所使用的正是這樣一種高超語言藝術。不過他的語言既不是用嘴，也不是用文字，而是用他手中的清談道具麈尾。他用麈尾觸几旋即離開的形象演示，準確無誤地表現出「至」與「不至」的相對性和變化性。這比任何語言的描述都要簡單明瞭而又確切到位。這樣，麈尾的功用就遠遠超出了拂塵和消暑，而是具有「用動舍默」、「釋此繁疑」的高妙作用了。從這個意義上說，麈尾的使用是清談家思想的外化和延伸，是他們智慧的釋放和近乎藝術化的表演。

遇到棋逢對手的清談健將，麈尾又成了他們手中思想交鋒和語言格鬥的工具。一次孫盛去殷浩那裡一起清談論辯，雙方反覆辯難，竭盡心力，幾乎都無懈可擊。僕人送上飯菜，涼了又熱，熱了又涼，這樣已經幾次了。之間雙方都奮力揮動麈尾，以致麈毛全都脫落到飯菜之中。賓主一直辯論到日落時分也沒有想起吃飯。殷浩對孫盛說：「你不要當強口

第十講　魏晉名士的服飾

馬，我會穿起你的鼻子！」孫盛說：「你沒見過豁了鼻子的牛嗎？我要穿透你的面頰！」因為實在難分高下，所以不僅塵尾跟著遭殃受損，而且二人竟然還失態相互罵起街來。不過這種失態也未嘗不能反映出清談家追求真理的投入精神和爭強好勝的競爭意識。這也正是他們繼承清談玄學「正始之音」以辭喻不相負的「理賭」為目標的精神的反映。而那脫落在餐飯中的塵尾，恰恰是他們這種執著精神的見證。

清談在魏晉名士的生活中占有極為重要的位置，塵尾又在其清談活動中有如此重要的作用，所以士族名士往往十分珍視塵尾：

庾法暢造庾太尉，握塵尾至佳，公曰：「此至佳，那得在？」法暢曰：「廉者不求，貪者不與，故得在耳」。（《世說新語・言語》）

從庾亮「此至佳，那得在」一句話中，可以看出當時一柄漂亮的塵尾是多麼引人矚目，惹人羨慕，令人追求。而庾法暢的話又活脫脫勾畫出漂亮塵尾持有者沾沾自喜的炫耀之情。顯然，人們看重的，並不是塵尾那拂塵和消暑的功用，而是它帶給持有者的形象和氣質的極佳效果。所以人們常將塵尾視為清談名士的化身。《世說新語・容止》記載王衍容貌俊麗，妙於談玄，而且經常手執一隻白玉柄塵尾。塵尾的白玉柄和他那白皙的手臂幾乎沒有區別。這是從美感的角度讚美王衍清談時手持白玉塵尾與其嫩白皮膚交相輝映、風姿綽約的神采。由於塵尾有如此動人的美感魅力，它又是清談名士清談活動的伴侶和見證，所以一些塵尾的酷愛者甚至將其視為自己的第二生命：

王長史病篤，寢臥燈下，轉塵尾視之，嘆曰：「如此人，曾不得四十！」及亡，劉尹臨殯，以犀柄塵尾著柩中，因慟絕。（《世說新語・傷逝》）

作為東晉清談玄學俯視群賢的執牛耳者,王濛和劉惔曾經有過無數令他們難以忘懷的為探求真理而進行的類似孫盛和殷浩之間的那種論辯和爭執。那些曾經或許引起雙方不快或針鋒相對的場面,轉瞬間都將成為最痛苦然而又是最甜美的回憶。所以實際上王濛和劉惔所惋惜和傷痛的都是同一個東西,那就是二人之間那一去不返的獻身真理的精神活動。而王濛自己轉動的麈尾和劉惔放置在王濛靈柩中的麈尾,正是二人這種惋惜和傷痛的具象和載體。這就使麈尾在他們清談活動中的作用意義,達到了令人感動的程度。

從這些麈尾與士族名士清談活動生死與共的故事中,我們可以清楚地看到,真正讓魏晉士族文人感興趣的,並不是麈尾那拂塵消暑的實際功用,而是它在清談活動中極為重要的精神作用。這是它在魏晉乃至南北朝時期受到士族文人垂青禮讚的根本原因。難怪當時那麼多的文人都以其崇仰和流暢的筆觸,來讚美麈尾的內在魅力和神韻境界。許詢〈黑麈尾銘〉曰:「體隨手運,散颻清起。通彼玄詠,申我先子」。他的〈白麈尾銘〉也說:「蔚蔚秀氣,偉我奇姿。荏蒻軟潤,雲散雪飛。君子運之,探玄理微」。這一點,恐怕也正是從魏晉開始的從注重政治權力和道德倫理的社會風氣轉向注重文化和精神的社會風氣的一個起源、一個側面。

第十講　魏晉名士的服飾

第十一講

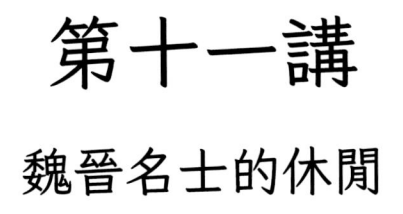

魏晉名士的休閒

第十一講　魏晉名士的休閒

　　門閥貴族生活的重要內容就是休閒生活，這是名士文化生活的重要組成部分。作為人類精神生活的重要組成部分，休閒娛樂生活的走向有兩個基本特徵：一是已有的娛樂形式往往處於不斷發展和完善的過程中；二是不斷有新的娛樂形式產生。而無論是娛樂形式的發展完善，還是它的創新產生，其動力和起因卻往往是一個時代人們的精神需求和文化思潮的折射。所以某個時代的娛樂生活往往是窺視當時人們的精神需求和文化思潮的重要突破口。從這些娛樂生活的內容中，我們既可以看到古

代傳統娛樂形式的變化和發展，而且也可以看到一些新的娛樂形式的出現。透過這些變化和滋生的內在趨動力的分析，正好可以透視出當時士族文人的精神主潮和文化旋律。

圍棋活動何以列入「琴棋書畫」四大修養之中？

世人皆知，古代素以「琴棋書畫」來代表形容個人的文化藝術修養。但翻檢史籍可以看到，「琴棋書畫」一詞，始見於唐代何延之〈蘭亭始末記〉：「辯才⋯⋯博學工文，琴奕書畫，皆臻其妙」。我們知道，春秋戰國時期的文化典籍中有大量關於這四種形式的記載。可見這四種藝術和體育項目形式的出現最遲不晚於春秋戰國。這就不免令人產生一個疑問，為什麼從它們的出現到這四者融為一體，成為文人文化修養的象徵，中間竟然相距約一千五百年的時間？

圍棋產生時間雖然已難確考，但春秋時期的典籍已有關於它的記載，這說明圍棋的產生不會晚於春秋時期。不過將現存早期有關圍棋的史料記載與《世說新語》等六朝時期有關圍棋活動的史料作對比，就可以看到，早期人們對於圍棋功能的認知與魏晉南北朝時期相距甚遠。早期人們對於圍棋功能的認知主要局限在它的教化作用；而從魏晉時期起，士族文人逐漸開始從哲學意味、娛樂功能以至於人生態度，也就是廣義的精神修養的高度來體會和認知圍棋的作用和意義。

因圍棋的棋子只有黑白之分，沒有等級之別，各子地位平等。劉向〈圍棋賦〉曰：「略觀圍棋，法於用兵」。桓譚《新論》曰：「世有圍棋之戲，或言是兵法之類也」。所以有人認為圍棋起源於原始部落會議共同商討對敵作戰的需求，就地畫圖，用兩種不同的小石子代替敵我的兵卒，就雙

第十一講　魏晉名士的休閒

方作戰部署進行討論。這種說法雖然沒有實物根據，但比較符合圍棋的基本原理。《左傳·襄公二十五年》孔穎達疏謂：「以子圍而相殺，故謂之圍棋」。馬融〈圍棋賦〉上也說：「略觀圍棋兮，法於用兵」。這也是從軍事角度理解圍棋的功用。不過進入文明社會以後，圍棋就被賦予了濃重的道德教化色彩。在早期的文字記載當中，圍棋相傳為堯或舜所造。張華《博物誌》：「堯造圍棋，丹朱善棋」。《廣韻》引作：「舜造圍棋，丹朱善之」。按丹朱為堯之子，《史記·五帝本紀》載「堯知子丹朱之不肖，不足授天下，於是乃權授舜」。《資治通鑑》胡三省注引《博物誌》此文正作「堯造圍棋，以教子丹朱」。丹朱不得為舜之子，故《廣韻》所引有誤。但舜造圍棋或為另一傳說。胡注又云：「或曰：舜以子商均愚，故作圍棋以教之。其法非智莫能也」。這兩種傳說儘管主角不同，但對於圍棋功用的介紹卻是一樣的，即都明確地說出圍棋產生於教化的需求。

先秦時期典籍中有關圍棋的記載完全可以證實早期圍棋的這一道德教化功能。《論語·陽貨》：「子曰：飽食終日，無所用心，難矣哉！不有博奕者乎？為之猶賢乎已」。何晏《集解》引馬融曰：「為其無所據樂善，生淫欲」。邢昺疏：「《正義》曰：此章疾人之不學也。……言人飽食終日，於善道無所用心，則難以為處矣哉。……夫子為其飽食之之，無所據樂，善生淫欲，故教之曰：不有博奕之戲乎？若其為之，猶勝乎止也。欲令據此為樂則不生淫欲也」。可見孔子是用下圍棋的辦法來占領那些無所事事的人的時間，以免他們產生淫欲邪念。

《孟子·告子》也曾以圍棋為喻教育學生：「今夫弈之為數，小數也；不專心致志，則不得也。弈秋，通國之善弈者也。使弈秋誨二人弈，其一人專心致志，唯弈秋之為聽。一人雖聽之，一心以為有鴻鵠將至，思援弓繳而射之，雖與之俱學，弗若之矣」。

圍棋活動何以列入「琴棋書畫」四大修養之中？

〔唐〕周尋
〈松下對弈圖〉

第十一講　魏晉名士的休閒

對於圍棋的這種教化功能的認知在魏晉時期不僅為正統的儒家人士所繼承，而且還有人變本加厲，從禮教角度主張取締圍棋。三國東吳韋曜受太子之令所寫下的〈博弈論〉對圍棋發出了嚴厲的聲討。文中韋曜可謂軟硬兼施，或威逼，或誘導，千方百計要使博弈者回心轉意，棄舊圖新。《晉中興書》云：「(陶)侃嘗檢校佐吏，若得樗蒲博弈之具，投之曰：『……圍棋，堯、舜以教愚子。博弈，紂所造。諸君國器，何以為此？若王事之暇，患邑邑者，文士何不讀書？武士何不射弓？』」看來韋曜和陶侃的觀點比孔子還要過激。孔子尚能允許人們以下圍棋的辦法來杜絕滋生淫欲之心，而韋曜和陶侃則乾脆要取締圍棋等遊戲活動。不過畢竟韋曜在文章中還承認了下圍棋所應具有的智力，承認了憑此智力去獵取功名是不在話下的。而且他們這種觀點在當時已經屬於主流意識之外的褊狹認知。東漢以後，隨著儒家思想的失勢，人們對於圍棋的功能也開始有了新的體會和認知。班固在其〈弈旨〉中說：

> 局必方正，象地則也；道必正直，神明德也；棋有白黑，陰陽分也；駢羅列布，效天文也。四象既陳，行之在人，蓋王政也。……或虛設豫置，以自衛護，蓋象庖犧網罟之制；堤防周起，障塞漏決，有似夏後治水之勢；一孔有闕，壞頹不振，有似瓠子氾濫之敗。一棋破窒，亡地無還，曹子之戚。作伏設詐，突圍橫行，田單之奇；要厄相劫，割地取償，蘇張之姿。……三分有二，釋而不誅，周文之德，智者之慮也。既有過失，能量弱強，逡巡儒行，保角依旁，卻自補續，雖敗不亡，繆公之智。中庸之方，上有天地之象，次有帝王之治，中有五霸之權，下有戰國之事。覽其得失，古今略備。

這段文字是歷史上最早的對圍棋棋理作出如此全面而深刻的解釋的文章。圍棋所蘊含的哲學意識和文化精神，棋理中所體現的辯證觀念、虛實之理、競爭意識以及心理因素等，在文章中都得到了淋漓盡致的闡

述和發揮。與孔、孟等儒家人物僅限於對圍棋的道德教化作用的認知相比，東漢人對於圍棋的認知顯然已經達到了較高的層次和較深的程度。從韋曜和陶侃於班固等人對圍棋看法的分歧中似乎可以使人得出這樣的印象，在漢末以來的社會環境中，對於圍棋態度的不同，實際上也是檢驗一個人思想觀念和社會觀念上是抱殘守舊，固守儒家思想不放，還是揚棄傳統，追求新的思想人生觀念這兩種截然不同的世界觀和人生觀的分水嶺和試驗劑。

如果說東漢班固等人對於圍棋的這種全新認知主要是體現在文字狀態的話，那麼魏晉文人則更加廣泛地將這種對於圍棋哲學意識和文化精神的認知運用於生活實踐當中。從《世說新語》的記載可以看到，圍棋是士族文人重要的生活內容和人格修養之一。《世說新語·巧藝》：「羊長和博學工書，能騎射，善圍棋。諸羊後多知書，而射、弈餘藝莫逮」。

可見是否會圍棋，是評價一位名士的修養的重要參照。很多名士的音容笑貌和言談舉止，是伴隨著高雅神祕的圍棋活動而進行的。他們對於圍棋的貪戀已經到了忘我投入的程度。如王導的長子王悅從小就溫和乖巧，王導非常疼愛他。每次父子二人下棋，王悅總喜歡按住父親的手不讓手動。王導笑著說：「我們還有血緣關係呢，怎麼能這樣呢？」因大人與初學圍棋的兒童棋藝差距很大，可兒童又往往不甘心認輸，所以就以不講理的辦法阻止大人行棋。原文中「按指不聽」四字，唯妙唯肖地刻劃出王導之子王悅的這一童稚心理和天真之態。而父子二人迷戀圍棋之深，也就躍然紙上了。

魏晉名士喜愛圍棋更重要的原因，是他們從圍棋的哲學意識和文化精神上悟出了名士的人生觀念和人格魅力之所在。所以《世說新語·巧藝》謂「王中郎以圍棋是坐隱，支公以圍棋為手談」。坐在棋桌前的隱居

第十一講　魏晉名士的休閒

和用手指的清談可以說是他們對圍棋價值魅力的最好理解。沈約曾在〈棋品序〉中總結圍棋的深奧意蘊和漢晉時期人們喜好之狀云：「弈之時義大矣哉！體希微之趣，舍奇正之情，靜則合道，動必適變。若夫入神造極之靈，經武緯文之德，故可與和樂等妙，上藝齊工。……是以漢魏名賢，高品間出；晉宋盛士，逸思爭流」。所以，他們便在忘我的圍棋活動中，去體會圍棋所蘊含的深奧哲理和文化精神。如一次裴遐在周馥那裡做客，這邊周馥設宴款待，那邊裴遐卻和人下起了圍棋。周馥手下的司馬負責敬酒，裴遐因一心下棋，沒有顧得上及時喝酒。那位司馬非常惱怒，就把裴遐扯倒在地。裴遐回到座位上，仍然舉止如常，面不改色，照舊下棋。事後王衍問他為什麼能面不改色，裴遐回答說：「心裡想著下棋，也就默默忍受了」。這種遇事不露聲色的氣量不僅是當時名士所崇尚的風度雅量，而且也是圍棋所倡導的「有勝不誅」、「雖敗不亡」的人生態度的表現。

梁武帝的〈圍棋賦〉將其形容為「失不為悴，得不為榮」，也正是悟出了這種道理。人所共知的謝安聞淝水大戰捷報，不動聲色，繼續與人對弈；顧邵下圍棋時得知兒子夭折，「雖神氣不變，而心了其故。以爪掐掌，血流沾褥」；甚至孔融的兩個兒子聽到父親被捕的消息時，仍然「弈棋端坐不起」等等，都是這種人生態度的表現。

既然圍棋具有「入神造極之靈，經武緯文之德」，人們又如此酷愛圍棋，所以這個時期的圍棋技藝有了很大的提高和發展。其象徵之一是圍棋的棋盤在這個時期由十七道增為十九道。棋道的增加使圍棋增加了難度，也帶來了更大的魅力和刺激。象徵之二是由於人們競相切磋提高棋藝，並受到九品官人法的影響，魏晉時期開始對棋手的棋藝高低進行分級定品。這些都極大地刺激了人們對於圍棋的濃厚興趣，促使他們躍躍

欲試，爭取在這咫尺的棋局中充分展現自己的才華和個性，以此證明自己的人格尊嚴。

一次丞相王導叫年輕的江彪來和自己下棋。王導的棋藝是比江彪要讓兩子的程度，可他卻想和江彪試試下平子棋的結果會怎樣。只見江彪不往棋盤上落子。王導問他原因，江彪說：「恐怕沒這個道理吧？」旁邊有人說：「這位小夥子的棋藝可是非同尋常啊！」王導慢慢抬起頭來說：「我看這位小夥子超過我的，不止是棋藝啊！」從范汪《棋品》可知按照當時的品味劃定，王導和江彪有四品之差，而且四品之差的正常差距應是下讓二子棋。但這個故事給予今人的內容意義，已經不僅僅是其單純的史料價值。江彪拒絕和王導下不讓子的平子棋（敵道戲），說明他對自己和王導之間的棋藝差距十分清楚，並引以為豪。在他看來，下了平子棋就等於抹殺了兩人的棋藝差距，這不僅是一種乏味的遊戲，而且也近乎是對自己人格的侮辱。而王導對他的讚嘆，也正是指這種自強自尊的人格精神。

然而更為動人心弦的，還是他們在圍棋活動中所表現出來的蔑視禮教和追求個性自由的精神。阮籍母親臨終時，他正在和別人下圍棋。對方見狀，便起身告辭。可阮籍卻拖住對方不放。王坦之在守喪期間，也不顧禮教限制，公然與客人下起圍棋。從表面上看，這或許就是韋曜所批駁的「廢事棄業，忘寢與食」、「專精銳意，心勞體倦」，但如果明白了當時司馬氏政權以推行禮教為名，行黨同伐異之實的現實背景的話，就會清楚他們的真實動機並非要褻瀆禮教，而是要褻瀆那些利用禮教來裝扮自己屠刀的人。圍棋也就成為一種政治觀念角逐的工具了。

圍棋從原始時代的作戰演示，到先秦時期的教化工具，再到魏晉時期的文人人格和才能的展現，無論是操作規則，還是其文化內涵，都發

第十一講　魏晉名士的休閒

生了巨大的變化。這些鉅變的深刻意義，不僅在於它成就和完善了一種代表中華文化的體育文化競技活動，至今仍風靡世界，而且還在於它對於士族文人的精神文化修養所影響的營造錘鍊和累積作用。正因為有了這樣的鉅變，才會使圍棋成為代表文人文化精神修養的重要形式，走進「琴棋書畫」之中，走進古代文人的日常生活之中，走進中華文化和中華文學之中。

■樗蒲活動中的冒險、競爭個性意識

與古老的圍棋相比，樗蒲在漢魏時期要算是新興的娛樂活動了。雖然相傳樗蒲為老子所造，但一般認為這一說法證據不足，難以成立。宋代程大昌的《演繁露》認為樗蒲當係由春秋時期的六博發展演變而來。郭雙林、肖梅花的《中華賭博史》也延續了這一說法。這種說法雖然有一定道理，但樗蒲的器具和玩法都與六博有較大的不同，而樗蒲的一些新奇之處往往都受到外來文化的影響，所以有人認為樗蒲傳自西方。其根據是馬融〈樗蒲賦〉中說：「枰則素旃紫罽，出乎西鄰」。意謂樗蒲用的紫色或素色織成的棋盤出自西方鄰國。而宋代洪遵《譜雙》中講到的阿拉伯帝國流行的「大食雙陸棋」的棋盤也是「以毯為局，織成青地白路」。可知當時西方游牧民族因自然條件限制，多用毛織物作棋盤。其實，可以支持這一說法的還有一些文字資料。《晉中興書》載：「樗蒲，老子入胡所作，外國戲耳」。這裡雖然還說是老子入胡所作，但已經明確指明樗蒲為「外國戲耳」。又《太平御覽》卷七二六引《博物誌》言老子入胡造樗蒲時又說：「或云胡人亦為樗蒲卜」。可見樗蒲確實與外國胡人有關。

既然樗蒲與外國胡人有關，那麼也就必然帶有鮮明的異族文化特徵。錢穆先生在《中國文化史導論》中認為：「各地文化精神之不同，窮

其根源,最先還是由於自然環境之分別,而影響其生活方式;再由生活方式影響到文化精神」。錢氏將世界文化分為三種類型:一為游牧文化,二為農耕文化,三為商業文化。其中游牧和商業文化為一類,農耕文化為一類。「游牧商業起於內不足,內不足則需向外尋求,因此為流動的、進取的。……游牧商業民族向外爭取,隨其流動的戰勝克服之生事而具來者日空間擴展,日無限向前。……游牧商業民族,又常具有鮮明之財富觀。牛羊孳乳,常以等比級數增加。一生二、二生四、四生八、八生十六。如是則刺激逐步增強。故財富有二特徵,一則越多越易多,二則越多越不足」。樗蒲這種帶有賭博性質的遊戲活動,正體現了西域游牧民族的這一文化精神。馬融在〈樗蒲賦〉中形容樗蒲活動的賭博場面及其對於遊戲者的心理影響時說:「是以戰無常勝,時有逼逐。臨敵攘圍,事在將帥。見利電發,紛綸滂沸。精誠一叫,入盧九雉。磊落踆踔,並來猥至。先名所射,應聲粉潰。勝貴歡悅,負者沉悴」。這種「見利電發,紛綸滂沸。精誠一叫,入盧九雉」的激烈場面和「勝貴歡悅,負者沉悴」的終了效果,與錢穆所概括的游牧文化精神可謂不謀而合。

馬融的〈樗蒲賦〉在談到老子發明樗蒲這種遊戲的目的時說:「昔伯陽入戎,以斯消憂」。從他描寫的樗蒲活動場面及效果來看,這種帶有強烈的刺激感的賭博活動的確可以有消除憂愁的作用。但問題的另一面是,這種與傳統主流文化精神相悖的文化活動如何能夠找到合適的生存土壤。從文獻記載來看,魏晉時期的正統主流人士顯然對樗蒲這一與固有文化精神相悖的外來遊戲活動持抵制態度。

首先,樗蒲這種賭博活動的流行引起了有關人士的警覺和擔憂。庾翼曾對下屬官員中日益熾烈的樗蒲熱憂心忡忡地說:「頃聞諸君樗蒲有過差者。初為是政事閒暇,以娛以甘,故未有言也。今知大相聚集,漸

第十一講 魏晉名士的休閒

以成俗。聞之能不憮然？」這種擔憂的直接後果就是庾翼等官員公然對樗蒲採取取締的辦法。當庾翼的下屬官員參軍於瓚上書，陳述樗蒲等嬉戲的危害，並建議「宜一斷之」時，庾翼立即批示：「今許其圍棋，餘悉斷！」與庾翼類似的還有陶侃。《晉中興書》記載陶侃「嘗檢校佐吏，若得樗蒲博弈之具，投之曰：『樗蒲，老子入胡所作，外國戲耳。圍棋，堯、舜以教愚子。博弈，紂所造。諸君國器，何以為此？若王事之暇，患邑邑者，文士何不讀書？武士何不射弓？』」在陶侃和庾翼等人看來，所有容易渙散人心，有悖儒家入世精神的活動都應在取締之列，更何況樗蒲這種外國之戲？

然而既然儒家的正統人士連儒家思想本身在漢魏時期的頹勢都無法挽救，那麼他們對於樗蒲等有悖儒家教化精神的遊戲活動的禁止，也只能是心有餘而力不足了。樗蒲能夠在魏晉時期廣泛流行，重要的原因就在於隨著儒家思想的衰微，以往社會對於個人過多的束縛和責任引起了人們的普遍反感和反抗心理。從某種意義上說，很多反禮法之士的行為選擇是唯與儒家思想觀念相悖是從。所有儒家思想反對和禁止的東西都被他們視為新潮而大加提倡。從嵇康的「越名教而任自然」，到阮籍的「禮豈為我輩設也」，再到整個魏晉時期士族名士的種種放誕舉止，都是作為反對儒家思想觀念的產物。東晉時期的葛洪曾以極大的憤慨，譴責這種在儒家正統觀念看來是大逆不道的行為：「漢之末世……蓬髮亂鬢，橫挾不帶。或褻衣以接人，或裸袒而箕踞，朋友之集，類味之遊，莫切切進德，闇闇修業，攻過弼違，講道精義。其相見也，不復敘離闊，問安否。賓則入門而呼奴，主則望客而喚狗。其或不爾，不成親至，而棄之不與為黨。及好會，則狐蹲牛飲，爭食競割，掣、撥、淼、折，無復廉恥。以同此者為泰，以不爾者為劣。終日無及義之言，徹夜無箴規之

益。誣引老、莊,貴於率任。大行不顧細禮,至人不拘檢括。嘯傲縱逸,謂之體道。嗚呼惜乎!豈不哀哉!」(見《抱朴子·疾謬》)又說:「聞之漢末諸無行,自相品藻次第,群驕慢傲,不入道檢者,為都魁雄伯、四通八達,皆背叛禮教而從事邪僻。訕毀真正,中傷非黨;口習醜言,身行弊事。凡所云為,使人不忍論也」。(見《抱朴子·刺驕》)葛洪的話不無偏激,但卻大體上反映出當世儒家道德倫理規範土崩瓦解的真實情況。

受慣了儒家思想循規蹈矩觀念教誨的人,一旦拋掉頭上的緊箍咒,便以極大的自由精神去尋求一些越軌後的快感。而樗蒲這種外來的賭博遊戲恰恰可以滿足他們的這種心理。作為士族名士的教科書,《世說新語》收錄了許多名士以樗蒲活動展示其個性魅力的故事。這些故事不僅是有關樗蒲活動記載的珍貴史料,而且也有助於理解魏晉名士的精神風貌。由於樗蒲活動帶有賭博的性質,輸贏的籌碼很大,甚至頃刻間可以使人傾家蕩產,所以它吸引了許多尋求冒險精神和競爭意識的跟風者。如溫嶠官位不高時,屢次和揚州、淮中的客商樗蒲賭博,總是輸給別人。一次樗蒲輸了很多錢無法還債,被人扣為人質。他在船上看見好朋友庾亮,就大喊庾亮來贖救自己。庾亮把錢送過去,他才被贖出來。類似的事情有過多次。儘管是屢戰屢敗,卻還要屢敗屢戰。這股不服輸的意念來自樗蒲活動儘管可能卻十分渺茫的勝利的機會。然而樗蒲的魅力也就在於透過對參與者這股冒險和競爭意識的激發。

由於這種魅力的吸引,有些樂此不疲者已經到了不顧一切的地步。如《世說新語·任誕》載桓溫年輕時家境貧窮,樗蒲又輸得很厲害,債主逼催賭債很急。他絞盡腦汁也想不出解救的辦法。有個叫袁耽的人為人豪爽而又很有才能,桓溫就想向他求助。可袁耽當時正在守孝,桓溫怕

第十一講　魏晉名士的休閒

讓對方為難，就委婉試探著把自己的意思說了。沒想到袁耽答應得非常痛快，沒有絲毫的猶豫和為難。於是馬上就換去孝服，把頭上的布孝帽隨手揣在懷裡，告訴桓溫自己會大獲全勝，要桓溫在旁吶喊助威，然後就跟桓溫走，去和債主樗蒲。袁耽的樗蒲技藝向來有名，債主上場之後說：「你該不會把袁彥道（耽）搬來吧？」於是就開始樗蒲。每次都下十萬錢的賭注，一直上升到一百萬錢一注。只見袁耽投擲籌碼的時候高聲呼叫，旁若無人。桓溫也在一旁應聲附和，只見袁耽所投，都是「盧」、「稚」之類的贏彩。頃刻之間，債主就輸了數百萬。這時袁耽從懷裡掏出布孝帽扔向債主說：「認識袁彥道（耽）嗎？」這篇故事可謂是馬融〈樗蒲賦〉所描繪的「見利電發，紛綸滂沸。精誠一叫，入盧九雉」、「先名所射，應聲粉潰。勝貴歡悅，負者沉悴」的激烈刺激場面。文中袁耽能夠放下父母的守孝而去替桓溫出氣報仇，其動力既不是兄弟之間義氣，也不是賺錢的欲望，而是想在樗蒲遊戲中一展才華，證明自己的超人能力和不可替代的價值。西域游牧文化的冒險競爭意識對中原士人的影響，魏晉士人將個人的價值置於禮教禮法之上，於此可見一斑。從中亦可見習樗蒲者在性格和人格方面所形成的自信和自尊。又如王獻之孩童時曾觀看家裡的一些門生樗蒲，見到其中有強有弱，就說：「南風不競」。門生輕視他是個小孩，就說：「這位小傢伙也算是管中窺豹，有時也能可見一斑啊！」王獻之氣得瞪大眼睛說：「遠慚荀奉倩，近愧劉真長！」言外之意就是根本沒把你們這些人放在眼裡。「南風不競」語出《左傳·襄公十八年》：「師曠曰：不害。吾驟歌北風，又歌南風。南風不競，多死聲，楚必無功」。意謂南邊一方要輸。說明王獻之雖然年少，樗蒲水準已經不低了。「遠慚荀奉倩，近愧劉真長」一句當承續上句，意謂與荀粲和劉惔相比，我或許可稱「管中窺豹」，但與你們這些平庸之輩相比，則不可同日而語。實際上以此表現王獻之在樗蒲能力乃至人格上的充分自信。

正因為樗蒲能夠充分體現出參與者的性格和人格,所以人們常以此來評價品騭人物。一次桓溫和袁耽樗蒲,袁耽擲出的骰子不理想,就滿臉怒氣地扔掉了五木。溫嶠聽說後說:「見到袁耽遷怒於五木,才知道當年的顏回是多麼值得尊敬」。從上引故事已經看出,袁耽是視樗蒲比祖宗都要重要的人,所以難以忍受樗蒲失敗的痛苦,直抒胸臆。這在溫文爾雅的儒家觀念看來,是有失體統的。有意思的是,那個責怪他遷怒失態的溫嶠,本人也曾是屢敗屢戰的樗蒲迷,卻要對袁耽指手畫腳。這種評價正好從反面看出袁耽在樗蒲活動中對儒家人格規範的叛逆。又有人從樗蒲活動中去觀察和分析一個人的政治處世習慣,如桓溫將要征伐蜀地的時候,各位居官當權的賢士都認為李勢盤踞蜀地已久,承襲基業也有好幾代,而且又占據長江上游的天時之利,三峽地區也不能輕易攻克。只有劉惔持不同意見:「他一定能攻克蜀地。從他樗蒲的作為中就可以看出,沒有把握的事情他是絕不會做的」。此事在永和二年(西元三四六年),其實當時李勢成漢政權已經風雨飄搖,不堪一擊。桓溫正是看到這一點,才決然進兵的。而劉惔對戰局必勝的預見,卻是透過桓溫平常樗蒲時不作無把握之事的習慣而看出的。可見樗蒲活動已經與人們的政治生活發生連繫了。又如一次王敦和手下的參軍樗蒲,參軍在局面上已經五馬領頭,就要勝利在望的時候,突然五馬被殺。參軍感慨地說:「周家世代名望,然而卻沒有位至三公的人。周顗功虧一簣,好似下官的五馬領頭」。王敦慨然流涕說:「周顗小時候和我在東宮相遇,我們一見如故,他當時就發誓要位至三司。沒想到不幸被王法所殺。真是令人痛心不已啊!」、「五馬領頭而不克」即以樗蒲為喻,說周顗已經勝局在握,如同樗蒲中的五馬領頭,但終於功敗垂成。《晉紀》中王敦參軍也是以樗蒲為喻,說周顗即將成功時功虧一簣,馬頭被殺。可見故事中人們已經開始使用樗蒲活動為喻,影射人們的政治命運。則可見人們已經從樗蒲活

第十一講　魏晉名士的休閒

動的勝敗難料中,看到它與官場政治命運頃刻風雲突變的相似之處。說明他們對樗蒲活動冒險和競爭精神的嚮往,仍然沒有跳出傳統的政治文化和官本位的本體樊籠。

可見樗蒲這一外來的競技遊戲形式在魏晉時期得到廣泛的流行,成為體現魏晉士族文人精神風貌和文化品味的重要媒介。在儒家思想勢頹,老莊無為自由精神盛行的魏晉時期,樗蒲活動中原有的體現西域民族冒險精神的內涵與魏晉時期士族文人的人生態度融為一體,充分表現出魏晉士人追求刺激冒險、追求個性自尊、自由和放達任性的人格精神。從而體現出任何具體的文化娛樂形式都要受到時代文化總體精神制約這一文化史、社會史發展的基本規律。

■彈棋在消遣娛樂中的閒情雅致

與圍棋和樗蒲活動相比,彈棋有兩個顯著特點:一是它既不是先秦古代遊戲的延續,也沒有受到外來文化的影響,而是從漢魏時期在本土興起的娛樂遊戲方式;二是它沒有受到禮教政治等社會因素的制約,而是一種較為純粹的消遣娛樂活動。

關於彈棋的起源,有三種說法。一是漢武帝時東方朔說。〈彈棋經序〉言漢武帝喜好蹴鞠之戲,群臣諫而不止。東方朔便以彈棋之戲進獻武帝。武帝得此戲便舍蹴鞠而好彈棋了。二是漢成帝時劉向說。〈彈棋賦序〉謂漢成帝好蹴鞠,劉向認為蹴鞠「勞人體,竭人力,非至尊所宜御。乃因其體而作彈棋」。三是魏宮妝奩說。《世說新語·巧藝》:「彈棋始自魏宮內,用妝奩戲」。但此說明顯站不住腳。劉孝標注在引述傅玄〈彈棋賦序〉所云成帝時劉向造彈棋事後又言:「按玄此言,則彈棋之

戲,其來久矣。且〈梁冀傳〉云:『冀善彈棋、格五』,而此云起魏世,謬矣」。所謂魏宮妝奩說實際上是指彈棋在漢末魏初一度斷絕後再度興起的情況。〈彈棋經後序〉云:「自後漢沖、質已後,此藝中絕。至獻帝建安中,曹公執政,禁闈幽密,至於博弈之具,皆不得妄置宮中,宮人因以金釵玉梳戲於妝奩之上,即取類於彈棋也。及魏文帝受禪,宮人所為,更習彈棋焉」。觀此可知彈棋何以在魏宮復興,何以稱用妝奩戲之說。至於武帝成帝二說雖已無法確定,然因其時間都在漢代,其起因也完全相同,故實際上二說為一說兩傳而已。

　　從彈棋的起源可以看到,它是一種模仿蹴鞠活動而設計的一種棋類活動。經過重新設計的彈棋,避免了蹴鞠活動的強體力活動,突出了智力因素和技巧的作用,所以也就增強了它的文化品味和消遣娛樂功能,帶上了道家神仙色彩。〈彈棋經序〉云:「彈棋者,仙家之戲也」。〈彈棋經後序〉也說:「彈棋者,雅戲也。非事乎千百梟櫨之數,不遊乎紛競詆欺之間,淡薄自如。故趨名近利之人,多不尚焉。蓋道家所為,欲習其傴亞導引之法,擊博騰擲之妙,以自暢耳」。可見它所吸引人們入迷的,不像圍棋那樣需要用詭計欺騙對方,也不像樗蒲那樣緊張刺激。它將所有棋子都擺在棋盤上,在雙方共同的視線中進行智力和技巧的較量。從而體現出道家清靜無為、淡泊自然的價值取向。所以在老莊思想盛行,出世之想日熾的魏晉時期,尤為人青睞。經過曹丕的提倡,彈棋又開始在社會上流行起來。〈彈棋經後序〉稱:「當時朝臣名士,無不爭能。故帝與吳季量(當作『重』)書曰:『彈棋閒設者也。』」曹丕本人就是一位彈棋妙手,他自己在《典論》中說到自己少年時候就喜歡各種遊戲,尤其對彈棋略盡其妙。據《世說新語‧巧藝》載,魏文帝曹丕玩彈棋十分精妙,能用毛巾角輕擊棋子,百發百中。有位客人自稱也很會玩,曹丕就

第十一講　魏晉名士的休閒

讓他試試。客人戴著葛布頭巾，低下頭用頭巾角去撥擊棋子，其巧妙勝過了文帝曹丕。從這個故事中可以看出，人們在彈棋活動中確實是看重玩者的技巧。按照一般的彈棋玩法，雙方將自己的棋子擺好後，要用手來彈撥棋子，使之穿過棋盤中間的隆起部分，射入對方的圓洞，有似足球的射門。用手彈撥已屬不易，而曹丕卻高人一籌，能夠用手巾角拂動棋子，達到別人用手才能實現的目的；而更為高妙的是那位客人，他竟然能夠用戴在頭上的葛角巾，用腦袋的晃動來使葛巾角將棋子掃進對方圓洞，可謂強中更有強中手。在這已經近乎雜技的彈棋活動中，可以看出人們如何以技巧的競爭為手段，進而達到消遣和娛樂的目的。至兩晉南北朝間，彈棋活動更為普及。葛洪《抱朴子‧疾謬》：「暑夏之月，露首袒體。盛務唯在樗蒲彈棋，所論極於聲色之間，舉足不離綺紈袴之側」。葛洪的看法不免偏激，但當時彈棋的流行確如他所描繪。一次劉惔在盛暑時去拜訪王導，只見王導把彈棋盤放在肚皮上納涼，嘴裡愜意地說：「何乃淘（吳語涼快意）！」王導以吳語與劉惔應答，倒是他另有用意。然而他在盛暑之月，將彈棋棋盤放在肚子上納涼的辦法，卻從側面告訴我們那是他時刻放在手邊，隨時可以取來遊戲玩耍的娛樂工具。彈棋活動之盛行，於此可見一斑。宋文帝劉義隆曾將當時杜道鞠彈棋、范悅詩、褚欣遠模書、褚胤圍棋和徐道度醫術並稱天下「五絕」。（見《南史‧徐文伯傳》）可知至南北朝時彈棋已經十分盛行。

　　彈棋遊戲的消遣和娛樂的功能，從總體的觀念上與魏晉時期的圍棋和樗蒲是一致的。這就是不再從主觀上去服從和追求從社會禮法角度強調這些遊戲的功利目的，而是強調遊戲娛樂活動本身的消遣性和娛樂性。顏之推在《顏氏家訓‧雜藝》中說：「彈棋亦近世雅戲，消愁釋憒，時可為之」。已經說明人們對這些娛樂遊戲活動的消遣娛樂功能的認可。

與先秦時期孔子、孟子對圍棋活動教化作用的規定相比，人們的娛樂觀念應說已經取得了巨大的轉變。彈棋活動從其肇始發軔，就以脫離禮法規範束縛的純粹娛樂面目出現，可以說是這種純娛樂觀念比較成熟的象徵。

〔唐〕周昉〈內人雙陸圖卷〉（區域性）

第十一講　魏晉名士的休閒

第十二講

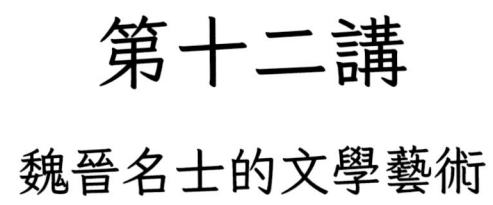

魏晉名士的文學藝術

第十二講　魏晉名士的文學藝術

　　一群衣食無憂的貴族，一群精神追求勝過一切的文化人，所能激發的多半是藝術的熱情，所能創造的，也多半是燦爛的文化業績。在文人的人格獨立完成以後，他們便醉心徜徉於形而上的世界中，以其神超形越的智慧，於阿堵種種中得傳神之筆，繪出一幅幅洛神之圖，寫出一篇篇蘭亭之序。中華文化因此而燦爛，中華藝術因此而驕傲。

　　魏晉文學藝術極富特色。它不僅是對先秦兩漢文學藝術的繼承和總結，其由「人的自覺」帶來的「文的自覺」，更是為這個時期的文藝從題材內容到表現形式都開闢了極為廣闊的領域，從而孕育了盛唐的文學藝

術高潮。由於史料的缺乏，我們還不能詳盡而充分地了解魏晉文人生活行為與文學藝術的關係。但透過現存的部分史料，仍可以在部分文人的生活行為中，窺見這個時代文學藝術轉換的契機和狀態，以具象的內容，去感受和掌握宏闊的歷史文化氛圍。

■以蘭亭雅集為核心的系列文藝聚會

集會活動是魏晉文人文學藝術活動的重要內容。法國著名的社會學派文藝學家丹納（Hippolyte Taine）在《藝術哲學》（*Philosophy of the Art*）中說過：「藝術家本身，連同他所產生的全部作品，也不是孤立的。有一個包括藝術家在內的總體，比藝術家更廣大，就是他所隸屬的同時同地的藝術宗派或藝術家家族。例如莎士比亞，初看似乎是從天上掉下來的奇蹟，從別個星球上來的隕石，但在他的周圍，我們發現十來個優秀的劇作家都用同樣的風格、同樣的思想感情寫作。他們戲劇的特徵和莎士比亞的特徵一樣；你們可以看到同樣暴烈與可怕的人物，同樣的凶殺和離奇的結局，同樣突如其來的放縱和情慾，同樣混亂、奇特、過火而又輝煌的文體，同樣對田野與風景抱著詩意濃郁的感情，同樣寫一般敏感而愛情深厚的婦女」。

倘若這種說法能夠成立，那麼就應看到一個顯而易見的事實：藝術宗派或藝術家家族的凝聚，離不開這些文學藝術家內部的集會和交流。沒有這種聚集就沒有這些文藝家作為集體的存在。中外文學藝術史上這種以文藝家的聚集促進某些文藝潮流興旺的例子不勝列舉，如法國的沙龍文學，德國的狂飆運動，俄國的強力集團，中華的江西詩派、鵝湖書院、東林書院等，莫不如此。而中華文學史上自覺的文學團體的集會，是從漢末魏初開始的。

第十二講　魏晉名士的文學藝術

　　歷來的文學史對文學團體的集會活動總是未予注意，所以文學團體的集會活動起於何時何地，一直是個模糊不清的問題。如果我們了解了漢魏時期的文人言行，就有理由確信，歷史上最早的文人集會，是建安文人在鄴城鄴宮的西園之會。

　　首先，曹丕的〈與吳質書〉云：「昔年疾疫，親故多罹其災，徐、陳、應、劉，一時俱逝，痛可言邪！昔日遊處，行則同輿，止則接席，何曾須臾相失！每至觴酌流行，絲竹並奏，酒酣耳熱，仰而賦詩。當此之時，忽然不自知樂也。謂百年已分，可長共相保，何圖數年之間，零落略盡，言之傷心。頃撰其遺文，都為一集。觀其姓名，已為鬼錄，追思昔遊，猶在心目，而此諸子，化為糞壤，可複道哉！」除了「昔日遊處」的具體場所不明之外，作者曹丕與建安七子中的徐幹、陳琳、應瑒、劉楨等一同飲酒賦詩，親密無間，則是無可置疑的。而結合七子的作品，便可以斷定，他仍「遊處」之所便是鄴宮西園。在《六臣註文選》卷二〇〈公宴〉詩中，收有曹植、王粲、劉楨、應瑒等人的〈公宴詩〉。其中呂延濟注曹植〈公宴詩〉說：「此宴在鄴宮與兄丕宴飲」。詩云：「公子敬愛客，終宴不知疲，清夜遊西園，飛蓋相追隨」。已經把地點說得十分明確。又張銑注王粲〈公宴詩〉說：「此侍曹操宴」。劉良注劉楨〈公宴詩〉：「此宴與王粲同於鄴宮作也」。均是明證。

　　從「何曾須臾相失」一句中，可以看出西園諸友之間的深摯情誼，而且也能想見西園集會的次數極為頻繁。「觴酌流行，絲竹並奏，酒酣耳熱，仰而賦詩」，則勾勒出一幅西園之遊以詩會友的畫面。而這些〈公宴詩〉的內容，又表現了崇尚自然、企羨山水審美取向的萌動。如劉楨〈公宴詩〉「月出照園中，珍木鬱蒼蒼。清川過石渠，流波為魚防。芙蓉散其華，菡萏溢金塘」。把人們帶入花前月下的美好境界中，令人心曠神怡。

鄴宮西園之會不僅促進了建安文學的發展,而且也是後代文人集會活動的濫觴。

〔晉〕王羲之〈蘭亭集序〉(摹本)

── 西晉金谷之會

西晉金谷之會是繼建安西園之會後的第二次大型文人集會。石崇〈金谷詩序〉云:「余以元康六年,從太僕卿出為使,持節監青、徐諸軍事、征虜將軍。有別廬在河南縣界金谷澗中,去城十里,或高或下,有清泉茂林,眾果、竹柏、藥草之屬,莫不畢備。又有水碓、魚池、土窟,其為娛目歡心之物備矣。時徵西大將軍祭酒王詡當還長安,余與眾賢共送往澗中,晝夜遊宴,屢遷其坐。或登高臨下,或列坐水濱。時琴瑟絲築,合載車中,道路並作。及往,令與鼓吹遞奏。遂各賦詩,以敘中懷。或不能者,罰酒三斗。感性命之不永,懼凋落之無期。故具列時人官號、姓名、年紀,又寫詩著後。後之好事者,其覽之哉!凡三十人,吳王師、議郎關中侯、始平武功蘇紹,字世嗣,年五十,為首」。謝安也認為:「金谷中蘇紹最勝」。又據《晉書‧劉琨傳》,劉琨「年二十六,為司隸從事。時征虜將軍石崇河南金谷澗有別廬,冠絕時

第十二講　魏晉名士的文學藝術

輩，引致賓客，日以賦詩。琨預其間，文詠頗為當時所許」。除了劉琨之外，石崇所說的三十人，多數當包括西晉二十四友。據《晉書‧賈謐傳》：「渤海石崇、歐陽建、滎陽潘岳、吳國陸機、陸雲、蘭陵繆徵，京兆杜斌、摯虞，琅邪諸葛詮，弘農王粹，襄城杜育，南陽鄒捷，齊國左思，清源崔基，沛國劉瑰，汝南和鬱、周恢，安平牽秀，潁川陳眕，太原郭彰，高陽許猛，彭城劉訥，中山劉輿、劉琨皆傅會於謐，號曰『二十四友』」。

《文選》卷二〇收有二十四友中潘岳〈金谷集作詩〉一首，為石崇出為城陽太守時，潘岳送別之作。

從石崇的詩序中可以看出，能夠把這批詩人攏在一起的凝聚力量，是他們共同的心境與審美的取向，這也就是他們共同感興趣的「金谷澗中，……或高或下，有清泉茂林，眾果、竹柏、藥草之屬，莫不畢備。又有水碓、魚池、土窟」，因為這些大自然的美好景物均為「娛目歡心之物」。這是一群善於在自然中進行美的發現與美的淨化的人。更重要的是，他們還都是能以詩的手段表達這種發現與淨化的人──「遂各賦詩，以敘中懷。或不能者，罰酒三斗」。這正是魏晉人崇尚自然的風尚，也是這個文學團體共同的向心力量。

── 東晉蘭亭之會

東晉時期，偏安江左的世族文人有了自己的莊園和充裕的精力，以會稽蘭亭為中心的文人聚會，是繼西晉西園之會後的又一次文人盛會。著名的王羲之〈蘭亭集序〉云：

——東晉蘭亭之會

　　永和九年，歲在癸丑，暮春之初，會於會稽山陰之蘭亭，修禊事也。群賢畢至，少長咸集。此地有崇山峻嶺，茂林修竹，又有清流激湍，映帶左右，引以為流觴曲水，列坐其次。雖無絲竹管絃之盛，一觴一詠，亦足以暢敘幽情。是日也，天朗氣清，惠風和暢，仰觀宇宙之大，俯察品類之盛，所以遊目騁懷，足以極視聽之娛，信可樂也。夫人之相與，俯仰一世，或取諸懷抱，悟言一室之內；或因寄所託，放浪形骸之外。雖趣舍萬殊，靜躁不同，當其欣於所遇，暫得於己，快然自足，不知老之將至，及其所之既倦，情隨事遷，感慨係之矣。向之所欣，俯仰之間，已為陳跡，猶不能不以之興懷。況修短隨化，終期於盡。古人云：「死生亦大矣，豈不痛哉！」每覽昔人興感之由，若合一契，未嘗不臨文嗟悼，不能喻之於懷。固知一死生為虛誕，齊彭殤為妄作。後之視今，亦猶今之視昔，悲夫！故列敘時人，錄其所述，雖世殊事異，所以興懷，其致一也；後之覽者，亦將有感於斯文。

　　據〈蘭亭序〉的另一版本，《世說新語‧企羨》劉孝標注所引王羲之〈臨河敘〉「右將軍司馬太原孫丞公等二十六人，賦詩如左，前餘姚令會稽謝勝等十五人，不能賦詩，罰酒各三斗」。

〔宋〕趙伯駒〈蘭亭修禊圖〉

第十二講　魏晉名士的文學藝術

　　這次聚會可以說是金谷之會的重演：詩人們對氣象萬千的大自然的美好領悟，使他們產生了強烈的創作衝動，他們熱烈地以吟詠與大自然進行交流，與同仁相互傾訴心靈的感受。這又是崇尚自然的美學思想的具體體現：金谷與蘭亭不僅意境彷彿相同，連觴詠的形式，以至連不能賦詩者被罰酒的做法，也與金谷之會如出一轍。可以看出，王羲之的〈蘭亭集序〉，顯然是在模仿石崇的〈金谷詩序〉。所以當人們將兩者相提並論時，王羲之感到自己可與石崇匹敵，「甚有喜色」。正如余嘉錫先生所說：「此以〈金谷詩序〉與石崇分言之者，蓋時人不獨謂兩序文詞足以相敵，且以逸少為蘭亭宴集主人，猶石崇之在金谷也」。

　　當然，蘭亭之會又並非完全照搬金谷之會，而是具有自身的特點。它的特點，就在於將文人的集會與民間世俗的禮儀相結合，即文中所說他們的集會，是「修禊事」的具體形式。所謂修禊事，就是在水邊舉行除去不祥的祭祀活動。《宋書·禮志二八》：「《周禮》女巫掌歲時祓除釁浴，如今三月上巳如水上之類也。浴釁謂以香薰草藥冰浴也。《韓》詩曰：『鄭國之俗，三月上巳，之溱、洧兩水之上，招魂續魄。秉蘭草，拂不祥。』」可知自周代起就有這種禮儀。自鄭國起定於三月上巳進行。又《晉書·禮志下》：「漢儀，季春上巳，官及百姓皆禊於東流水上，洗濯祓除去宿垢。而自魏以後，但用三日，不以上巳也。晉中朝公卿以下至於庶人，皆禊洛水之側」。王羲之所記，就是一次具體的修禊活動。不過蘭亭修禊已與前代大不相同，它已經不僅包括「秉蘭草，拂不祥」、「洗濯祓除去宿垢」的內容，而且還加進了「流觴曲水」的花樣，這種花樣帶有濃郁的文人氣息。所謂「流觴曲水」，就是在禊飲時引水分流，因流設席，激水推杯，至席前取而飲之，稱為「禊飲」。因為曲折分流，故稱「曲水」。禊飲時伴以樂舞，酒闌賦詩，稱為「曲水詩」。王羲之所記「又

有清流激湍，映帶左右，引以為流觴曲水，列坐其次」、「一觴一詠」正是最準確而形象的紀錄。《文選》卷二〇載有顏延年的〈應詔宴曲水詩〉、卷四六又載顏延年的〈三月三日曲水詩序〉和王融的〈三月三日曲水詩序〉，都是這種集會的產物。

蘭亭之會以「流觴曲水」的辦法，將文人以詩會友與三月三日禊飲之禮融為一體，這既是對修禊禮儀的豐富，也是對文人集會活動的發展。大自然的鍾靈毓秀為禊飲提供了取之不盡的素材，而三月三日的法定日子又在時間上為文人聚會作了定期保證。當人重新與自然相互吸納，共為一體時，便會激發出一種激盪宇宙的情懷，作為這種情懷的宣洩點的文學藝術，便會擁有永久的魅力——〈蘭亭集序〉至今仍餘香四溢，原因或即在此。

■兩種文藝風格：「芙蓉出水」與「錯彩鏤金」

任何文學藝術的變革首先是一定文化背景支配下的思想和觀念的變革，魏晉時期也不例外。鍾嶸〈詩品〉在談到謝靈運和顏延之的詩歌創作時，曾引用湯惠休的話說：「謝詩如芙蓉出水，顏詩如錯彩鏤金」。宗白華先生認為「芙蓉出水」和「錯彩鏤金」代表了中華美學史上兩種不同的美感或美的理想，並認為魏晉時期是兩者轉折的關鍵。

當然，從歷史的角度來看，這兩種審美意識並無高下之分。因為兩者並非水火不容，而是各有所長。清人劉熙載〈藝概〉謂：「《宋書》謂靈運興會標舉，延年體裁明密，所以示學者當相濟有功，不必如惠休上人，好分優劣」。就連兩者的結合，也是一種完美的藝術風格，《梁武帝評書》云：「李鎮東書如芙蓉之出水，文采鏤金」。所以，我們的任務不

第十二講　魏晉名士的文學藝術

應是硬對兩者強加軒輊，而應從歷史的文化背景中去揭示它們在不同的歷史時期為人們推崇不一的內在原因。

「錯彩鏤金」的美是一種人工雕琢的美，它體現了人的審美理想的對象化，具有較強的主觀色彩；「芙蓉出水」的美是一種自然清新、質樸無華的美，它是人們對審美對象自身的內在美感獲得認知的結果，反映了人們審美領域的擴大。「芙蓉出水」之美之所以在魏晉時期得到推崇，除了玄學貴無思想躍起的決定作用外，具體來說，就是當時人們對自然與自己內心深情同時發現的必然產物。

魏晉時期文學藝術思想和審美觀念的轉變，在各種文學藝術形式中均有反映，而文人的生活行為，又是這種反映的最好注釋與說明。

「芙蓉出水」的審美思想在魏晉散文中有兩種體現。一是散文形式的清新質樸。正始以前，散文多被玄學家用來闡發玄理道義，故此類散文不尚藻彩，喉求達意。二是散文內容的真摯感人。正始及以後的部分文人藉散文以抒發性情，詞彩寅永。近人劉師培《中古文學史》將此時散文分為兩派，「一為王弼、何晏之文，清峻簡約，文質兼備，雖闡發道家之緒，實與名、法家言為近者也。……一為嵇康、阮籍之文，文章壯麗，總彩騁辭，雖闡發道家之緒，實與縱橫家言為近者也」。王、何為玄學開山門人，其論說文二人集中已經備載，茲不贅述。阮籍本以詩見長，其散文除〈大人先生傳〉外，其他則鮮為人知。而阮籍恰恰是玄學家中由「以無為本」過渡到「以自然為本」的關鍵人物。

阮籍清楚地意識到，以無為本的理論為統治者提供了建立絕對統治，以上天意志代表自居的理論依據。當司馬氏政權篡位，道統（知識分子的良知）與勢統（統治者的絕對意志）再度分裂時，對於知識分子來說，已經不需要繼續為統治者的合理統治去尋找理論根據，而是需要解

決如何在這樣的環境中安頓自我的問題，這就是他「越名教而任自然」思想問世的前提。他的〈大人先生傳〉、〈清思賦〉等就完全抒發了內心這樣的思想。但是為了生存，他又不得不注意與統治者維持關係，有時甚至還不得已說些違心的話，所以連司馬昭也不得不承認他的「至慎」。他的散文，有時也能表現出這種「至慎」，如他的〈為鄭衝勸晉王箋〉。當時曹魏朝廷受挾於司馬氏，被迫封晉文王司馬昭為公，備禮九錫，但司馬昭卻又裝模作樣地推辭不受──這實際上是在暗示滿朝文武要懇請他受封。在這樣的背景下，司空鄭衝派人快馬請阮籍寫一篇勸進書。阮籍當時正在袁準家做客，聽了這種請求，十分為難。寫了，並非本意；不寫，又恐得罪司馬昭。煎熬中他只好喝得爛醉，乘著醉意，一揮而就。這種兩難的心理並不能簡單地認為是一種政治上的投機，而是重視生命和抒發個性思想的曲折表現。這種痛苦的背後，隱藏著文章能夠直抒胸臆的真實願望。

劉伶的〈酒德頌〉，大抵與阮籍的直抒胸臆的文章風格相同，《世說新語‧文學》說他是「為意氣所寄」。這正與阮籍所追求的文學思想一致。所以劉師培以為劉伶此文為魏晉文章中文體與阮籍相近者。他本人以酒為命的放達行為，更是這種文風的生動體現。西晉時期，駢文作為文體已經日臻成熟，受其影響，散文駢偶化的傾向亦越演越烈。陸機論文主張妍麗，重聲色名句，與詩都要做到「緣情綺靡」，正是此時文風的表述。這種文風的代表人物是潘岳和陸機。

《世說新語‧文學》：「孫興公云：『潘文爛若披錦，無處不善；陸文若排沙簡金，往往見寶』。既然「爛若披錦」，自然並非「芙蓉出水」之美，那何以又「無處不善」呢？原來潘岳的文章雖然華美，但卻不乏真情。他以「善為哀誄之文」著稱，如〈楊荊州誄〉、〈夏侯常侍誄〉、〈哀永逝文〉等，辭婉情切，哀痛感人。所以〈續文章志〉稱「嶽為文選言簡

第十二講　魏晉名士的文學藝術

章,清綺絕倫」。《世說新語・文學》又載孫綽謂:「潘文淺而淨,陸文深而蕪」。說明人們雖然主張「芙蓉出水」之美,但所反對的只是因雕鏤過分而有傷真美,並非一概排斥文飾。潘岳的文章雖然綺麗,但由於均出自真情,情深意切,所以讀起來並無鋪排雕飾之感。相比之下,陸機的文章則過於追求句式的整飭、聲律的諧美、典故的繁密。他的「綺靡」文風實際上在一定程度上影響了文章的「緣情」。劉勰《文心雕龍・才略》稱他「才欲窺深,辭條索廣;故思能入巧,而不制繁」。在孫綽的話中,也可以看出人們仍是認為潘文美於陸文的。

　　正始時期的玄學家如何晏、王弼等,都是能言善寫的大家。清談風氣到了西晉,一部分人只心研習談玄之語言表達,而忽視文字表述能力;又有一些人雖口齒拙訥,文筆卻極為漂亮。如郭璞「奇博多通,文藻粲麗,才學賞豫,足參上流。其詩賦誄頌,並傳於世,而訥於言」。這也就形成了西晉時期言語、文章的區別與對峙。這在他們的生活行為中不乏其例。如《世說新語・文學》載:「樂令善於清言,而不長於手筆。將讓河南尹,請潘岳為表。潘云:『可作耳,要當得君意。』樂為述己所以為讓,標位二百許語。潘直取錯綜,便成名筆。時人咸云:『若樂不假潘之文,潘不取樂之旨,則無以成斯矣。』」這是兩合其美的例子,還有善言與善筆者相互不服、互相攻難的情況。西晉末年,太叔廣能言善辯,摯虞擅長手筆,二人名聲相同,而互不相論。當大家圍坐清談時,太叔廣所言,摯虞皆不能對;而摯虞退回落筆難廣,廣亦不能答,「於是更相嗤笑,紛然於世」。又如殷浩談鋒甚厲,他的叔父殷融則長文短辯,便對殷浩說:「你別光以善辯向我炫耀,也該看看我文筆的長處」。在這樣有合有難的故事中,當時人們言語、文章涇渭之明,已是顯而易見了。這是西晉文學史上值得注意的現象,但目前人們對此的研究似尚不夠。

■ 玄言詩何以令人「神超形越」?

歷史有時會為人的價值觀念帶來偏見。令人評價極高的建安和正始文人詩歌,在當時人們的生活記載中,卻很少提及。相反今天人們幾乎不屑一顧的魏晉玄言詩,卻為他們的生活留下了很多印痕。這個現象本身,似乎應該提醒人們對自己的價值標準質疑並修改。因為當時人們推崇玄言詩的原因,主要是由於玄言詩體現了崇尚自然和真情的時代審美風尚。

《續晉陽秋》云:「正始中,王弼、何晏好莊、老玄勝之談,而世遂貴焉。至過江,佛理尤盛。故郭璞五盲,始會合道家之言而韻之。詢及太原孫綽,轉相祖尚,又加以三世之辭,而詩、騷之體盡矣。詢、綽併為一時文宗,自此作者悉體之。至義熙中,謝混始改」。一般認為,這段話是關於玄言詩產生與發展及其代表人物的權威性說明。

郭璞雖以遊仙詩著稱,但其遊仙詩重在慷慨詠懷,表現老莊思想,乘遠玄宗,所以被認為是玄言詩的肇始者。《世說新語·文學》:「郭景純詩云:『林無靜樹,川無停流。』阮孚云:『泓崢蕭瑟,實不可言。』每讀此文,輒覺神超形越」。郭璞這兩句詩在大自然的永恆運動中,體悟出了對宇宙人生的無限感懷。這是人們由對山水自然的感受而上升到玄遠幽深的哲學意識的重大收穫,也是玄言詩的味道所在。這既是人生追求的目標,又是日常精神修養的途徑和手段。藉此玄宗的體會,可以盪滌胸中塵俗雜念,求得心靈的淨化,並把對自然的感受,上升到審美掌握的層次。嵇康藉養生追求無限,達到形神相親的境界,亦為此意。所以這兩句詩能使阮孚「神超形越」。徐復觀《中國藝術精神》說:「以玄對山水,即是以超越於世俗之上的虛靜之心對山水;此時的山水,乃能以其

第十二講　魏晉名士的文學藝術

純靜之姿，進入於虛靜之心的裡面，而與人的生命融為一體，因而人與自然，由相化而相忘；這便在第一自然中呈現出第二自然，而成為美的對象」。可見當時人們推崇玄言詩的主要原因，是玄言詩能夠表達出人們用玄學的目光，從山水自然中感悟的一種宇宙意識，從而體現出時代精神和氛圍。所以簡文帝盛讚許詢的玄言詩「可謂妙絕時人」。明白了玄言詩的這一時代特徵和人們青睞的原因，我們對玄言詩就不應過多責難，至少應給予一定的理解。

從上面的故事中可以看出，玄言詩的時代特徵，要求其作家具有對自然和宇宙的感受和表述能力，又要把自己的生命情懷融入其中，這也就是要具備才、情兩方面的條件。孫綽、許詢正是這樣的代表作家。《世說新語‧品藻》：「孫興公、許玄度皆一時名流。或重許高情，則鄙孫穢行，或愛孫才藻，而無取於許」。可以看出，這兩位名士各有特點，許詢以情見長，孫綽則才藻過人。這一點連他們本人也意識到了。支遁問孫綽比許詢如何，孫綽的回答是：「高情遠致，弟子早已服膺；一吟一詠，許將北面」。兩人一才一情，左右詩壇。而「才」與「情」，不僅是當時人物品藻的重要標準之一，也是玄言詩作家（也當包括各種文學藝術家）的先決條件。兩人能將如此才情，傾注於玄言詩中，所以能為眾人推崇備至。當然，善「才」善「情」，只是相對而言，並非善此則必短彼。簡文帝既稱許詢五言詩「妙絕時人」，是有其切身感受的。一次，許詢去拜訪晉簡文帝，當天晚上風恬月朗，兩人便共在月下暢談。不想許詢並非不能襟情之詠，只見他辭寄清婉，大逾平日。司馬昱雖平常很了解許詢，但見了這番吟詠，也不禁大加讚嘆，「不覺造膝共叉手語，達於將旦」，並說，「玄度才情，故未易多有許」（見《世說新語‧賞譽》）。

■「情生於文」與「文生於情」

　　既然「緣情綺靡」是當時的時代文風，那麼追求情注於詩就並非玄言詩一家的專利。孫楚的愛妻胡毋氏病故後，孫楚悲慟已極，不僅專心為其守喪，而且還作了悼亡詩，詩云：「時邁不停，日月電流。神爽登遐，忽已一周。禮制有敘，告除靈丘。臨祠感痛，中心若抽」。他把這首詩送給王濟看，王濟深受感動，說：「未知文生於情，情生於文。覽之悽然，增伉儷之重」。這指出了文與情的緊密關係。明代李贄在評點這個故事時，更是直接指出：「孫子荊文生於情，武子情生於文」。說明了這種情況。對此，劉勰《文心雕龍‧情采》說：「故情者文之經，辭者理之緯。經正而後緯成，理定而後辭暢，此立文之本源也。昔詩人什篇，為情而造文；辭人賦頌，為文而造情。何以明其然？蓋風雅之興，志思蓄憤，而吟詠情性，以諷其上，此為情而造文也。諸子之徒，心非鬱陶，苟馳誇飾，鬻聲釣世，此為文而造情也。故為情者要約而寫真，為文者淫麗而煩濫。而後之作者，採濫忽真，遠棄風雅，近師辭賦。故體情之制日疏，逐文之篇愈盛。故有志深軒冕，而泛詠皋壤；心纏入務，而虛述人外。真宰弗存，翩其反矣」。余嘉錫先生認為，劉勰的這番話，係從上面故事王濟感嘆孫楚悼妻詩中所悟出。

　　以上是因情而生文者，又有因景而生文的情況。一天，外面下起了大雪，謝安召集兒女們到屋裡，談論詩文寫作的道理。只見外面的雪越下越大，謝安為雪景所動，高興地以一句詩向兒女們提問：「白雪紛紛何所似？」姪子謝朗以詩對曰：「撒鹽空中差可擬」。姪女謝道韞對曰：「未若柳絮因風起」。謝安聽了放聲大笑。宋代陳善《捫蝨新話》評論這個故事說：「撒鹽空中，此米雪也。柳絮因風起，此鵝毛雪也。然當時但以道韞之語為工。予謂《詩》云：『相彼雨雪，先集維霰。』霰即今所謂米雪

耳。乃知謝氏二句,當各有謂,固未可優劣論也」。如果僅從形似來看,確如陳善所言,兩人的詩句狀寫了米雪和鵝毛雪的景況。但如了解了魏晉人對神韻境界的追求,就會感到謝道韞透過對雪如柳絮的描寫,烘托了一種洋洋灑灑、抒闊迂遠的氣勢,是神韻追求在詩歌領域的不自覺嘗試。所以余嘉錫說:「二句雖各有謂,而風調自以道韞為優」。

■顧愷之的「傳神寫照」藝術境界

魏晉是中華書法繪畫的黃金時代。士族文人在山水田園生活中,發現這兩種藝術形式是他們抒發性情,排遣心跡的最佳媒介。於是,在書法方面,不僅完成了由漢隸向楷書的過渡,而且草書和行書也得到了長足的發展,成為在藝術領域抒發個性的極好形式。

在繪畫方面,貴族山水田園生活使文人們加深了對自然的體會,因而促進了山水畫的成長;而人物品藻的風氣,又大大刺激了人物畫的表現力量,並為畫家們提供了發揮能力的場所。書法界承上啟下的關鍵人物鍾繇、一代書聖王羲之、一代畫癡顧愷之以及一大批成就斐然的書畫家,都是這個時期書畫界值得驕傲的名字。在他們的音容笑貌中,人們可以感受到書畫領域的演進,尤其是把對神韻境界的追求,具體落實在人物畫的創作,使之面貌一新。

關於形神關係的討論,自先秦兩漢時期就已經開始,但討論的內容大都是精神與肉體的關係。魏晉南北朝時期形神問題的討論大致經歷三個階段:一與人物品藻有關,二與玄學有關,三與佛學有關。人物品藻所談論的形神問題,是根據人物的「形質」去研究考察人物內在的、千差萬別的性情、個性、才能、智慧、本質。玄學家在研討形神關係時則有

所側重。何晏、王弼把「神」規定為超越於有限的「形」的一種無限自由的境界。也就是說，形神是有限與無限的關係，是有限如何表現無限的問題，解決的辦法是忘「形」以得「神」。嵇康主要從養生論的角度談論這個問題，他的看法的核心，是使「形」從自然肉體的存在，上升到與無限自由的「神」相契合。也就是說，肉體與精神的疏遠、分裂如何達到相親、統一的問題，解決的辦法是養「神」以親「形」。而顧愷之的「以形寫神」論，一方面受到何晏、王弼以有限表觀無限觀點的影響，同時又糅進並改造加工了慧遠「形盡神不滅論」的思想，把「神」作為一種審美標準加以追求，在一定程度上具有了佛學所追求的解脫的意味。並把這一思想出色地運用於繪畫領域，注重以有限的線條筆墨所勾畫的人物形體，去表現人物無限的內心世界和精神風貌。

〔晉〕顧愷之〈斫琴圖〉（區域性）

著名的「傳神阿堵」故事最能說明這一點。顧愷之畫人物的時候常常幾年不點眼睛瞳孔。別人問他原因。顧愷之說：「四體妍蚩，本無關妙處。傳神寫照，正在阿堵中」。對此，西方人也有過大致相同的認知。

第十二講　魏晉名士的文學藝術

錢鍾書《管錐編》說：「蘇格拉底論畫人物像，早言傳神理、示品性全在雙瞳，正同《世說》所記顧愷之語。李伐洛曰：『目為心與物締合之所，可謂肉體與靈魂在此交代』（C'est dans les yeux qu ese fait l'alliance de la matiere et de l'esprit. On peut parodier un vers de la Henriade: Lieux ou finit le corps et commence l'esprit）。黑格爾（Georg Hegel）以盼睞為靈魂充盈之極、內心集注之尤（Der Blick ist das Seelenvollste, die Konzentration der Innigkeit und empfin denden Subjektivtat）。列奧巴迪亦謂目為人面上最能表達情性之官，相貌由斯定格（la parte piu espressiva del volto e della persona; come la fisionomia sia determinata dagli occhi）」。

關於顧氏的「傳神寫照」，有兩種解釋，這裡採用學者徐復觀《中國藝術精神》中的說法，「寫照」即係描寫作者所觀照到的對象之形相。「傳神」即係將此對象所蘊藏之神，透過其形象而把它表現（傳）出來。寫照是為了傳神。寫照的價值，是由所傳之神來決定。顧愷之本人的繪畫，出色地實踐了這種理論。一次，顧愷之為裴楷畫像，故意在臉上加了三根並不存在的鬍毛。別人奇怪地問他原因，他說：「裴楷俊朗有識具，正此是其識具。看畫者尋之，定覺益三毛如有神明，殊勝未安時」。（見《世說新語・巧藝》）這就是說，顧氏加上三毛，並非為寫形計，而是以此三毛畫出裴楷清通簡要，富於清談家的性格，即以形寫神的需求。但人物畫以形寫神的肯綮，還在於對眼睛的處理，故曰在「阿堵」之中。

無論政治性或審美性的人物品評，都已十分重視眼神眸子。如：「裴令公目王安豐眼燦爛如巖下電」。裴楷在病中仍使人感到「雙目閃閃，若巖下電」。王右軍見杜弘治，嘆曰：「面如凝脂，眼如點漆，此神仙中人」。謝安見支遁，覺其雙眼「黯黯明黑」。對於人物繪畫來說，這無疑是一個強而有力的促進。顧愷之畫人物數年不點目睛，恰是他巧奪天工

之處。因他對眼睛傳神的掌握,已達到出神入化的境界。一次,他要為殷浩畫像,殷浩的眼睛有疾,說自己的形象不好,不想給顧愷之添麻煩。可是顧愷之卻說:「您一定是因為眼睛的緣故。沒關係,我可以先點上瞳孔,再用飛白掃一下,使之如輕雲之蔽日」。眼睛本為傳神之所在,眼疾對於表現傳神,應是重大障礙。但對顧愷之來說,這種生理缺陷並不能影響畫面人物的神氣。他採用避實就虛之法,以飛白掩蓋了眇目,而且還造成了輕雲蔽日的絕妙藝術效果。沒有深湛的藝術修養和高超的造型表現能力,是無法勝任這樣高難而複雜的藝術工作的。

不僅如此,顧愷之還藉助山水畫的效果,來為表觀人物內心世界服務。他在為謝鯤作畫時,故意把謝鯤畫在岩石之間。原來,一次晉明帝問謝鯤自己相比庾亮如何?謝鯤回答說:「端委廟堂,使百僚準則,臣不如亮。一丘一壑,自謂過之」。(見《世說新語‧品藻》)謝鯤所謂「一丘一壑」是指縱情山水,藉老莊遁跡丘壑以命清高。顧愷之深悟此意,將謝置身丘壑之中,以人物與山水的結合,恰如其分地表現謝鯤崇尚老莊的情懷。所以當有人問起他如此作畫的原因時,他引用了謝鯤本人的話,並說:「此子宜置丘壑中」。

對人物神情的重視,發展到對畫中人物神韻的追求,這似乎已經成了當時人物畫評價的一個標準。如戴逵是當時有名的人物畫家,其人物畫非常精妙,可是庾龢見了後,仍然覺得神氣不夠,並批評戴逵說他的畫「神明太俗,由卿世情未盡」。戴逵聽了,心裡很不服氣,說按照你的要求,大概只有務光才算世情已盡。戴逵的話雖是牢騷,卻能反映出他對人們苛求畫中人物神明的意見,也說明傳神對人物畫的重要。

第十二講　魏晉名士的文學藝術

■ 爭奇鬥豔的藝術世界

在這股崇尚自然、本色空氣的影響下，書法、繪畫和音樂都取得了令人矚目的成就，使魏晉時期的藝術成就成為藝術歷史上的驕傲。

下面這個書與畫分庭抗禮的故事，可從側面反映出兩者爭奇鬥豔的情景。

據《世說新語·巧藝》，鍾會是濟北郡公荀勖的堂舅，兩人感情不和。荀勖有一把寶劍，大約值一百萬錢，常常放在母親鍾夫人那裡。鍾會擅長書法，模仿荀勖的字跡，寫信給他母親要寶劍，於是騙到手就不歸還。荀勖知道是鍾會做的，但是卻無法要回來，就想辦法報復他。後來鍾家兄弟花一千萬錢修建一座住宅，剛剛建成，十分精美，尚未搬過去住。荀勖很擅長繪畫，就偷偷地到鍾家的新宅去，在門側的廳堂上畫了太傅鍾繇的肖像，衣冠容貌和生前完全一樣。鍾家兄弟進門看到後，就極度傷感悲痛，這所住宅就一直廢棄未用。

在這場書與畫的對抗賽中，人們可以充分領略到由雙方各自的才能而產生的精采的戲劇性效果。劉孝標注引《孔氏志怪》：「於時感唔勖之報會，過於所失數十倍。彼此書畫，巧妙之極」。從雙方各自損失的金額來看，荀勖似有十倍之宜，但就雙方各逞才能所達到的目的上看，只能說是勢均力敵，各有千秋。鍾會是大書法家鍾繇的兒子，書法亦有名於時。荀勖的人物畫，已達到亂真的程度，亦絕非等閒之輩，可惜在繪畫史上沒有留下名字。

魏晉時期的黑暗與混亂現實，使當時的精神貴族們不得不對現實與人生作重新思考，冀以獲得精神的慰藉和心靈的解脫。清談玄學、人物品藻、縱情山水、吟詠詩文、揮毫丹青，這些既是他們對時代文化的貢

獻，也是自我排遣的極好途徑，而音樂又是其中的重要方面。

《世說新語・文學》：「舊云，王丞相過江左，止道『聲無哀樂』、『養生』、『言盡意』三理而已。然宛轉關生，無所不入」。對音樂的喜好，與他們對音樂本質的認知有關。傳統的儒家樂論雖不否認音樂是人的情感的表現，認為它可以表現歡樂或悲哀。但儒家尤其強調，既然天下秩序和諧，那麼就應以表現歡樂為主，表現悲哀應有節制，即所謂「樂而不淫，哀而不傷」。除了孔子，荀子的〈樂論〉和荀子學派的〈樂記〉都體現了這一思想。而漢末以來的社會現實，使音樂不得不染上悲涼哀婉的色彩，並成為玄學思考的問題之一。

阮籍反對「以悲為樂」、「以哀為樂」，認為音樂應使人歡樂而不是悲哀。他主張音樂的最高境界是「道德平淡，故無聲無味」、「至樂使人無欲，心平氣定」，這也就是玄學所追求的超脫、玄遠的境界。嵇康又進一步發展了這一思想，認為「心之與聲，明為二物」，即音樂是客觀存在，哀樂是人被觸動後產生的感情，兩者並無因果關係。嵇康以「和」為樂的本體，而樂的本體是出於自然，那麼聲音的「和」與「不和」就是由自然所決定的。在嵇康看來，樂，也就是藝術的本體「和」，是無關哀樂，超越哀樂的。這就是說，藝術的本體是超越功利的個體精神的無限與自由。藝術的目的在於使人們超出種種情感的束縛以及由之所生的煩惱痛苦，達到精神上的無限與自由。很顯然，這是魏晉玄學對絕對自由和無限超越的人格本體的追求在音樂美學思想上的運用和落實。

第十二講　魏晉名士的文學藝術

〔南宋〕佚名〈竹林撥阮圖〉

　　基於這種認知，魏晉名士們往往把音樂看成是構成個體生命的重要一部分，嵇康本人就是生死與音樂同在的音樂家。他在臨刑前，神色自若，竟向刑吏索琴彈撥，演奏〈廣陵散〉。曲終後，嘆道：「袁孝尼嘗請學此散，吾靳固不與，〈廣陵散〉於今絕矣！」（見《世說新語・雅量》）人的肉體生命的結束是無法抗拒的，而音樂卻可以盪滌人的靈魂，使其精神永存。那麼，嵇康臨終所惋惜的，就不僅僅是個人肉體生命的完結，而是〈廣陵散〉所體現的浩然正氣的遭受戕害。因而對於嵇康來說，音樂無異於第二生命。

　　這種感受，也為其他名士所共有。顧榮生前很喜歡彈琴，在他死後舉喪時，家人把他的琴擺在靈床前，以示紀念。他的好友張翰前來弔喪時，十分悲慟，竟拿起琴，坐在靈床上，連續彈奏了數支曲子。彈完後，撫摸著琴，深情地說：「顧彥先啊，你喜歡我為你彈的曲子嗎？」說完又失聲痛哭起來。按常禮，弔唁者應與死者的兒子握手表示慰問，但

張翰痛哭完畢，不與顧榮的兒子握手便離去了。

他們的深情讓人感到，朋友、親人逝去，人鬼殊途，本已無法溝通，但音樂既可超越一切，達到無限的自由，也就未必不可將友人的哀思，告慰於逝者的靈前。這聲聲琴曲，既飽含著深摯的友情，又不乏詩意的浪漫。其對音樂的高尚理解，也就顯而易見了。當王獻之死後，王徽之也用張翰的辦法，在靈前彈琴祭奠，亦是如此。

對音樂的神往，可以轉化為一種神奇的力量，達到心有靈犀的默契和感應。《世說新語・任誕》載，王子猷到京都去，船還停泊在小洲邊。他過去聽說過桓子野擅長吹笛子，但是並不認識他。這時正遇上桓子野從岸上經過，王子猷在船中，船上有個認識桓子野的客人說，那就是桓子野。王子猷便叫人傳話給桓子野說：「聽說您擅長吹笛子，請試為我演奏一次」。桓子野當時已經顯貴，平日聽到過王子猷的名聲，隨即就掉頭下車，倚在胡床上為王子猷吹了三支曲子。演奏完畢，就上車走了。主客雙方沒有交談一句話。雙方沒有任何世俗功利的束縛與目的，只是以樂會友，在美妙的笛聲中求得心靈的淨化與精神的契合。這正是阮籍、嵇康理想中的「至樂」境界。對音樂的充分理解與熱愛，才能使他們如此如痴如醉，食不知味。就是這位桓子野，每聞清歌，輒喚奈何，被目為一往有深情。而音樂又可以是陌生人成為朋友的情感紐帶：

賀司空入洛赴命，為太孫舍人，經吳閶門，在船中彈琴。張季鷹本不相識，先在金閶亭，聞弦甚清，下船就賀，因共語。便大相知說。問賀：「卿欲何之？」賀曰：「入洛赴命，正爾進路」。張曰：「吾亦有事進京」。因路寄載，便與賀同發。初不告家，家追問，乃知。（《世說新語・任誕》）

「至樂」可以使人像張翰和王徽之那樣純潔高尚，也可以像賀循和張翰這樣一見如故，引為知己。

第十二講 魏晉名士的文學藝術

　　還有些故事從側面反映當時人們良好的音樂理論修養和嫻熟的音樂技巧，生動有趣，並具有一定的史料價值。如荀勖精通樂理，時論稱他為「暗解」，即心領默識的意思。他是西晉的專門的音樂機構——「清商署」的負責人，精通律學。在別人的配合下，他找到了準確製造符合三分損益律的管樂器「笛」（即豎吹的簫）的計算方法，即「管口校正」，還帶領別人從事相和歌的加工改編工作，是音樂史上的重要人物。當時宮廷裡的晚會演奏所用樂器，都是由荀勖來調音，大家都感到他調的音無不諧韻。當時另一位音樂家阮咸以辨音著稱，時論稱他「神解」。每當宮廷樂隊奏樂時，阮咸總覺得音有些不準，所以就沒有開口稱讚。荀勖看出了阮咸的態度，以為他在妒忌自己，便把阮咸出為始平太守。後來，一位農夫在田野撿到了一個周代玉尺，也就相當於今天的校音器。荀勖用它來校自己所調治的各種樂器，覺得都短了半個音，這才佩服阮咸的神識。這裡不僅可以看出他們兩人的才能，更可感覺到他們各自的性格，荀勖功成名就，位居高位，但卻自信自負，然終能服從真理；阮咸真藝在身，卻不露相。這樣，兩位音樂家給人的印象，就是有血有肉、栩栩如生的了。

後記

　　我對魏晉風度的興趣始於上大學的時候。隨著學識和閱歷的累積，我對其中的感受也就越來越多、越來越深。從一九九〇年代開始，我陸續出版和發表了若干相關的著作和論文。這次承河南人民出版社的美意，再次就此話題開筆。就我個人而言，這既是對以前有關認知的總結，也是對相關問題深入思考的一個新的開始。

　　魏晉風度是我研究領域中比重較大的一塊。這裡既有個人經歷所造就的心性嚮往，也有學術研究的機緣。從個人經歷角度看，與很多同齡同輩人有過下鄉務農、工廠做工或者參軍入伍等複雜閱歷不同，但我從進入小學開始，此生從未離開過學校。這個經歷對我個人心性的影響就具有較濃的文人氣。而這個文人氣恰好和我所理解的魏晉風度的核心精神相吻合。隨著學習和研究的深入，我越來越能夠從魏晉風度中看到自己已然或應然的影子，也越來越能夠從自己的個人人生閱歷中去況味魏晉風度的真實蘊含。我個人一直有這樣的體會，做人文社會科學研究，尤其是文學研究，人生閱歷是重要的基礎條件。無論是個人親歷，還是書本閱讀，都有這樣的作用。從學術機緣看，我的學術起步是從《中國志人小說史》開始的。當年恩師劉葉秋先生為我選定的碩士學位論文題目是「中國志人小說發展史論」，後來在此基礎上寫成了第一部學術專著《中國志人小說史》。但是就在我在碩士學位論文的基礎上將其擴充為《中國志人小說史》的過程中，當寫到《世說新語》這一章的時候，我發現以往小說史或與《世說新語》相關的研究除少數名家（如魯迅、宗白華）之外，對《世說新語》的內容掌握陳述都相當皮毛。而真正要在前賢

後記

　　研究的基礎上將其深耕細作，不把《世說新語》背後魏晉時期整個的社會文化思潮和各種歷史文化背景徹底弄清楚，就根本無法理解為什麼魯迅要把《世說新語》稱為一部「名士的教科書」。為此，我放下了正在進行的《中國志人小說史》，花了幾年時間，在魏晉歷史文化各個方面狠下功夫，終於對魏晉文化的整體風貌和內在蘊含有了基本的掌握。這不但大大深化了《中國志人小說史》中關於《世說新語》內容的開掘，同時也把《世說新語》和魏晉風度的研究形成我本人的一個重要學術研究主題。這一研究主題的外在表現是在打好純學術理論根基的同時，又將其以相對通俗化的方式帶向社會普通讀者。

　　這本書是我多年來對於魏晉風度研究和認知的一個簡要總結和概括濃縮。其中主要考慮了以下幾個因素：

　　從內容方面來說，主要考慮了三個方面：一是對魏晉風度自身的狀況作出客觀而真實的描述；二是盡可能展示我本人在相關問題和內容方面的研究成果和特長；三是考慮到本書的讀者定位，盡量略去那些細緻考證和深奧學理的內容，將其深入淺出地加以表述。

　　從寫法方面來說，盡量採用以客觀描述為主，以適當分析為輔的方式，以增強其可讀性。同時，盡量以通俗淺顯的語言來進行描述和分析──這就是書名取為「細說」的理由。另外，作為知識性和普及性的讀物，不能採用句句段段交代來源出處和參考文獻的學術專著方式。好在書中內容絕大部分見諸我以前的各類相關成果當中。讀者如果有興趣可以從那些論著當中去對照相關的學術資訊。

寧稼雨
於津門雅雨書屋

風華絕代，寧稼雨細說魏晉風度：

孔融、謝安、阮籍⋯⋯在傳統禮教之外，他們走出一條屬於自己的人生哲學之路

作　　　者：寧稼雨
發　行　人：黃振庭
出　版　者：崧燁文化事業有限公司
發　行　者：崧燁文化事業有限公司
E - m a i l：sonbookservice@gmail.com
粉　絲　頁：https://www.facebook.com/sonbookss/
網　　　址：https://sonbook.net/
地　　　址：台北市中正區重慶南路一段61號8樓
8F., No.61, Sec. 1, Chongqing S. Rd., Zhongzheng Dist., Taipei City 100, Taiwan

電　　　話：(02)2370-3310
傳　　　真：(02)2388-1990
印　　　刷：京峯數位服務有限公司
律師顧問：廣華律師事務所 張珮琦律師

-版權聲明-
本書版權為河南人民出版社所有授權崧燁文化事業有限公司獨家發行電子書及繁體書繁體字版。若有其他相關權利及授權需求請與本公司連繫。

未經書面許可，不得複製、發行。

定　　　價：420元
發行日期：2025年02月第一版
◎本書以POD印製

國家圖書館出版品預行編目資料

風華絕代，寧稼雨細說魏晉風度：孔融、謝安、阮籍⋯⋯在傳統禮教之外，他們走出一條屬於自己的人生哲學之路 / 寧稼雨 著. -- 第一版. -- 臺北市：崧燁文化事業有限公司，2025.02
面；　公分
POD版
ISBN 978-626-416-287-6(平裝)
1.CST: 知識分子 2.CST: 士 3.CST: 魏晉南北朝
546.1135　　　　114000474

電子書購買

爽讀APP　　　臉書